Objektorientiert
programmieren von
Anfang an

Objektorientiert programmieren von Anfang an

Eine Einführung mit C++

von
Prof. Dr. Jürgen Wolff von Gudenberg
Universität Würzburg

B·I·
Wissenschaftsverlag
Mannheim · Leipzig · Wien · Zürich

Die Deutsche Bibliothek – CIP-Einheitsaufnahme

Wolff von Gudenberg, Jürgen Frhr.:
Objektorientiert programmieren von Anfang an:
eine Einführung mit C++ / von Jürgen Wolff von Gudenberg. –
Mannheim; Leipzig; Wien; Zürich: BI-Wiss.-Verl., 1993
ISBN 3-411-16241-4

Gedruckt auf säurefreiem Papier
mit neutralem pH-Wert (bibliotheksfest)

Druck: RK Offsetdruck GmbH, Speyer
Bindearbeit: Progressdruck GmbH, Speyer
Printed in Germany
ISBN 3-411-16241-4

Vorwort

Die objektorientierte Programmierung, die bereits in SIMULA-67 einen frühen Vertreter hatte, erlebte in den 80er Jahren einen starken Aufschwung. Durch neue Programmmiersprachen und –syteme wie SMALLTALK 80, und durch eine gründliche Überarbeitung der theoretischen Aspekte der Datenkapselung und Modularisierung wurde dieser Programmierstil auf breiter Basis anwendbar und beeinflußte Neuentwicklungen in den Bereichen Software Engineering und Datenbanken.

In der Lehre werden objektorientierte Sprachen üblicherweise erst für Programmierer angeboten, die die strukturierte und möglichst auch modulare Vorgehensweise bereits kennen. Dieserart war auch eine Vorlesung, die ich an der Universität Würzburg hielt. Viele Bücher sind ebenso aufgebaut.

Im Verlaufe dieser Vorlesung kam ich zu der Überzeugung, daß der direkte Weg sehr viel effizienter ist und erschließe deshalb in diesem Buch die objektorientierte Programmierung auch dem Leser ohne Vorkenntnisse. Das geschieht mit Hilfe der meistverwendeten objektorientierten Sprache `C++` , einer Erweiterung von `C`.

Im Zentrum des Buches — wie der objektorientierten Programmierung im allgemeinen — steht der Klassenbegriff, der zur Datenstrukturierung (Kap. 4), zur eigenverantwortlichen Zustandsverwaltung (Kap. 5), zur Datenkapselung mit verschiedenen Schutzmechanismen und zur Implementierung abstrakter Datentypen (Kap. 7) herangezogen wird. Das dynamische Erzeugen von Objekten mit Hilfe von Zeigern (Kap. 6), die Parametrisierung von Klassen (Kap. 8), sowie die Vererbung als Mittel zur Weiterverwertbarkeit der Datentypen (Kap. 9) sind weitere wichtige Konzepte. Eine benutzereigene Fehlerbehandlung wird durch die Ausnahmebehandlung ermöglicht (Kap. 10).

Das Buch verwendet die objektorientierte Denk– und Sprechweise von Anfang an und stellt elementare sprachliche Konstrukte, wie etwa bedingte Anweisungen, erst dann vor, wenn sie gebraucht werden. Es wird sehr viel Wert darauf gelegt, die eingeführten Konzepte klar zu beschreiben und durch vollständige, lauffähige und brauchbare Beispiele zu untermauern.

Die Syntax der Sprache `C++` wird in Form von übersichtlichen Syntaxdiagrammen dargestellt und deren Semantik in zusammenfassenden Abschnitten erläutert. Im Anhang wird die Syntax des gesamten Sprachumfangs vollständig, kurz und präzise zusammengefaßt. So eignet sich dieses Buch auch für den geübten Programmierer als Nachschlagewerk.

Danken möchte ich allen, die mir bei der Erstellung des Buches mit Rat und Tat geholfen haben, und dem BI Verlag für die Übernahme des Manuskriptes. Insbesondere danke ich den Tutoren meiner Vorlesung Jochen Schoof, Markus Klingspor und Michael Lerch. Die Syntaxdiagramme wurden zusammen mit Bernd Menzel entwickelt, der auch die mühselige Arbeit übernahm, diese in elektronische Form zu bringen und in den Text einzubinden. Das Manuskript wurde von M. Lerch aufbereitet, der auch fast alle Beispielprogramme entwarf und testete und dem deshalb ein ganz besonderer Dank gebührt.

Würzburg, im März 1993
Jürgen Wolff v. Gudenberg

Inhaltsverzeichnis

1 Programmieren im Überblick

1.1 Der objektorientierte Ansatz

Dieses Buch bietet eine auch für Programmieranfänger verständliche Einführung in die objektorientierte Programmierung. Da diese Art der Programmierung gewissen menschlichen Denk- und Verhaltensweisen, wie z.B. dem Auslösen einer Aktion durch eine Nachricht, der eigenständigen Verantwortung eines Individuums für seinen Zustand, der Klassifizierung und Kategorisierung von Information sowie dem Ausnutzen von bereits Bekanntem bei der Erweiterung des Wissens, ziemlich direkt entspricht, werden wir von Anfang an ihre Terminologie verwenden und nicht über mehrere Zwischenstufen wie strukturierte oder modulare Programmierung zum eigentlichen Ziel voranschreiten. So setzen wir auch keine Programmierkenntnisse voraus, erwarten aber eine gewisse Abstraktionsfähigkeit und Bereitschaft zu algorithmischem Denken. Man kann dieses Buch auch als eine objektorientierte Einführung in das Programmieren betrachten.

Relativ technisch kann man ein Programm als eine auf Rechnern ablauffähige Vorschrift ansehen und Programmieren als dessen Erstellung. Etwas weiter ausholend formulieren wir:

> „Die Ausführung eines Programmes ist die Simulation eines Modells der realen oder einer imaginären Welt."

Diese Aussage wird in etwas abgewandelter Form von manchen Autoren direkt als Charakterisierung der objektorientierten Programmierung benutzt.

Zur Interpretation dieser Aussage fallen jedem sicherlich einige Beispiele ein:

- Ein Programm veranlaßt einen Roboter dazu, bestimmte Bewegungen auszuführen.
- Ein Programm kann als ein Flugsimulator zum Training für Flugschüler dienen.
- Ein Programm berechnet die Umlaufbahn eines Satelliten.

- Ein Programm unterstützt die Lagerhaltung in einem Betrieb.
- Programme unterstützen die Kommunikation, im Sinne von Telekommunikationssteuerung oder auch von Kommunikation zwischen Maschine und Mensch.
- Ein Programm übernimmt die Stundenplangestaltung einer Schule.
- Auch Computerspiele sind letztlich nur Programme.

Durch diese Beispiele ist natürlich noch nichts über die Erstellung von Programmen, also den eigentlichen Vorgang des Programmierens ausgesagt. Versuchen wir nun einmal „Die Ausführung eines Programmes" durch „Programmieren" zu ersetzen. Dann wird klar, daß üblicherweise viele Zwischenschritte von der zu simulierenden Situation bis zum Ablauf auf einem Rechner gegangen werden müssen. Die meisten dieser Schritte haben eigentlich nichts mit Programmieren zu tun.

Wir erläutern das am Beispiel der technisch–wissenschaftlichen Vorgehensweise:

- Beschreibe einen Vorgang (z.B. Heizung eines Hauses) durch ein physikalisches Modell.
- Beschreibe einzelne Komponenten als mathematisches Modell (z.B. Differentialgleichung).
- Löse dieses mathematische Modell durch Approximation.
- Entwirf einen Algorithmus (Rechenvorschrift), der diese Approximation durchführt.
- Schreibe nun ein Programm, welches diesen Algorithmus implementiert, d.h. verwirklicht.

Programmieren bedeutet hier im Wesentlichen das Umsetzen eines mathematischen Algorithmus in eine Programmiersprache.

Während hier die Rechenkapazität des Computers („Rechners") im Vordergrund steht, bilden in der kommerziellen EDV die Daten den Mittelpunkt:

- Es gilt etwa Stücklisten oder Kundenkarteien zu verwalten.

- Es sind Zugriffe auf diese Daten und verschiedene Verknüpfungen zu programmieren, z.B. das Anschreiben aller Kunden, die im Jahr 1990 die letzte Bestellung aufgaben.

Programmieren heißt hier „Daten verwalten".

Bei der objektorientierten Programmierung faßt man die eingangs getroffene Aussage über Programmieren möglichst direkt als Handlungsvorschrift auf. Ein (physikalisches) Modell besteht aus konkreten **Objekten**, die meßbare **Attribute**, z.B. Volumen oder Herstellungsdatum, haben und abstrakten Konzepten (**Klassen**) z.B. Kessel, für die gewisse Aktionen (**Methoden**), z.B. einfüllen, relevant sind.

Die konkreten Objekte sind Exemplare von Klassen. Sie kommunizieren und interagieren miteinander. Z.B. schickt ein Meßfühler eine Botschaft an eine Pumpe, die diese anregt, den Kessel zu füllen.

Im Gegensatz zu den beiden ersten Interpretationen, in denen Berechnungen bzw. Datenzugriffe von einer zentralen Kontrolle gesteuert wurden, betont die Sicht der objektorientierten Programmierung also sowohl die Eigenständigkeit der Objekte, als auch ihre Fähigkeit zu kommunizieren und zu agieren. Hinzu kommt der Generalisierungs– bzw. Klassifikationsaspekt für die Daten.

Kessel, Wanne und Trog lassen sich beispielsweise unter dem Begriff Flüssigkeitsbehälter zusammenfassen.

Der Weg von einem Problem zu einem lauffähigen Programm gliedert sich in mehrere Phasen, die, wie am Beispiel der technisch–wissenschaftlichen Vorgehensweise erläutert, durchaus verschiedener Natur sein können und an deren letzter Stelle erst die eigentliche Programmierung steht.

Beim objektorientierten Vorgehen lassen sich allerdings die drei Hauptphasen

- **Analyse** des Problems,
- **Programmentwurf** und
- **Implementierung** in einer Programmiersprache

durchaus verzahnt betrachten. Die Terminologie, in der man das Problem analysiert und das Programm entwirft, spiegelt sich oft direkt in der Programmiersprache wider. Man kommt relativ schnell zu ausführbaren Prototypen, die dann erst nach und nach zum endgültigen Programm verfeinert werden. Je mehr Begriffe aus der Welt des Anwenders, der das Problem gestellt hat und das Programm später benutzen will, verwendet werden, um so leichter wird der Dialog zwischen Programmierer und Anwender. Das entbindet natürlich nicht von der notwendigen mathematischen oder strukturellen Aufbereitung des Modells.

Objektorientierter Entwurf und Programmierung verwenden Konzepte wie das Vergeben von Aufträgen, das Verbergen von überflüssiger Detailinformation und die Interaktion eigenständiger „Wesen". Die Ausdrucks– und Denkweise aus dem Bereich der Anwendung lassen sich besser als bei der traditionellen Programmierung in das Programm übertragen.

Wir wollen die Vorgehensweise an einem Beispiel aus dem täglichen Leben erläutern. Dieses Beispiel, welches wir im Verlaufe des Buches an einigen Stellen wieder aufgreifen wollen, führt in die Begriffswelt der objektorientierten Programmierung ein, obwohl es sicher in dieser Form nie zu einem wirklich brauchbaren Programm führen wird.

Beispiel 1–1: Garagenbau

> Bauherr Gustav Gutermut will eine Garage mit Dach und Holztor bauen. Er hat aber keineswegs vor, alle Tätigkeiten vom Betonieren des Fundaments bis zum Beplanken des Holztors selbst auszuführen, sondern er wird sich entsprechende Handwerker suchen, die diese Arbeiten verrichten.
>
> Ein Zimmermann weiß etwa, wie man einen Dachstuhl aufrichtet, auch die Stärke und den Abstand der Sparren kann er sich ausrechnen. Mit der Annahme des Auftrags vom Bauherrn gibt er die Gewährleistung, daß sein Dachstuhl hält.
>
> Ähnlich verhält es sich mit den anderen Arbeiten. Versucht der Bauherr dagegen, den Auftrag „Dachstuhl aufrichten" dem ihm bekannten Amtsrichter Justus Scharf zu erteilen, so wird er nur verständnisloses Grinsen als Antwort ernten. Gustav Gutermut hat also vor, einem Zimmermann den Auftrag „Dachstuhl aufrichten" zu erteilen. Der versteht diesen Auftrag und führt ihn aus.
>
> Was wir hier beschrieben haben, ist immer noch ein allgemeiner Vorgang: „Ein Bauherr beauftragt einen Zimmermann." Im kon-

kreten Einzelfall wird man natürlich sagen: „Der Bauherr Gutermut beauftragt den Zimmermann Sparrenbruch“.

Die Verhaltensmuster aller Bauherrn und aller Zimmerleute sind gleich. Das der Zimmerleute unterscheidet sich zwar von dem der Maurer in der Art der ausgeführten Arbeit, aber stimmt in vielen Punkten überein, z.B. müssen beide ein Angebot oder eine Rechnung schreiben, Material bestellen oder ausmessen.

Diese typischen Tätigkeiten sind allen Handwerkern eigen. Bauherrn und Handwerker besitzen wieder beide einen Namen und eine Adresse.

Die an diesem Beispiel beteiligten Berufsgruppen oder Klassen:

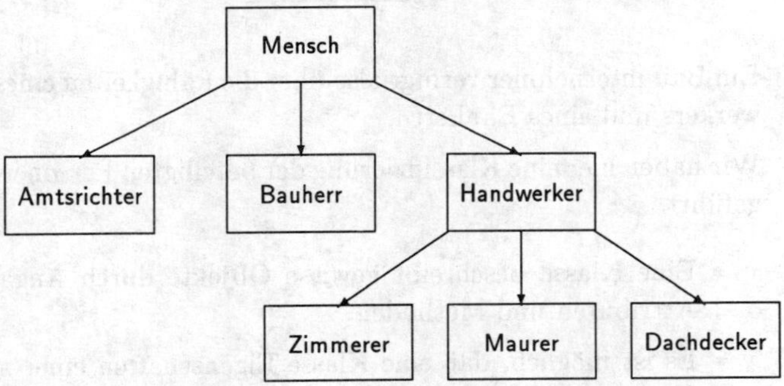

Dieses Bild sollte wie folgt gelesen werden:

- Jeder Maurer ist ein Handwerker, er verfügt deshalb über die allen Handwerkern gemeinsamen Methoden, z.B. Rechnung schreiben, und besitzt darüber hinaus eigene Methoden.
- Jeder Handwerker und damit also auch jeder Maurer ist ein Mensch und besitzt dessen Attribute, z.B. Name und Adresse.
- ...

In unserem Fall lief es allerdings etwas anders. Nach einigen vergeblichen Versuchen, einen Zimmermann ans Telefon zu bekommen wird es Gustav Gutermut zu viel, und er fragt doch seinen Freund Justus Scharf um Rat. Dieser empfiehlt ihm, sich einen Bauunternehmer zu suchen, der seinerseits dann die einzelnen Handwerker beauftragt und deren Arbeit koordiniert.

Wir haben nun folgendes Bild

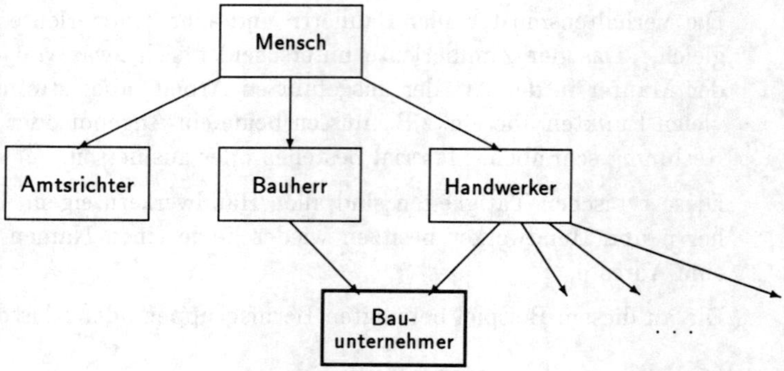

Ein Bauunternehmer verfügt also über die Fähigkeiten eines Handwerkers und eines Bauherrn.

Wir haben hier eine Klassifizierung der beteiligten Personen durchgeführt.

- Eine Klasse beschreibt gewisse Objekte durch Angabe von Attributen und Methoden.
- Es ist möglich, daß eine Klasse Eigenschaften einer anderen übernimmt oder die mehrerer Klassen zusammenfaßt.
- Ein Objekt ist ein Exemplar einer Klasse, dessen Zustand durch Werte für die Attribute bestimmt ist.

In unserem Beispiel verfügt Gustav Gutermut, der als ein Exemplar der Klasse Bauherr eingeführt wurde, so auch über alle Attribute, z.B. Namen, und Methoden, z.B. das Erstellen einer Liste, der Klasse Mensch.

Er fragt nun eine Reihe von Bauunternehmern und erteilt den Auftrag demjenigen mit dem günstigsten Angebot. Es wird also dynamisch eine Liste von Bauunternehmern erzeugt und aus dieser werden alle bis auf ein Objekt wieder vernichtet. Die Bauunternehmer handeln wie alle beteiligten Objekte selbständig und vergeben ihrerseits Unteraufträge.

Dabei sind sowohl die Daten als auch die Aktionen **gekapselt**. Der Bauherr kennt die Kalkulation der einzelnen Handwerker nicht und interessiert sich nur für das Ergebnis nicht aber für die Handgriffe ihrer Arbeit. Die Liste der befragten Bauunternehmer ist andererseits nur dem Bauherrn bekannt.

Folgende Darstellung faßt einige Fähigkeiten (Methoden) der wichtigsten Personengruppen (Klassen) im Beispiel zusammen. Der „Programmablauf" zeigt, welche Personen zum Garagenbau benötigt werden und welche ihrer Methoden in welcher Reihenfolge benutzt werden müssen. In Klammern geben wir jeweils die Oberklassen an, von denen die betreffende Klasse alle Attribute und Methoden übernimmt. Zur Beschreibung der Methoden verwenden wir eine leicht formalisierte Umgangssprache, die Alternativen und Wiederholungen von Handlungsanweisungen verdeutlicht.

Klasse Bauherr (Mensch):

- **Methoden:**
  - Liste von Bauunternehmern (Menschen) erstellen
  - Angebote einholen
  - Zwei Angebote vergleichen
  - Bestes Angebot wählen
  - Auftrag vergeben
  - Bau kontrollieren
  - Rechnung bezahlen
- **Attribute:**
  - Liste von Bauunternehmern L
  - Bauunternehmer Favorit

Methoden eines Bauherrn:

- **Liste von Bauunternehmern (Menschen) erstellen:**
  - Generiere leere Liste L.
  - Für alle Bauunternehmer aus den gelben Seiten:
  -     Generiere Bauunternehmer B.
  -     Füge B in Liste L ein.
- **Angebote einholen:**
  - Falls Liste L leer:
  -     Abbruch.

- Für alle Bauunternehmer B in Liste L:
- Falls B Angebot schreibt:
- Vermerke Angebot in Liste L bei B.
- Sonst:
- Lösche B aus L.

- **Bestes Angebot wählen:**
  - Falls Liste L leer:
  - Abbruch.
  - Generiere Bauunternehmer Favorit.
  - Favorit = Erster in Liste L.
  - Für alle Bauunternehmer B in L:
  - Vergleiche Angebot von B mit dem von Favorit.
  - Falls Angebot von B besser als das von Favorit:
  - Favorit = B.

- **Auftrag vergeben:**
  - Liste L von Bauunternehmern erstellen.
  - Angebote einholen.
  - Solange Liste L nicht leer:
  - Bestimme Favorit durch Aufruf der Methode 'Bestes Angebot wählen'.
  - Falls Favorit Auftrag annimmt:
  - Lösche Liste L.
  - Sonst:
  - Lösche Favorit aus L.
  - Lösche Favorit.
  - Falls Favorit nicht existiert:
  - Abbruch.

- **Bau kontrollieren:**
  - Solange Mängel am Bau:
  - Favorit Mängel beheben lassen.

Klasse Handwerker (Mensch):

- **Methoden:**
  - Liste von Bauherrn (Menschen) erstellen
  - Angebot schreiben
  - Auftrag annehmen und ausführen
  - Rechnung stellen

– Material bestellen
– Spezifische Tätigkeit ausführen

Methoden eines Handwerkers:

- **Angebot schreiben:**
  - Falls Zeit:
  - Mache Kalkulation.
  - Schreibe Angebot.
  - Nimm Bauherrn in Kundenliste K auf.
  -Sonst:
  - Erteile Absage.

Klasse Zimmermann (Handwerker):

- **Methoden:**
  – Dachstuhl aufrichten
  – Holztor beplanken

Klasse Maurer (Handwerker):

- **Methoden:**
  – Boden ausheben
  – Fundament betonieren
  – Mauern hochziehen

Klasse Dachdecker (Handwerker):

- **Methoden:**
  – Dach decken

Klasse Bauunternehmer (Bauherr, Handwerker):

- **Methoden:**
  – Auftrag in Unteraufträge teilen

Programm Garagenbau:

Generiere Bauherrn `Gutermut`

`Gutermut`: Auftrag vergeben.
Bau kontrollieren.
Rechnung bezahlen.

□

Wir fassen noch einmal zusammen:

- Objekte sind eigenständige Einheiten, die einen Zustand haben.
- Der Zustand wird bestimmt durch die Werte der Attribute und kann nur durch das Objekt selbst verändert werden.
- Objekte werden von anderen Objekten durch Botschaften zur Ausführung von Zustandsänderungen angeregt.
- Objekte sind Exemplare einer Klasse, die gemeinsame Attribute und Aktionen zusammenfaßt.
- Die genaue Datenstruktur und die Wirkungsweise der Methoden sind gekapselt.
- Klassen stehen in Beziehung zueinander, es gibt **Teilklassen** und **Oberklassen**.
- Eine Teilklasse unterscheidet sich von ihrer Oberklasse dadurch, daß sie mehr Merkmale aufweist, also eine Spezialisierung und damit eine Teilmenge beschreibt.
- Die Teilklasse übernimmt oder **erbt** alle Attribute und Methoden der Oberklasse.
- Sie kann die ererbten Methoden modifizieren und neue definieren.
- Eine Klasse kann von mehreren Oberklassen erben.
- In diesem Fall wird die Vereinigung aller Attribute und Methoden gebildet.

Die **Vererbung** von Methoden und Attributen ist ein wesentliches Merkmal von objektorientierter Programmierung.

Ein weiteres wichtiges Merkmal ist die Möglichkeit **wiederverwendbaren, weiterverwertbaren Programmcode** zu erstellen. Dabei kann durch das Klassenkonzept der auf dem Rechner zur Verfügung stehende Vorrat an Datenstrukturen und Operationen ständig erweitert werden. Es ist in einer gut ausgestatteten Programmierumgebung nicht mehr nötig, das Rad zum x–ten Male neu zu erfinden, sondern man kann komplexe Strukturen und Operationen wie einfache Standardtypen benutzen. Um bei unserem Hausbaubeispiel zu bleiben, kann man sagen, daß es nun möglich ist, ein Haus aus Fertigbauteilen zusammenzusetzen, ohne sich im Einzelnen um deren Aufbau kümmern zu müssen.

Die objektorientierte Programmierung unterstützt sowohl die Anwendung von fertigen Programmbausteinen als auch deren Erstellung.

Wir verwenden deshalb in diesem Buch folgendes **Programmiermodell**:

> Es gibt einen **Systemprogrammierer**, der eine Klasse implementiert und einen **Anwendungsprogrammierer**, der sie benutzt. Die **Schnittstelle** der Klasse, also die für die Verwendung nötige Information, wird entweder vom Systemprogrammierer willkürlich festgelegt (dies geschieht meist bei relativ elementaren Klassen wie etwa einer Liste) oder vom Anwender per Auftrag festgeschrieben oder durch Absprache beider zusammengestellt.

Zur Erläuterung dieses Modells führen wir das folgende Beispiel an.

Beispiel 1–2: Verwaltung einer Personalliste

Die Personalverwaltung eines Unternehmens legt eine Liste von Beschäftigten an. Diese Liste kann vom Sachbearbeiter am Computer verändert werden, Neueintragungen und Löschungen werden ebenso vorkommen wie das Suchen eines Eintrages, das Verändern einzelner Attribute oder das Bearbeiten aller Listenelemente.

Für den Sachbearbeiter ist das Computerprogramm nur soweit wichtig, daß es seine Aufgaben unterstützt und korrekt und hoffentlich auch schnell funktioniert. Wie die Liste intern aufgebaut ist, braucht und sollte ihn nicht interessieren. □

Beschreibt man einen **Typ** (Gruppierung, Klasse) wie im obigen Beispiel die Liste durch seine **Wertemenge** und die Wirkung der auf diese Werte anwendbaren **Operationen**, so spricht man von einem **abstrakten Datentyp**.

Objektorientierte Programmierung kann auch als Implementierung abstrakter Datentypen angesehen werden.

Das letzte Beispiel erläutert auch weitere Aspekte der objektorientierten Programmierung.

Der Programmierer sollte folgendes bedenken:

- Die elementaren Listenoperationen wie Einfügen, Löschen und Suchen eines Elementes oder Durchlaufen der ganzen Liste sind unabhängig von der Art der Elemente, die in der Liste gespeichert sind.
- Es ist vorhersehbar, daß weitere Aufträge für Listenverarbeitung eintreffen werden. Dabei kann es sich um identische Aufträge, etwa für eine andere Firma, um leicht unterschiedliche, wie das Hinzufügen neuer Operationen, oder um ganz andere, wie die Erstellung eines Einkaufszettels, handeln.
- Die Wiederverwendung und Weiterwertung von vorhandenem Programmaterial sollte auch einem Programmierer möglich sein, der das Programm nicht im Detail kennt.
- Die Änderung der internen Listenstruktur und der Operationen sollte möglich sein, ohne daß die Programme, die die Listen verwenden, umgeschrieben werden müssen.
- Um Wartung und Fehlerkorrektur zu vereinfachen, sollte der Anwender keine Möglichkeit haben, selbst diese Änderungen durchzuführen. So wird vermieden, daß bei verschiedenen Einsätzen des Programms unterschiedliche Versionen vorliegen.

1.2 Entwurf von Algorithmen

Unsere im vorigen Abschnitt entworfene Simulation eines Garagenbaus oder die Personallistenverwaltung sind natürlich noch weit von einem auf einem Rechner ablauffähigen Programm entfernt. Sie stehen sozusagen erst im „Rohbau“. Zum wirklichen Ablauf müssen die einzelnen Operationen verfeinert werden und letztlich auf dem Rechner bekannte Objekte wie Zahlen oder Buchstaben abgebildet werden.

Selbst die Listenverwaltung, obwohl sicher seit langem ein Standardproblem, ist auszuprogrammieren. In diesem Fall wird jedoch in der Regel eine Listenklasse mit einigen vordefinierten Methoden zur Verfügung stehen.

Diese Klasse ist einerseits abgeschlossen, in dem Sinne, daß sie zur Lösung einer Aufgabe direkt einsetzbar ist. Sie sollte gekapselt sein, so daß die interne Datenstruktur und die genaue Ausführung der Operationen nicht sichtbar oder zugreifbar ist. Sie sollte aber andererseits auch offen für Erweiterungen sein und so leicht für unser Problem einer Personalliste zugeschnitten werden können. Diese Art des Entwurfs von Programmen aus fertigen, elementaren Einzelbausteinen zu einem komplexen Gebilde, nennt man **bottom-up** Entwurf. Sie wird durch das Klassenkonzept und die Vererbung besonders gut unterstützt.

Bei der umgekehrten Vorgehensweise, dem **top-down** Entwurf, zerlegt man das Problem schrittweise in kleinere, einfachere Teilprobleme und setzt deren Lösung zur Gesamtlösung zusammen. Auf diese Art und Weise gelangt man zu übersichtlichen und einzeln auszutestenden **Modulen**, die bei geschickter Aufteilung wiederverwendet werden können, falls die gleiche oder eine ähnliche Aufgabe später erneut zu lösen ist. Außerdem sollten Erweiterungen und Anpassungen an andere Aufgaben leicht möglich sein, ohne die Interna im Einzelnen zu kennen.

Diese Entwurfstechnik wird vor allem bei der algorithmischen Aufteilung des Programms angewendet. Wir wollen auch hierfür ein einfaches Beispiel geben.

Beispiel 1–3: Sortieren einer Liste

Eine Liste von Zahlen soll aufsteigend sortiert werden. Dazu läßt sich folgender Algorithmus verwenden:

Liste Sortieren:

(1) Suche das kleinste Element der Liste und vertausche es mit dem ersten Element.

- - Nun hat das kleinste Element schon seinen endgültigen Platz gefunden, und der Rest der Liste muß noch sortiert werden.

(2) Suche das kleinste Element der verbleibenden, unsortierten Restliste und vertausche es mit deren erstem Element.

- - So wird die unsortierte Restliste um ein Element kürzer

(3) Wiederhole Schritt (2), bis die Restliste nur noch aus einem Element besteht und deshalb sortiert ist.

- - Die Liste ist nun sortiert.

Mittels Verwendung der zwei Teilalgorithmen oder Funktionen

- Suche kleinstes Element in Liste und
- Tausche zwei Listenelemente

läßt sich also eine Liste sortieren.

Diese beiden Funktionen werden nun ihrerseits verfeinert.

Suche kleinstes Element in Liste:
Wir führen die Namen `L` für die Liste und `min` für das kleinste Element ein.

(1) Setze `min` auf erstes Element von `L`.

(2) Wiederhole (3) für alle weiteren Elemente von `L`.

(3) Vergleiche `min` mit aktuellem Element. Ist `min` größer, so nimm den Wert des Elements als neuen Wert für `min`.

Für unseren Zweck ist allerdings weniger der Wert des kleinsten Elementes als dessen Position in der Liste interessant.

Die Liste `L` belege die Positionen von `anfang` bis `ende`, die einzelnen Elemente werden dementsprechend als

`L[anfang], L[anfang+1], ... , L[ende]`

bezeichnet. Noch etwas formaler beschreiben wir nun die Positionsbestimmung des kleinsten Elements:

```
min = L[anfang]
minpos = anfang
i = anfang + 1
Solange i <= ende wiederhole
    Falls L[i] < min so
        min = L[i]
        minpos = i
    Erhoehe i um 1
```

Durch Einrücken ist hier die Gruppierung der Anweisungen verdeutlicht. Die mit „Falls“ beginnende bedingte Anweisung ist ebenso wie die Erhöhung von i Teil der Schleifenanweisung. Eine Zuweisung (z.B. `minpos = anfang`) weist einer Variablen (`minpos`) einen neuen Wert (`anfang`) zu.

Die Suche von Minimum und dessen Position in der Liste ist nun soweit verfeinert, daß der nächste Schritt direkt ein (`C++` –) Programm sein wird.

Der Tausch zweier Listenelemente an den Positionen `p1` und `p2` muß eine Hilfsvariable verwenden, denn jedes Listenelement kann nur einen Wert aufnehmen, und durch die Zuweisung `L[p1] = L[p2]` geht der ursprüngliche Wert von `L[p1]` verloren.

Wir fassen nun den Sortieralgorithmus noch einmal zusammen. Wir nennen die Funktion zur Bestimmung der Position des Minimums `SucheMinpos` und die zum Tausch zweier Elemente `Tausch`. Die Liste belege die Positionen von 1 bis `n`.

```
anfang = 1
Solange anfang < n
    minpos = SucheMinpos (L, anfang, n)
    Tausch(L, anfang, minpos)
    erhoehe anfang um 1
```

Wir haben hier den ersten Schritt gleich mit in die Schleife aufgenommen. Diese wird `n`-1 mal durchlaufen, und in jedem Schritt wird die zu durchsuchende Liste um ein Element kürzer. Das Ergebnis ist eine sortierte Liste. □

Für den Entwurf von objektorientierter Software einerseits und effizienten Algorithmen andererseits existieren eine Vielzahl verschiedener Vorgehensweisen und Darstellungsmethoden, die wir in diesem Buch nur informativ behandeln werden. Wir werden unsere recht einfachen Beispielprogramme ohne starren Formalismus entwickeln und umgangssprachlich erläutern.

1.3 Vom Entwurf zum Programm

Beispiel 1–4: Listenspezifikation

Für unsere Personalverwaltung wollen wir den Rohentwurf vom vorigen Abschnitt zuerst genauer spezifizieren, indem wir sagen, was von unserem Programm erwartet wird.

- An Personaldaten werden Name, Vorname, Geburtsdatum, Adresse, Abteilung und Gehalt gespeichert.
- Jeder Datensatz verfügt über eine Methode, die Werte seiner Attribute auszugeben.
- Für die Liste sind die Operationen Einfügen, Suchen, Löschen und Durchlaufen bekannt.

□

Unser Programmentwurf soll nun in computerverständliche Form gebracht werden. Dazu wird er in einer Programmiersprache (in unserem Fall `C++`) formuliert. Dieser sogenannte Quelltext des Programms wird dann auf dem Rechner eingegeben (editiert), übersetzt (compiliert), mit vorhandenen (Standard- oder eigenen) Bibliotheken zusammengebunden (gelinkt) und dann ausgeführt.

Einige der oben aufgeführten Aktionen, wie etwa das Ausdrucken der Namen, sind direkt in `C++` verfügbar, andere müssen weiter aufgeschlüsselt werden.

Die **Syntax** von `C++` , also die grammatikalischen Regeln über den Aufbau eines Programms, werden wir in Form von Syntaxdiagrammen darstellen, während wir die Bedeutung der Sprachkonstrukte und gewisse Einschränkungen für ihren sinnvollen Gebrauch (die **Semantik**) umgangssprachlich beschreiben werden.

Bei der Formulierung des Quelltextes in einer Programmiersprache wird es in aller Regel zu Fehlern kommen, seien es einfache Tippfehler oder vergessene Sonderzeichen oder auch falsches Verständnis eines Sprachkonstruktes oder Verletzung anderer Sprachregeln. Einige dieser Fehler, nämlich die Verstöße gegen die Syntax und statische Semantik werden vom Compiler erkannt und gemeldet, andere, wie etwa Verständnisfehler oder Bereichsüberschreitungen, wird man erst beim Programmablauf feststellen können.

Die Fehler sind dann zu korrigieren, das Programm erneut zu übersetzen und auszuführen.

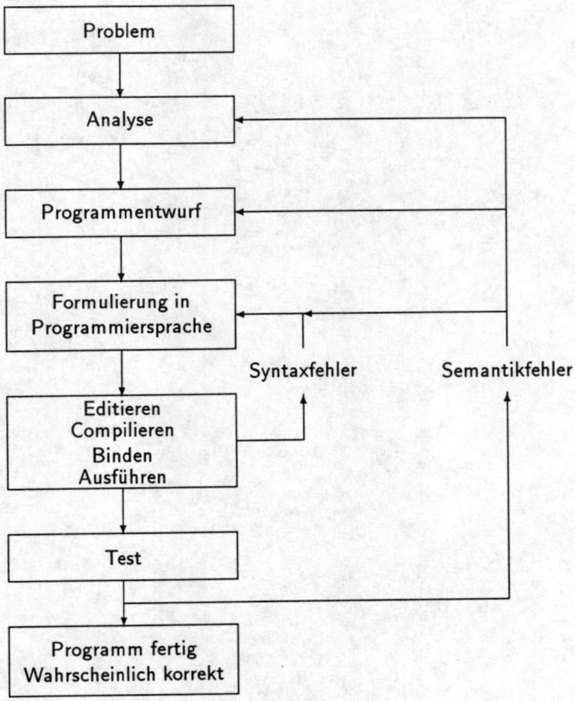

Im Verlaufe der Verfeinerung kann es auch vorkommen, daß bereits getroffene Entwurfsentscheidungen zurückgenommmen werden.

Programmieren ist immer ein zielgerichter Vorgang, es soll ein den Anforderungen entsprechendes Programm erstellt werden. Der Weg dorthin wird allerdings üblicherweise mehrere Zyklen enthalten.

Wir werden in den folgenden Kapiteln die einzelnen Konzepte der objektorientierten Programmierung wie z.B. Klassenkonzept, Datenkapselung und Vererbung nach und nach entwickeln und ihre Realisierung in C++

beschreiben. Wir versuchen dabei, alle vorhandenen Sprachkonstrukte durch ihre Verwendungsmöglichkeit für diesen Kontext zu motivieren. Deshalb werden wir die nicht objektorientierten Konzepte der Sprache wie Anweisungen und Funktionen nur knapp behandeln. Wir legen Wert auf gut strukturierte und auch effiziente Programme, werden aber nicht alle Hintertüren und Tricks erläutern, die in `C++` aufgrund seiner `C`-Vergangenheit möglich sind.

2 Aufbau, Gestaltung und Beschreibung eines Programms

2.1 Entwicklung von C++

Nachdem wir uns im ersten Kapitel etwas mit der objektorientierten Denkweise vertraut gemacht haben, wollen wir uns nun der Programmiersprache C++ zuwenden. Sie wurde Anfang der achtziger Jahre von B. Stroustrup bei AT&T als Erweiterung der weit verbreiteten Systemprogrammiersprache C entwickelt, weil diese den gewachsenen Anforderungen nicht mehr gerecht wurde. C++ wurde also von einem Praktiker für den praktischen Einsatz entworfen. Als Obermenge von C konnten dessen umfangreiche Softwarebibliotheken wiederverwendet werden. Als Hypothek hat C++ allerdings aus dieser Herkunft zu tragen, daß C und damit auch C++ einige Möglichkeiten bietet, die mit strukturierter, modularer, objektorientierter Programmierung nichts zu tun haben, ja ihr teilweise sogar widersprechen.

Deshalb werden weder C noch C++ häufig als erste Programmiersprache gelehrt. Wir sind jedoch der Meinung, daß die objektorientierten Konzepte für einen Programmierer so wichtig sind, daß er von Anfang an mit ihnen vertraut gemacht werden sollte, und führen deshalb, ohne Vorkenntnisse in C oder einer anderen Sprache vorauszusetzen, direkt in C++ ein. Hierbei werden die elementaren Datentypen und Anweisungen nur als Mittel zur Definition von Objekten, ihren Attributen und Methoden betrachtet und deshalb für den Programmieranfänger sicher vorerst etwas zu kurz behandelt. Die wichtigsten Programmiertechniken werden jedoch im Verlaufe des Buches immer wieder vorgestellt und eingeübt werden.

1990 erschien dann eine revidierte Version der Sprache [1] die als Grundlage für einen bis heute andauernden Normungsprozeß dient. An dieser Vorlage orientieren auch wir uns.

---

[1] M. A. Ellis, B. Stroustrup: The Annotated C++ Reference Manual, Addison-Wesley, Reading, 1990

2.2 Programmaufbau

Alle in einem Programm vorkommenden Größen (Objekte, Klassen, Funktionen) außer Literalkonstanten (hingeschriebene Zahlen oder Zeichenketten), werden über einen Namen angesprochen und müssen vor ihrer Verwendung vereinbart werden. Eine Ausnahme hiervon bilden die Standardnamen wie etwa `float` als Typbezeichnung für eine Teilmenge der reellen Zahlen.

Wir unterscheiden zwischen **Definitionen**, die eine Größe tatsächlich einführen und genau einmal vorhanden sein müssen, und **Deklarationen**, die nur den Namen bekannt machen und mehrfach auftreten können.

Syntaktisch ist ein Programm eine Folge von Vereinbarungen. Dabei muß eine Funktion `main` definiert sein, deren Anweisungsblock quasi das **Hauptprogramm** bildet. **Funktionen** fassen Handlungsabläufe zusammen.

Die Ausführung eines `C++` –Programms bedeutet die Ausführung der Funktion `main`.

Üblicherweise besteht ein Programm aus mehreren, separaten Teilen, die jeder in einer eigenen Datei lagern. Um nun einen Teil übersetzen zu können, der einen anderen verwendet, müssen die dort definierten Namen in dem neuen Teil bekannt sein. Dies geschieht durch Einbinden einer speziellen Vereinbarungsdatei (headerfile) mit Hilfe der `#include`–Direktive. Auf `#include` folgt der in spitzen Klammern (für Systemsoftware) oder Anführungszeichen (für benutzerdefinierte Teile) eingeschlossene Dateiname. Auf diese Weise werden auch vorübersetzte Standardroutinen etwa für Ein- und Ausgabe bekanntgemacht.

Der eigentliche Rumpf eines Programms (der Funktion `main`) ist ein **Block**, d.h. eine in geschweifte Klammern eingeschlossene Folge von Deklarationen, Definitionen oder Anweisungen.

Die Sprache `C++` ist blockstrukturiert. Blöcke als umfassende Konstruktion für Vereinbarungen lassen sich ineinander schachteln. Im Gegensatz dazu können Funktionen, die andere Strukturierungsart, nur auf globaler Programmebene vereinbart werden, d.h. nicht innerhalb eines Blockes oder einer anderen Funktion.

Beispiel 2–1: Einfaches Hauptprogramm

Das erste einfache Programm soll zwei ganze Zahlen (Integer) einlesen und deren Summe ausgeben.

```
#include <iostream.h>   // Standardein-/ausgabe

void main()   // Summer zweier Zahlen
{
    int a, b, c;
    cout << "Erste Zahl: ";
    cin >> a;
    cout << endl << "Zweite Zahl: ";
    cin >> b;
    cout << endl << "Summe: " << a+b << endl;
}
```

Das folgende Programm liest eine Zeichenkette (String) ein und gibt sie umgedreht wieder aus. Der dazu verwendete Datentyp und die Methode `Reverse` zum zeichenweise Umdrehen sind in der Datei `string.hpp` deklariert.

```
#include <iostream.h>   // Standardein-/Ausgabe
#include "string.hpp"   // Header zur Stringverarbeitung

void main()   // Umdrehen eines Strings
{
    String S1, S2;         // Definition zweier Strings
    cin >> S1;             // Einlesen von S1
    S2 = S1.Reverse();     // S2 = S1 zeichenweise umgedreht
    cout << S2;            // Ausgabe von S2
}
```

□

2.3 Gestaltung des Programmtextes

Bei der Niederschrift des Programmtextes sollte sich jeder Programmierer von Anfang an darüber klar sein, daß dieser Quelltext ein Dokument darstellt, welches Arbeitsergebnis, Unterlage für spätere Wartung und Vorlage für mögliche Erweiterungen und Ergänzungen darstellt. Deshalb ist mit großer Sorgfalt vorzugehen, um eine übersichtliche, klar verständliche und ästhetisch ansprechende Form zu erhalten.

Wir geben hier einige Faustregeln an, die wir auch im Verlauf des Buches einhalten werden.

- Ein Programm besteht aus mehreren Teilen, die auch in verschiedenen Dateien abgelegt sind. Der Dateiname sollte einen Hinweis auf den Inhalt der Datei enthalten.
- Die im Programm vereinbarten Namen sollten sinnvoll gewählt sein, mit Bezug auf ihre Bedeutung.
- Der Quelltext ist zeilenweise organisiert. Wir empfehlen pro Zeile nur eine Anweisung oder Vereinbarung.
- Zwischen zwei Namen muß immer ein Leerzeichen oder Zeilenwechsel stehen. Wir empfehlen Leerzeichen auch sonst zur Auflockerung zu verwenden und zusammengehörige Blöcke wie etwa Funktions- oder Klassendefinitionen durch Leerzeilen abzusetzen.
- Kommentare, das sind entweder in `/*` und `*/` eingeschlossene Zeichenfolgen oder alle Zeichen, die in einer Zeile nach einem `//` stehen, sollten eingesetzt werden
  - am Dateianfang für eine Kurzbeschreibung der Aufgabe dieses Programmteils.
  - zur Dokumentation der Eigenschaften, Aufgaben und kooperierenden Objekte einer Klasse, sofern diese Angaben nicht aus der Definition unmittelbar hervorgehen.
  - zur näheren Beschreibung der Parameter von Funktionen.
  - zur Kennzeichnung des Endes von strukturierten Anweisungen, Funktions- und Klassendefinitionen.
  - zur Verdeutlichung des Programmablaufs.
- Kommentare sollten nicht verwendet werden, um ohnehin klare Anweisungen zu erläutern.

- Durch geschicktes Einrücken soll die Programmstruktur offengelegt werden. Insbesondere sollten Blockanfang und -ende (das sind die Zeichen `{` und `}`) gut zu erkennen sein, also etwa untereinander in der gleichen Spalte stehen.

2.4 Beschreibung durch Syntaxdiagramme

Wir werden in dieser Einführung bewußt nicht alle möglichen, ja nicht einmal alle gebräuchlichen Programmkonstruktionen in C++ ausführlich beschreiben, sondern uns auf die konzentrieren, die für das objektorientierte Programmieren wichtig sind.

Neben einer umgangssprachlichen Einführung bedienen wir uns der präzisen Darstellung der Syntax der Sprache C++ durch Syntaxdiagramme. Die Bedeutung (Semantik) der einzelnen Konstrukte wird durch Beispiele erläutert und in zusammenfassenden Abschnitten in knappen Regeln angegeben werden. Diese eignen sich mit den im Anhang aufgeführten vollständigen Syntaxdiagrammen vorzüglich zum Nachschlagen von Einzelheiten.

Die im Abschnitt 2.2 beschriebene Grobstruktur eines Programmes läßt sich durch folgende Syntaxdiagramme anschaulich darstellen:

1 Einheit (Übersetzungseinheit):*

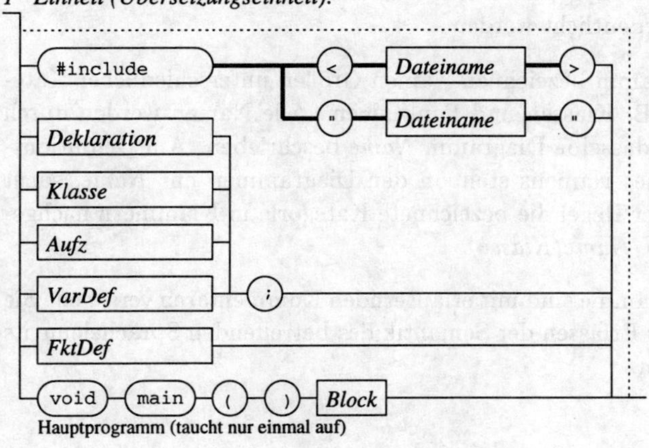

11 Block:

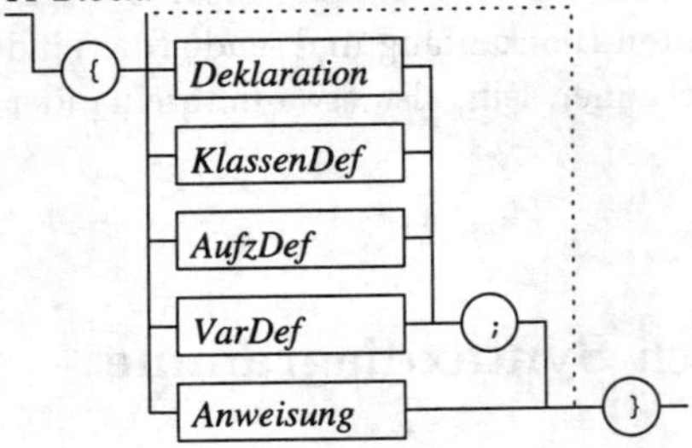

Wir erläutern nun den Aufbau und die Handhabung der Syntaxdiagramme ausführlicher:

- Die Überschrift benennt das durch das Diagramm beschriebene Sprachelement und ist *kursiv* geschrieben.
- Terminale Zeichenfolgen sind dagegen im `Teletype`–Stil gesetzt.
- Ein Symbol des Alphabets ist in einen Kreis, Folgen von Symbolen – also z.B. vordefinierte Namen – sind in ein Oval, Bezeichner von anderen Diagrammen sind in Rechtecke eingeschlossen.
- Die Verbindung von Diagrammnamen und Symbolen bzw. Symbolfolgen des Alphabets geschieht durch durchgezogene Linien, die von links nach rechts und von oben nach unten zu durchlaufen sind und gepunktete Linien, die entgegengesetzt zu durchlaufen sind.
- Mit Hilfe von gepunkteten Linien können Wiederholungen und Listen verdeutlicht werden.
- Im Programm bezeichnen Namen Größen unterschiedlicher Kategorien, z.B. Klassen und Funktionen. Alle Namen werden durch ein– und dasselbe Diagramm *Name* beschrieben. Am Definitionspunkt eines Namens steht in den Diagrammen nur *Name*, sonst wird in der Regel die bezeichnete Kategorie in Klammern nachgestellt, z.B. *Name(Klasse)*.
- Die Diagramme sind mit erläuternden Kommentaren versehen. Sie sollen das Erfassen der Semantik des betreffenden Sprachelements erleichtern.

Syntaxdiagramme lassen sich zur Programmkonstruktion verwenden:

- Der Durchlauf durch ein Diagramm beginnt am linken oberen Eingang.
- Die Durchlaufrichtung wird durch die Art der Linien angegeben.
- Der Durchlauf durch ein Diagramm ist beendet, wenn das Diagramm am rechten unteren Ende verlassen wird.
- Treten bei Durchlaufen eines Diagramms Symbole des Alphabets auf, so werden diese zum Zeitpunkt des Auftretens notiert und der Durchlauf fortgesetzt.
- Tritt beim Durchlaufen eines Diagramms U eine Diagrammüberschrift W auf (wobei W gleich U zulässig ist), so ist an dieser Stelle das Durchlaufen von U zu unterbrechen, das mit W bezeichnete Diagramm zu durchlaufen und danach der Durchlauf durch das Diagramm U an der Stelle fortzusetzen, an der er unterbrochen wurde.
- Der Durchlauf durch das Diagramm *Einheit* erzeugt einen vollständigen, für sich übersetzbaren Programmteil.

Ebenso lassen sich die Diagramme zur Überprüfung der syntaktischen Korrektheit von Programmen einsetzen, indem man einen möglichen Durchlauf zu bestimmen versucht, der das angegebene Programm produziert.

Die Konstruktion und Überprüfung mit Hilfe der Diagramme wird in der Regel nur für knifflige Einzelstellen vorgenommen. Eine gewisse Vertrautheit im Umgang mit ihnen erleichtert jedoch auch das schnelle Erkennen von Sprachregeln.

Die vollständigen Diagramme im Anhang sind fortlaufend numeriert. Meistens handelt es sich bei den im laufenden Text eingestreuten Diagrammen um Ausschnitte aus oder geringfügige Modifikationen von diesen. Das wird dadurch verdeutlicht, daß die Diagrammnummer mit einem Sternchen versehen wird.

Beispiel 2–2: Syntaxdiagramm für Gleitkommazahlen

Die folgenden Diagramme beschreiben die Konstruktion einer konstanten Gleitkommazahl (endlicher Dezimalbruch mit möglicher Exponentenangabe). F steht als Abkürzung für **floating-point**.

34 FKonst (Gleitkommakonstante):

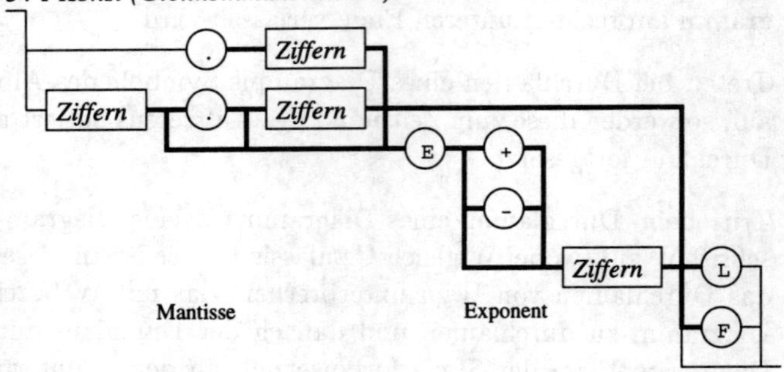

37 Ziffern:*

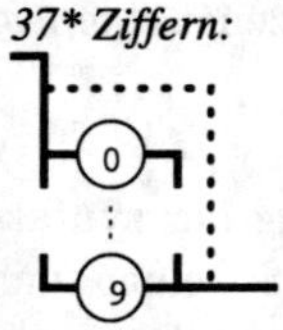

Wir erkennen sofort, daß

- eine F Konstante mit einer Ziffernfolge oder einem Punkt beginnen muß.
- hinter dem Punkt eine weitere Ziffernfolge stehen kann, bzw., falls der Punkt das erste Zeichen war, stehen muß.
- ein Exponent auf die Mantisse folgen kann, aber nicht muß.
- der Exponent mit `E` eingeleitet wird und dann ein Vorzeichen (+ oder –) aufweisen kann.
- ein Suffix den genauen Typ kennzeichnet, dabei heißt
  - `F` `float`
  - kein Suffix `double`
  - `L` `long double`

- ein Vorzeichen nicht zur F Konstanten gehört. (Es kann jedoch innerhalb eines Ausdrucks auftreten.)

Die fett gezogenen Linien verdeutlichen, daß kein Trennzeichen innerhalb einer F Konstanten stehen darf. In dem Diagramm wird nicht dargestellt, daß alle Kennbuchstaben auch klein geschrieben werden dürfen. Darauf wurde aus Gründen der Übersichtlichkeit verzichtet. □

3 Definition und Verknüpfung elementarer Objekte

Objektorientiertes Programmieren bedeutet das Zusammensetzen von größeren Bauteilen oder Einheiten aus einfacheren Bestandteilen. In diesem Kapitel werden wir die elementaren, im Sprachstandard vorhandenen Datentypen vorstellen und einfache Anweisungen, wie Ein– und Ausgabe oder Wertzuweisungen behandeln.

3.1 Definition von Variablen und Konstanten

3.1.1 Namen

Vom Programmierer definierte Größen werden durch Namen angesprochen. Diese Namen werden nach folgenden Regeln vereinbart:

36 Name:

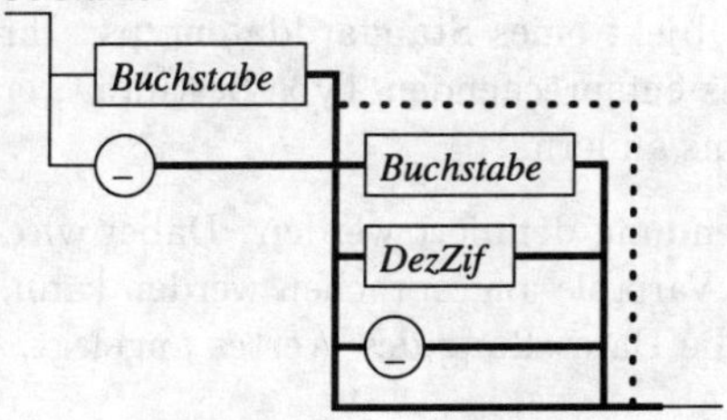

Namen dürfen keine Leerzeichen enthalten. Es wird zwischen Groß– und Kleinschreibung unterschieden. Namen dürfen keine Schlüsselwörter überdecken (siehe Anhang A.3) und sollten nicht mit _ beginnen, da solche Namen für Systemsoftware reserviert bleiben sollten. Alle Stellen eines Namens sind grundsätzlich signifikant, doch sind Implementierungsbeschränkungen auf weniger signifikante Stellen möglich.

Beispiel 3–1: Gültige und ungültige Namen

Bei folgenden Zeichenfolgen handelt es sich um gültige `C++` -Namen: `a`, `Test13`, `My_Name`, `PASCAL_SC`, `intPtr`, `_dangerous`,

`GueltigerName`. Der vorletzte Name ist zwar gültig, jedoch nicht empfehlenswert. Es folgen Beispiele für nicht zulässige Namen:

`42mal`	(beginnt nicht mit _ oder einem Buchstaben)
`ZZ TOP`	(Leerzeichen sind nicht erlaubt)
`int`	(Schlüsselwörter sind reserviert)
`Tschüß!`	(ü, ß und ! sind keine Buchstaben im C++ -Sinn)

□

Namen bezeichnen wichtige Programmgrößen wie Variablen, Objekte, Klassen usw. Deshalb sollte bei ihrer Wahl sorgfältig vorgegangen werden und ein Bezug zur bezeichneten Größe bestehen.

Einige Namen sind schon von vorneherein bekannt. Dazu gehören die Namen der Standarddatentypen wie z.B. `int` für einen Teilbereich der ganzen Zahlen und `double` für einen Teilbereich der reellen Zahlen (siehe Anhang A.3).

3.1.2 Variablendefinition

Eine (einfache) **Variable** ist ein Objekt eines Standarddatentyps. Ihr Zustand wird durch einen Wert des entsprechenden Typs bestimmt, er kann sich im Verlauf des Programms ändern.

Jede Variable muß vor ihrer Verwendung definiert werden. Dabei wird ein Name eingeführt, über den die Variable angesprochen werden kann. Außerdem wird Speicherplatz für die Darstellung des Wertes angelegt.

3 VarDef (Variablendefinition):*

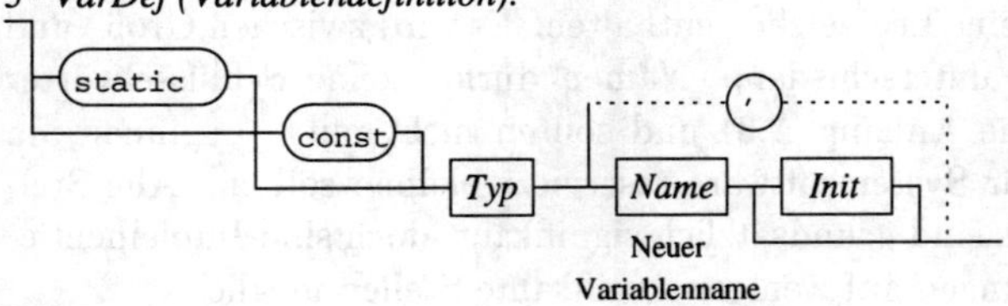

Der **Gültigkeitsbereich** einer Variablen ist der Teil des Programms, in dem die Variable durch ihren Namen angesprochen werden kann, also der Block in dem sie deklariert wird, als **Lebensdauer** bezeichnet man den Zeitraum, in dem der Speicherplatz existiert. In einfachen Programmen stimmt die Lebensdauer mit der Zeit überein, in der der Gültigkeitsbereich aktiv ist, d.h. mit der Ablaufzeit des entsprechenden Blockes. Eine Variable wird in einem Block definiert, der Speicherplatz wird angelegt, die Variable kann im gesamten Block mit ihrem Namen angesprochen werden und nach Verlassen des Blockes wird der Speicherplatz wieder freigegeben.

Variablen, die auf der äußersten Ebene, also nicht innerhalb eines Blokkes, definiert werden, heißen **global**. Ihr Gültigkeitsbereich und ihre Lebensdauer sind das gesamte Programm. In einem Block definierte Variable heißen **lokal**.

Als `static` vereinbarte Variablen sind dagegen nur innerhalb der Datei sichtbar und ihre Namen können in anderen Dateien in anderen Bedeutungen benutzt werden. Ihre Lebensdauer ist jedoch die des gesamten Programms.

3.1.3 Initialisierung

Der Anfangswert globaler Variablen nach der Definition ist 0. Für lokale ist der Wert unbestimmt. Er kann durch explizite Initialisierung gesetzt werden. Es ist eine häufige Fehlerquelle, daß lokale Variable vor ihrer ersten Verwendung nicht initialisiert werden.

8 Init (Initialisierung):*

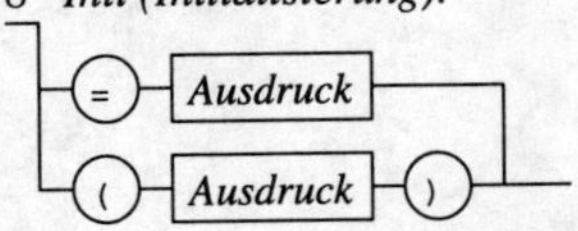

Der Ausdruck wird ausgewertet und der Variablen als Anfangswert zugewiesen. Die beiden Zeilen sind in ihrer Wirkung äquivalent.

Beispiel 3–2: Initialisierung von Variablen

```
#include "string.hpp"

int i, j=42*42;              // Globale Daten: es gilt i==0
                                und j==1764
```

```
void main()
{
    float a=1.3*j;          // Normale Initialisierung von
                            numerischen Daten

    double b(a*a+j/13);     // Zweite Moeglichkeit

    int k;                  // Wert von k unbestimmt

    String S1("Test");      // Normale Initialisierung von
                            Objekten
    String S2 ="Test";      // Zweite Moeglichkeit
}
```

□

Innerhalb eines Programms kann eine Variable ihren Wert durch eine Zuweisung oder durch eine Eingabeanweisung verändern.

3.1.4 Konstantendefinition

Variable, die ihren Wert während der Programmausführung nicht ändern können, heißen **Konstanten** und werden durch Angabe des Typmodifikators `const` vor dem Typ vereinbart. Konstanten müssen durch Ausdrücke initialisiert werden, die zur Übersetzungszeit berechnet werden können.

Beispiel 3–3: Konstanten

```
#include "string.hpp"
const u = 327;     // Typ int
const double PI=3.14159265358979323846;
const double PI_2=PI/2;
const String ErrMessage("Error: ");
const String DivErrMessage = ErrMessage +
                 "Division by zero !"; //Konkatenation
```

□

Eine konstante Zeichenkette wird durch die Begrenzer " eingeklammert.

Es können nicht nur Konstanten von Standardtypen, sondern auch von benutzerdefinierten Klassen erklärt werden.

Eine weitere Möglichkeit, Konstanten einfach durch Aufzählung zu definieren, betrachten wir in Abschnitt 3.3.4.

3.2 Ein– und Ausgabe

Programme kommunizieren mit ihrer Umgebung durch Ein– und Ausgabeanweisungen. Diese werden in `C++` in der Datei `iostream.h` erklärt, die deshalb in eigentlich jedes Programm inkludiert werden muß.

Soll eine Variable im Verlauf eines Programms einen neuen Wert erhalten, so kann dies durch eine Eingabeanweisung geschehen.

Eingabe - aus 12 Anweisung:

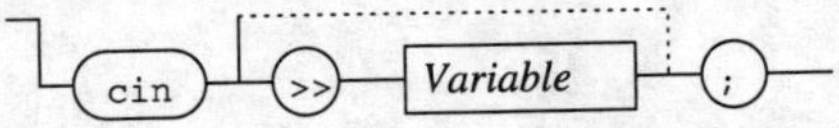

Der Eingabestrom `cin` beschreibt die Standardeingabe, also normalerweise die Tastatur. Die dort eingetippten Konstanten werden der Reihe nach den aufgelisteten Variablen zugewiesen. Es gelten die üblichen Typverträglichkeitsregeln (siehe 6.5.3).

Entsprechend läßt sich der Wert eines Ausdrucks durch Senden an den Ausgabestrom `cout`, im Normalfall der Bildschirm, mitteilen.

Ausgabe - aus 12 Anweisung:

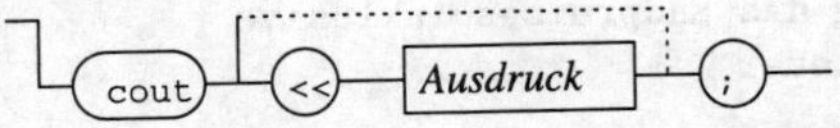

Die Ausdrücke, die vom Ganzzahl–, Gleitkomma– oder Zeichenkettentyp sein können, werden ausgewertet und ihr Wert gemäß der Syntax einer Konstanten des entsprechenden Typs ausgedruckt. Für Gleitkommatypen wird eine normierte Darstellung verwendet, Zeichenketten bzw. Zeichen werden ohne die einschließenden `"` bzw. `'` Begrenzer gedruckt.

Das Ausdrucken von `endl` oder des Zeichens `'\n'` bewirkt den Zeilenwechsel auf dem Ausgabemedium.

Beispiel 3–4: Einfache Ein– und Ausgabe

```
#include <iostream.h>

void main()  // Ein-/Ausgabe von Standardtypen
{
    int i;
    char ch1, ch2;

    // i einlesen und i, 2i, 3i ausgeben
    cin >> i;
    cout << "Integer-Ausgabe:" << endl;
    cout << i << ' ' << 2*i << ' ' << 3*i << endl;
    // zwei Zeichen einlesen und konkateniert ausgeben
    cin >> ch1 >> ch2;
    cout << "Character-Ausgabe:" << endl;
    cout << ch1 << '+' << ch2 << "=" << ch1 << ch2 << endl;
}
```

□

Beispiel 3–5: Mehrwertsteuer

```
#include <iostream.h>

const float MwStSatz = 0.15;  // 15% Mehrwertsteuer

void main()  // Berechnung des Endpreises inklusive
                Mehrwertsteuer
{
    float Preis;
    cout << "Grundpreis eingeben: ";
    cin >> Preis;
    cout << endl << "Endpreis: " << Preis*(1+MwStSatz);
    cout << endl;
}
```

□

3.3 Ausdrücke für einfache Typen

In C++ stehen einfache Standarddatentypen für ganze Zahlen und Gleitkommazahlen zur Verfügung. Mit Hilfe der ganzen Zahlen werden auch die einzelnen Zeichen des Zeichensatzes, die logischen Werte `false` und `true` sowie allgemeine Aufzählungen von Wertebereichen modelliert.

19 Typ:*

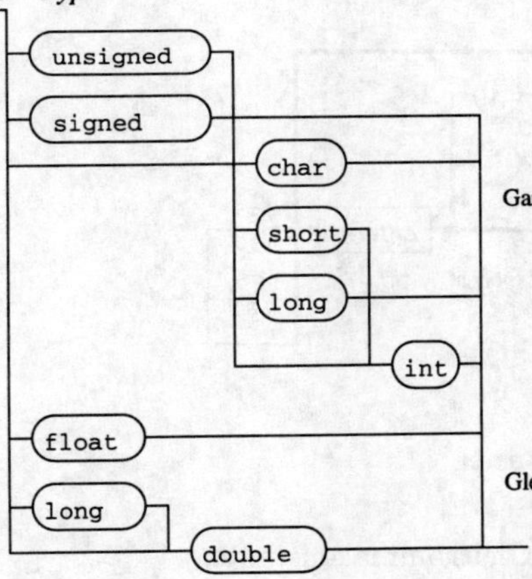

3.3.1 Gleitkommazahlen

In C++ gibt es drei Gleitkommatypen, nämlich `float`, `double` und `long double`. Für deren Wertebereiche, die wir in Großbuchstaben notieren, gilt:

$$\mathtt{FLOAT} \subseteq \mathtt{DOUBLE} \subseteq \mathtt{LONG\ DOUBLE},$$

d.h. ein Wert vom Typ `float` kann ohne Genauigkeitsverlust als `double` oder `long double` dargestellt werden, usw.

Intern sind die Werte, Approximationen der reellen Zahlen, in wissenschaftlicher Darstellung als $x = mx * b^{ex}$ gegeben, wobei die Mantisse mx endlich viele Ziffern hat und zwischen 1 und b liegt, führende Nullen also ausgeschlossen sind. Zahlen wie 0.001 werden mit einem entsprechenden ganzzahligen Exponenten als $1 * 10^{-3}$ dargestellt. Auch der Exponentenbereich ist beschränkt. b bezeichnet die Basis und ist im Rechner meist 2 oder 16, im Programmquelltext jedoch 10. Im Quelltext können für Konstante auch mehr als eine Ziffer vor dem Dezimalpunkt oder führende Nullen angegeben werden, die Umrechnung in das interne Format erfolgt automatisch, aber nicht fehlerfrei, so ist z.B. `0.1` nicht exakt als endlicher Dualbruch darstellbar.

34 FKonst (Gleitkommakonstante):

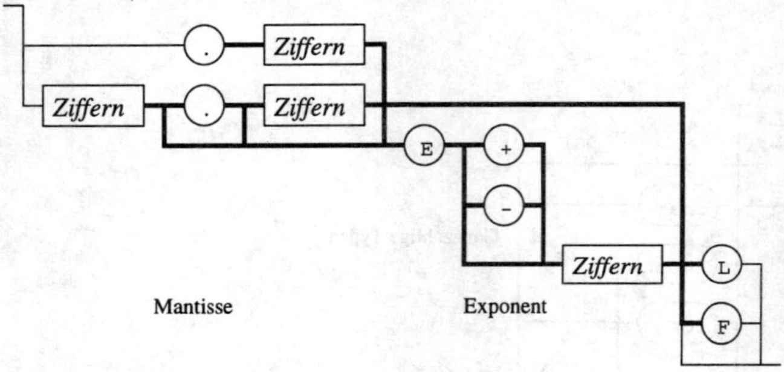

Beispiel 3–6: Gleitkommakonstante

Folgende Zahlen sind gültige Gleitkommakonstante:

```
2.71818
1e34
.1e-02
34.
0003.0003L
```

folgende dagegen nicht:

```
100,0  // Komma statt Punkt
0x3e4  // x nicht zugelassen
```

□

Keine der Ziffernfolgen ist prinzipiell in ihrer Länge beschränkt, dennoch sind die Zahlenbereiche für jede Implementierung individuell eingeschränkt.

Der Typ von Konstanten ist normalerweise `double`, ein angehängtes `f` oder `F` bedeutet vom Typ `float`, ein `l` oder `L` vom Typ `long double`.

Von den Gleitkommatypen können Ausdrücke wie in der Mathematik üblich gebildet werden.

22 Ausdruck für Gleitkommazahlen:*

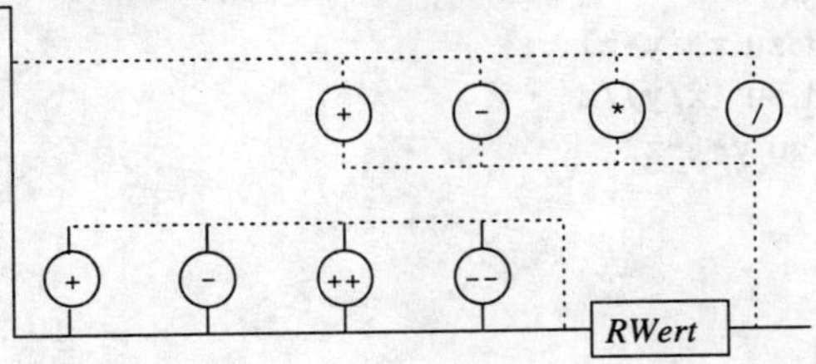

23 RWert:*

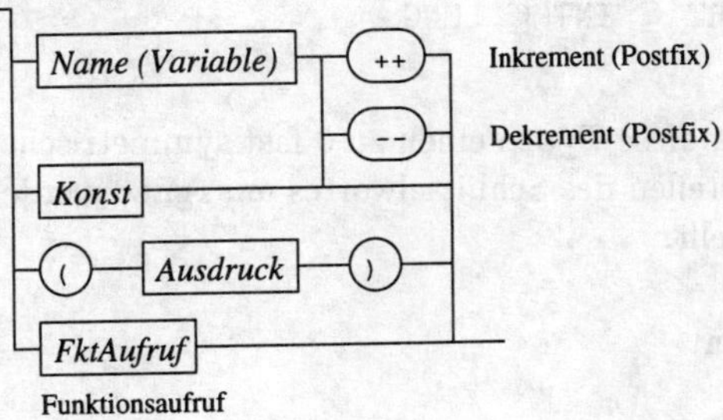

Die einstelligen Operatoren `++` bzw. `--` bedeuten die Erhöhung bzw. Erniedrigung des Wertes um 1. Sie können als Präfix– oder Postfixoperator auftreten.

Die Vorrangregeln der Operatoren sind wie in der Mathematik üblich, jedoch haben einstellige grundsätzlich höhere Priorität als zweistellige (siehe Operatortabelle im Anhang A.2). Bei gleichem Vorrang werden binäre Operatoren von links nach rechts und unäre von rechts nach links ausgewertet. Durch Klammerung läßt sich jede gewünschte Auswertungsreihenfolge festlegen.

Die Operanden werden hier als R-Wert bezeichnet, das ist eine rechts des Zuweisungszeichens stehende Größe, z.B. eine Konstante oder der

Wert einer Variablen. Der Typ der Operanden muß verträglich sein, d.h. ein arithmetischer Typ (siehe 6.5.3)

Beispiel 3–7: Gleitkomma–Ausdrücke

`double x,y,z;`
`x = 3.4*(x-1) + y;`
`x+y*z` ist äquivalent zu `x+(y*z)`
`x/y/z` ist äquivalent zu `(x/y)/z`
`y*-z` ist äquivalent zu `y*(-z)` □

3.3.2 Ganze Zahlen

Als Teilmenge der ganzen Zahlen sind die ganzzahligen Typen **`short`**, **`int`** und **`long`** anzusehen, für die gilt

$$\texttt{SHORT} \subseteq \texttt{INT} \subseteq \texttt{LONG}.$$

Üblicherweise repräsentieren diese Typen einen zu `0` fast symmetrischen Wertebereich, durch Voranstellen des Schlüsselwortes **`unsigned`** werden nur positive Zahlen dargestellt.

Beispiel 3–8: Der Typ `int`

`sizeof(int)` = 2 (Angabe in Byte)
Wertebereich **`int`**: -32768..32767
Wertebereich **`unsigned int`**: 0..2^{16}-1 □

Diese Werte sind implementierungsabhängig.

Eine Konstante besteht im Normalfall aus einer Ziffernfolge.

Für Ausdrücke gilt das bei den Gleitkommatypen Gesagte, nur daß das Ergebnis jetzt ganzzahlig ist. Die Inkrementierung (`++`) und Dekrementierung (`--`) treten hier häufiger auf als bei den Gleitkommazahlen. Bei Präfixoperatoren erfolgt die Änderung vor dem Auslesen des Wertes, bei Postfixoperatoren danach.

Beispiel 3–9: Inkrementierung und Dekrementierung

```
int x,y,z;
x = 6;
y = ++x;
z = y++;
w = y;
```

Nun haben `x` und `z` den Wert 7, `w` und `y` den Wert 8. □

Für ganzzahlige Typen stehen außerdem der Restklassenoperator `%`, die arithmetischen Shiftoperatoren `>>` und `<<` und die Operatoren zur bitweisen logischen Verknüpfung (`&` (für und), `^` (exklusives oder), `|` (oder) und `~` (Komplementbildung)) zur Verfügung. Die Vorrangstufen entnehme man der Operatortabelle in Anhang A.2.

3.3.3 Zeichensatz

Der Typ `char`, dessen Wertebereich der Zeichensatz ist, gilt als ganzzahliger Typ, wobei die Werte sich als Ordnungszahlen nach dem internen Zeichensatz ergeben. Häufig wird der ASCII–Zeichensatz verwendet.

Die Konstanten für Zeichen vom Typ `char` sind in ' ' eingeschlossen. Dabei werden Steuerzeichen durch \ eingeleitet. Von diesen bedeuten

`\f`	Seitenvorschub
`\n`	Zeilenvorschub
`\\`	Backslash
`\'`	Einfaches Anführungszeichen
`"`	Doppeltes Anführungszeichen
`\0`	Null, Ende eines Strings

Speziellle Operatoren für Zeichen existieren nicht, da diese jedoch als ganze Zahlen aufgefaßt werden, sind die üblichen arithmetischen Verknüpfungen anwendbar.

3.3.4 Aufzählungen

Es können auch eigene Teilbereiche der ganzen Zahlen durch Aufzählen der einzelnen Werte kreiert werden. Eine Liste von Konstanten wird dabei als Wertebereich eines neuen benutzergenerierten Datentyps angesehen oder aber nur als einprägsame Namen für ganze Zahlen.

18 Aufzählung:*

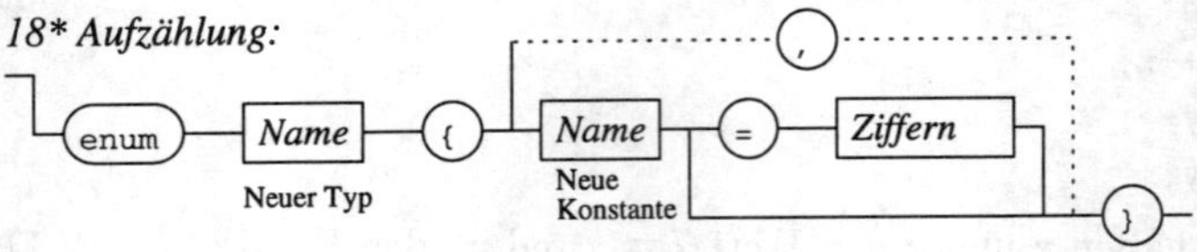

Strenggenommen handelt es sich hier nicht um eine Typdefinition, wir wollen dieses dennoch vorerst einmal unterstellen. Der Typ, dessen Name hier eingeführt wird, wird als ganzzahliger Typ aufgefaßt. Die neu eingeführten Konstanten erhalten die Werte der angegebenen konstanten ganzzahligen Ausdrücke. Fehlt diese explizite Initialisierung, so wird vom letzten Wert an aufsteigend weitergezählt, bzw. die erste Konstante auf `0` gesetzt.

Aufzählungstypen dienen dazu, kleine Teilmengen der ganzen Zahlen, die etwa als Auswahl für Verzweigungsanweisungen auftreten können, problemangepaßt benennen zu können.

Beispiel 3–10: Aufzählungstypen

Ein Aufzählungstyp zur Beschreibung des aktuellen Zustands einer Ampel kann so deklariert werden:

```
enum AmpelFarbe {Rot, Gelb, Gruen};
// Rot==0, Gelb==1, Gruen==2
```

Der folgende Aufzählungstyp benutzt explizite Initialisierung. Im Falle der Konstanten `PF2` ist diese nicht notwendig, da die Erhöhung des Wertes von `PF1` (==1) den gewünschten Wert ergibt.

```
enum Kleingeld {PF1=1, PF2, PF5=5, PF10=10,
                PF50=50} Muenze=PF1;
```

Außerdem wird eine Variable `Muenze` vom Typ `Kleingeld` deklariert und mit dem Wert `PF1` initialisiert. □

3.3.5 Logische Ausdrücke

Wir verwenden eine Aufzählung, um einen Typ für Wahrheitswerte einzuführen.

Beispiel 3–11: Der Typ `boolean`

Der Typ `boolean` mit den Wahrheitswerten `false` und `true` läßt sich als Aufzählung so definieren:

```
enum boolean {false, true};
```
□

Alle Ausdrücke, also nicht nur die für den Typ `boolean` oder `int`, können auch als logische oder Boolesche Ausdrücke interpretiert werden, dabei bedeutet Wert `0` „falsch" und Wert ungleich `0` „wahr". Deshalb wird bei einer Abfrage auf `0` in der Regel nur der Wert hingeschrieben, ohne einen expliziten Vergleich durchzuführen. Alle Vergleiche liefern ein solches Ergebnis vom Typ `int`, wobei „wahr" durch den Wert `1` ausgedrückt wird. Als Vergleichsoperatoren dienen `==` (für gleich), `!=` (ungleich), `>`(größer), `>=` (größergleich), `<` (kleiner) und `<=` (für kleinergleich).

Logische Ausdrücke lassen sich als Bedingungen in strukturierten Anweisungen verwenden und mittels der logischen Operatoren `&&` (für und), `||` (oder) und `!` (nicht) verknüpfen, wobei `&&` stärker bindet als `||`.

Die zweistelligen logischen Operatoren besitzen geringere Priorität als die Vergleichsoperatoren, diese wiederum geringere als die arithmetischen. Die genauen Werte entnehme man der Operatortabelle in Anhang A.2.

Beispiel 3–12: Logische Ausdrücke

`1+2 == 3` ergibt den Wert 1.
`4.0 < 3*1.3 && 6 <= 15 % 2` den Wert 0. □

Wir bezeichnen in den Syntaxdiagrammen logische Ausdrücke, die also nur auf gleich oder ungleich 0 getestet werden, als **Bedingungen**.

Beispiel 3–13: Pythagoras

Für drei gegebene ganze Zahlen a, b und c soll der Pythagoras-Test $a^2 + b^2 = c^2$ durchgeführt werden. Das Programm gibt 1 aus, falls die Zahlen die Gleichung erfüllen, sonst 0.

```
#include <iostream.h>

void main()  // Pythagoras-Test fuer drei gegebene Zahlen
{
    int a, b, c;
    cout << "Pythagoras-Test" << endl;
    cin >> a >> b >> c;
    cout << " 2    2     2" << endl;
    cout << "a  + b  =  c    erfuellt (1) oder nicht (0):";
    cout << (a*a + b*b == c*c) << endl;
}
```

□

3.3.6 Zuweisungen

Auch Zuweisungen werden als Ausdrücke aufgefaßt, deren Nebenwirkung eine Veränderung der linken Seite ist.

22 Ausdruck:*

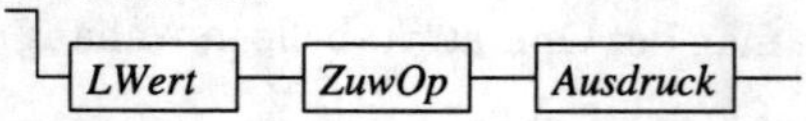

24 LWert:*

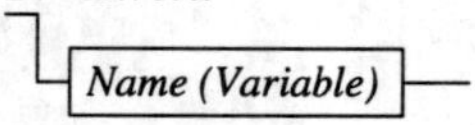

31 ZuwOp (Zuweisungsoperatoren, Priorität 16):

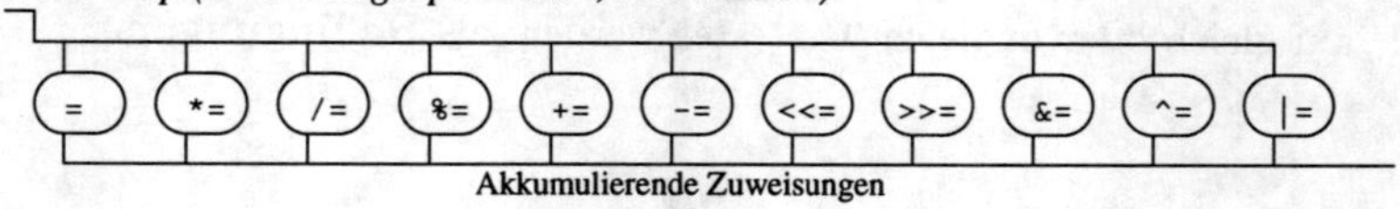

L-Wert bezeichnet eine veränderbare Größe, die auf der linken Seite von Zuweisungen stehen kann, also im einfachsten Fall eine Variable, genauer gesagt ihre Adresse. Im Gegensatz dazu wird der Wert eines Ausdrucks oder einer Variablen als **R-Wert** bezeichnet, weil er nur rechts von einem Zuweisungszeichen stehen darf.

Neben dem normalen Zuweisungsoperator = stehen noch 10 akkumulierende Zuweisungen zur Verfügung, die speziell für das Verändern (Update) einer Variablen verwendet werden. Der alte Wert der linken Seite wird bei dieser Form implizit mit dem vor dem = angegebenen Operator von links mit dem Wert des rechts stehenden Ausdrucks verknüpft, bevor die Zuweisung erfolgt.

Die Zuweisung

```
x = x + 1.0
```

nimmt den alten Wert von `x`, addiert `1.0` und schreibt diesen neuen Wert, der Ergebnis des Zuweisungsausdrucks ist, an die Speicherstelle oder Adresse der Variablen `x`. Sie ist also Ausdruck und Anweisung zugleich. Ein Wert wird berechnet und der Wert der Variablen `x` verändert.

Der Zugriff auf `x` als R-Wert oder L-Wert ist also durchaus unterschiedlich. Steht ein Variablenname links vom Zuweisungsoperator so wird die Adresse genommen, steht er rechts, so wird der dort stehende Wert eingesetzt.

Jeder Ausdruck, der mit einem ';' abgeschlossen wird, gilt als Anweisung. So gesehen faßt man üblicherweise Zuweisungen als Anweisungen auf, die den Wert der linken Seite neu festsetzen und damit den Gesamtzustand beeinflussen.

Die obige Zuweisung kann auch kürzer als

```
x += 1.0
```

geschrieben werden.
Mit Hilfe des unären Inkrementoperators auch als

```
++x
```

d.h. erhöhe `x` um 1 und nimm diesen Wert; oder als Postfixoperator

```
x++
```

mit etwas geänderter Semantik: Nimm den alten Wert von `x` und erhöhe anschließend.

Die Inkrementierung und Dekrementierung verändern innerhalb eines Ausdrucks den Wert eines Operanden, erzeugen also einen Seiteneffekt.

Sie sollten deshalb nur verwendet werden, falls die Bedeutung ganz klar und der Seiteneffekt erwünscht ist.

Beispiel 3–14: Tausch von Variablen

```
void main()  // Tausch von i und j
{
    int i, j, temp;
    .
    .
    temp = i;
    i = j;
    j = temp;
}
```

Eine Hilfsgröße `temp` ist nötig, da der alte Wert von `i` zwischengespeichert werden muß, bevor `i` der Wert von `j` zugewiesen wird.
□

3.3.7 Bedingter Ausdruck und Sequenz

Zwei besondere Arten von Ausdrücken werden durch den Fragezeichen- und den Kommaoperator beschrieben.

Es kommt in der Praxis relativ häufig vor, daß sich der Wert einer Variablen abhängig von einer Bedingung ergibt. Ist z.B. `y>0`, so soll `x` den Wert y^2 erhalten, sonst `y/2`. Das läßt sich kurz so formulieren

```
x = y>0 ? y*y : y/2}
```

22 Bedingter Ausdruck:*

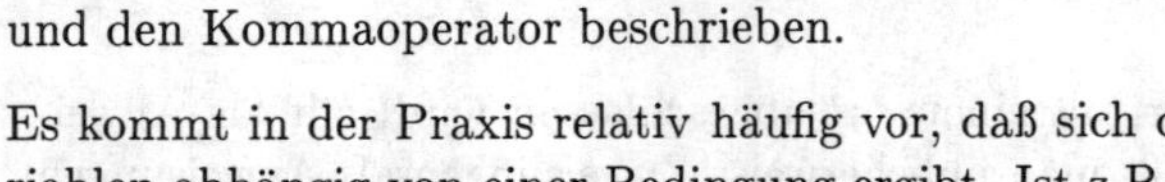

Ist der Wert der Bedingung `true` (ungleich 0), so ist der Wert des Ausdrucks gleich dem ersten Ausdruck `w`, anderenfalls gleich dem zweiten Ausdruck `f`.

Beispiel 3–15: Bedingter Ausdruck

Das Mininum zweier Variablen läßt sich so bestimmen

```
min = x<y ?  x :  y
```

□

Eine Liste von durch Komma getrennten Ausdrücken beschreibt die sequentielle Ausführung dieser Ausdrücke. Der Wert ist der Wert des letzten Ausdrucks. Eine solche Konstruktion ist nur dann sinnvoll, wenn die ersten Ausdrücke Nebenwirkungen haben, also z.B. Zuweisungen sind.

Beispiel 3–16: Sequenzausdruck

```
y=7, x--=--y, x
```

Der Ausdruck und `x` liefern den Wert `5`, `y` hat nach Ausführung den Wert `6`. □

4 Objekt und Klasse – Vereinbarung von Datenstrukturen

4.1 Klassenvereinbarung

Der Vorrat an Standarddatentypen in C++ beinhaltet im wesentlichen nur Zahlen und ist deshalb für unsere Ziele, einen Teil der realen Welt zu simulieren oder modellieren, sicher nicht ausreichend. Es ist in der Tat so, daß selbst so einfache und oft gebrauchte Datentypen wie komplexe Zahlen oder Listen selbst definiert werden müssen.

Die richtige Strukturierung der Daten eines Problems ist für die Qualität und Dauerhaftigkeit einer Lösung mindestens so entscheidend wie die algorithmische Aufbereitung. Die Datensätze für komplexe Strukturen, wie z.B. Heizkessel oder Formularordner, müssen aus den vorhandenen Standarddatentypen aufgebaut werden.

Dies geschieht mit Hilfe der Klassenvereinbarung. Wir fassen eine **Klasse** hier auf als einen Datentyp, der einerseits die Struktur seiner Exemplare oder **Objekte** durch Angabe von Attributen festlegt und so einen Wertebereich angibt, andererseits auch durch Angabe von Methoden die Aktionen vorschreibt, die Objekte dieses Typs durchführen können.

Das Klassenkonzept als das wesentliche Konzept der objektorientierten Programmierung verwirklicht viele der wichtigen Programmiertechniken, die wir in der Begriffseinführung vorgestellt haben.

- Datenstruktur
- Datenkapselung
- statisches und dynamisches Erzeugen von Objekten
- eigenständige Zustandsverwaltung
- abstrakte Datentypen
- parametrisierte Datentypen
- modulares Programmieren
- Vererbung

Wir werden diese Punkte alle der Reihe nach besprechen. Unsere Beispiele werden anfangs nur Teile der Syntax ausnutzen und nicht dem entsprechen, was wir normalerweise als gutes objektorientiertes Programm ansehen.

Eine Klasse ist eine **Datenstruktur**, die aus einer festen Anzahl von **Komponenten** unterschiedlicher Arten besteht. Das sind einerseits die **Attribute**, die die eigentliche Datenstruktur beschreiben und deren Werte den Zustand eines Objekts, d.h. eines Exemplars der Klasse bestimmen, andererseits die **Methoden**, die den Zustand mitteilen oder verändern können. Methoden betrachten wir im nächsten Kapitel.

Die Attribute haben wie Variable im Programm einen Namen und einen Typ. Verschiedene Attribute einer Klasse können von unterschiedlichem Typ sein.

Objekte einer Klasse werden durch Aufruf einer speziellen Methode, des **Konstruktors**, erzeugt und können durch Destruktoraufruf wieder zerstört werden. Destruktoren behandeln wir erst in Abschnitt 6.3.

13 KlassenDef:*

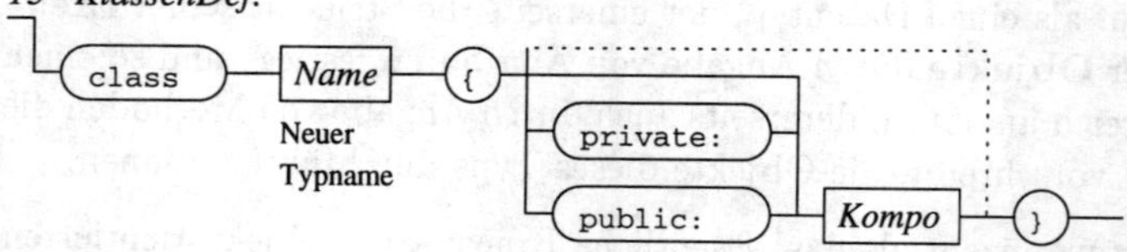

14 Kompo (Komponente):*

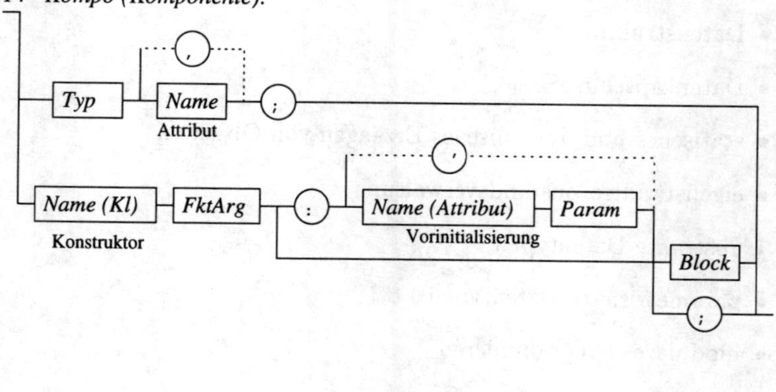

Semantik

- Der Klassenname wird eingeführt und bezeichnet im weiteren Programm den durch die Klassendefinition geschaffenen Typ.
- Eine Klassendefinition bildet einen eigenen Vereinbarungsblock, d.h. die Namen der Komponenten zweier Klasen dürfen gleich sein und eine Komponente darf einen Namen haben, der im Block der Klassendefinition bekannt ist.
- Jede Klassendefinition führt einen neuen Typ ein. Es gilt die Namensgleichheit, d.h. zwei Klassendefinitionen, die beide Komponenten mit gleichem Namen und Typ besitzen, bezeichnen dennoch zwei verschiedene Typen.
- Die Komponenten einer Klasse werden innerhalb der Definition mit ihrem Namen angesprochen, außerhalb sind sie nicht zugreifbar. Die Daten sind gekapselt. Diese Kapselung kann durch Vergabe von Zugriffsrechten aufgehoben werden.
- Hinter `public` aufgeführte Komponenten sind auch von außen sichtbar.
- Objekte vom Typ der Klasse werden wie Variablen von Standardtypen vereinbart.
- Ihre Initialisierung kann ebenfalls vom Programmmierer beeinflußt werden durch Angabe eines sogenannten Konstruktors.

4.2 Konstruktoren

Ein Konstruktor ist eine benutzerdefinierte Initialisierungsfunktion, die innerhalb der Klassendefinition vereinbart wird. Der Name dieser Funktion ist gleich dem Klassennamen. Anschließend an diesen Namen können in der Argumentliste formale Parameter (Argumente) angegeben werden. Diese werden beim Aufruf durch aktuelle, für die Initialisierung des Objekts benötigte Werte ersetzt.

Es können mehrere Konstruktoren angeben werden, die sich jedoch in ihrem Parameterprofil, d.h. in Anzahl und/oder Typ der Parameter unterscheiden müssen. Man spricht in diesem Fall vom **Überladen** von Konstruktoren.

Ist kein Konstruktor vereinbart, so wird bei der Objektdefinition der Standardkonstruktor aufgerufen, der für jede Komponente den benötigten Speicherplatz reserviert und diesen wie bei den Standardtypen beschrieben initialisiert. Ist irgendein Konstruktor mit Parametern vereinbart, so greift diese Automatik nicht und der Aufruf eines parameterlosen Konstruktors erzeugt einen Fehler.

Beispiel 4–1: Spielkarte

Die folgende Klasse definiert einen Typ zur Darstellung von Skatkarten. Für Farbe und Wert einer Karte werden der besseren Übersicht halber Aufzählungstypen definiert. Die Datenstruktur einer Karte setzt sich aus zwei ganzzahligen Attributen für Farbe und Wert zusammen. Der explizit angegebene Konstruktor erwartet zwei Argumente, die die Karte spezifizieren. In diesem Fall wird also kein Standardkonstruktor generiert.

```
enum FarbTyp {Karo, Herz, Pik, Kreuz};
enum WertTyp {Bube=2, Dame, Koenig, Sieben=7, Acht, Neun,
              Zehn, As};

class Karte
{
    FarbTyp Farbe;
    WertTyp Wert;
public:
    Karte(FarbTyp F, WertTyp W)
    {
        Farbe = F;
        Wert  = W;
    };
}; // Karte

void main()
{
    Karte PikSieben(Herz, Bube);
    Karte Alte(Kreuz, Dame);
    Karte Unbekannt;          // Fehler: Es gibt keinen
                              // Konstruktor ohne Parameter
}
```

Objekte vom Typ `Karte` können dann z.B. so angelegt werden:

`Karte PikSieben(Pik, Sieben);` oder
`Karte Alte(Kreuz, Dame);`

Ein Objektdefinition in der Art

`Karte K;`

führt zu einem Fehler, da kein parameterloser Konstruktor existiert. □

6 FktArg (formale Funktionsargumente):*

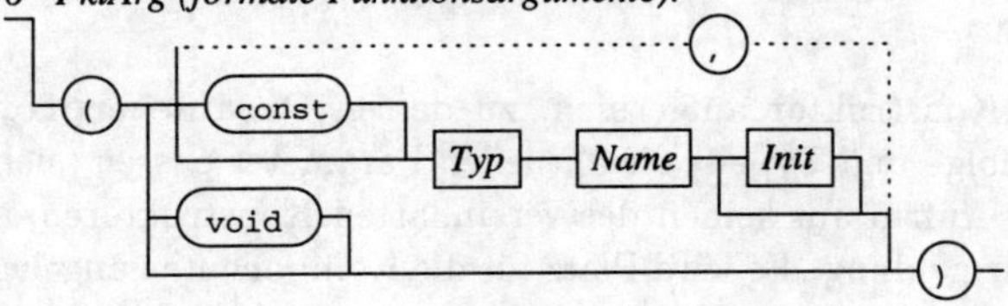

Jeder Parameter wird als Variable entsprechenden Typs für den sofort oder später folgenden Block des Konstruktorrumpfes eingeführt. Da sein Gültigkeitsbereich der innere Block ist, kann der Name mit Attributnamen oder Parameternamen anderer Konstruktoren oder Methoden übereinstimmen, muß sich aber von anderen Parameternamen oder lokalen Größen der gleichen Konstruktorfunktion unterscheiden.

Die Angabe von `void` bedeutet wie das Fehlen jeglicher Parameterangabe eine leere Parameterliste.

Zwischen der formalen Argumentliste und dem Konstruktorrumpf kann ein Vorinitialisierungsteil angegeben werden, in dem die einzelnen Attribute direkt gesetzt werden können. Syntaktisch entspricht dies der Initialisierung einer Variablen durch Angabe des Wertes in Klammern. Der Ausdruck muß aus formalen Parametern des Konstruktors oder globalen, nicht zur Klasse gehörenden Größen bestehen.

Bei Definition eines Objekts wird der Konstruktor aufgerufen, im übrigen läuft sie wie eine Variablendefinition ab. Ist keine Initialisierung angegeben, so wird der Konstruktor ohne Argumente, ggf. der Standardkonstruktor aufgerufen. Ansonsten erfolgt der Konstruktoraufruf explizit oder durch Anhängen durch Anhängen der aktuellen Parameterliste an den Objektnamen.

8 Init (Initialisierung):*

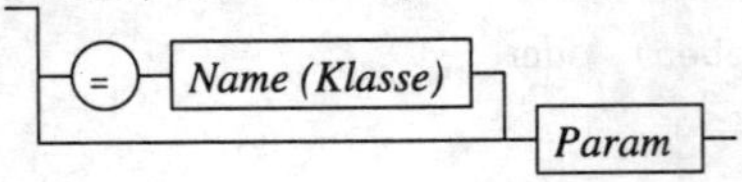

10 Param (aktuelle Parameterliste):

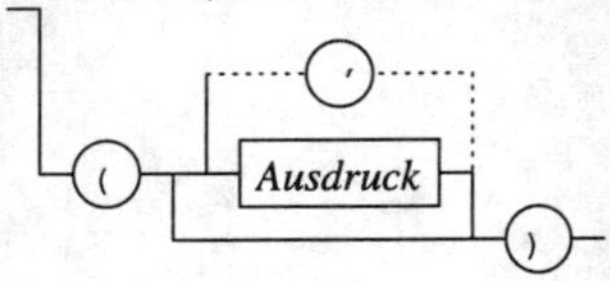

Dabei wird der Konstruktor aufgerufen, zu dessen **Parameterprofil** (Anzahl, Reihenfolge und Typen) die aktuellen Parameter passen (siehe 5.4.2). Paßt der Aufruf auf keinen der vereinbarten Konstruktoren, so erfolgt eine Fehlermeldung. Es wird Platz für die Komponenten angelegt und der Rumpf, der eine sinnvolle Initialisierung beinhalten sollte, wird ausgeführt wobei die aktuellen Parameter die formalen ersetzen.

Den Parametern können Standard- oder Defaultwerte mitgegeben werden, die beim Aufruf eingesetzt werden, falls der aktuelle Parameter fehlt. Da die aktuellen den formalen Parameter durch die Reihenfolge zugeordnet werden, ist klar, daß Defaultwerte nur am Schluß der Argumentliste zugeteilt werden können.

Ist eine Vorinitialisierung vorhanden, so wird diese vor der Abarbeitung des Rumpfes durchgeführt. Sollen lediglich Attribute gesetzt werden, so kann dies immer in der Vorinitialisierung geschehen und der Konstruktorrumpf leer bleiben.

Beispiel 4–2: Bruchklasse

Wir wollen eine Klasse zur Darstellung und Behandlung von Brüchen betrachten. Die Struktur eines Bruches wird durch zwei ganzzahlige Attribute für Zähler und Nenner gebildet. Ein Bruch, also ein Objekt der Bruchklasse, soll auf verschiedene Weisen initialisiert werden. Standardmäßig sei der Wert 1, wird nur eine Zahl angegeben so ist diese der Wert des Bruchs, ansonsten bezeichnet die erste Zahl den Zähler und die zweite den Nenner.

Das kann durch drei verschiedene Konstruktoren erreicht werden:

```
#include <math.h>

class Bruch
{
    long Zaehler, Nenner;
public:
    Bruch(): Zaehler(1), Nenner(1) { }
    Bruch(long Z): Zaehler(Z), Nenner(1) { }
    Bruch(long Z, long N): Zaehler(Z), Nenner(N) { }
}; // Bruch
```

Dasselbe Ergebnis erzielt man mit einem einzelnen Konstruktor, der Standardinitialisierung von Zähler und Nenner verwendet:

```
Bruch(long Z=1, long N=1)
: Zaehler(Z), Nenner(N) { }
```

In beiden Fällen können Brüche auf folgende Weise initialisiert werden:

```
Bruch a;          // a == 1
Bruch b(5);       // b == 5
Bruch c(-1,3);    // c == -1/3
```

Man kann den Konstruktor auch explizit aufrufen, z.B. ist

```
Bruch c = Bruch(-1,3)
```

äquivalent zur letzten Zeile.

Die Konstruktoren müssen durch Angabe von `public` sichtbar gemacht werden. □

Beispiel 4–3: Preisklasse

```
class Preis
{
    unsigned DM, PF;
public:
    Preis(unsigned D=0, unsigned P=0)  // Konstruktor
    : DM(D + P/100), PF(P%100) { }

    Preis(float F)  // Konstruktor
    : DM(unsigned(F)), PF(unsigned((F-DM)*100)) { }
}; // Preis
```

```
void main()  // Gueltige Objektdefinitionen
{

    Preis P1(19,90);    // P1 == 19.90 DM
    Preis P2(7)         // P2 ==  7.00 DM
    Preis P3(3,699);    // P3 ==  9.99 DM
    Preis P4;           // P4 ==  0.00 DM
}
```

□

Beispiel 4–4: Adreßklasse

```
#include "string.hpp"

class Adresse
{
    String Name;
    String Vorname;
    String Strasse;
    unsigned Hausnummer;
    unsigned PLZ;
    String Ort;
public:
    Adresse(String N, String V,        // Name, Vorname
            String Str, unsigned HNr, // Strasse, Nummer
            unsigned P, String O)     // PLZ, Ort
    : Name(N), Vorname(V),
      Strasse(Str), Hausnummer(HNr),
      PLZ(P), Ort(O) { }
}; // Adresse
```

Eine Adresse kann dann so vereinbart werden:

```
Adresse Tina("Meier", "Christina",
             "Badergasse", 19,
             1000, "Berlin")
```

□

Das letzte Beispiel benutzt wieder die vordefinierte, allerdings nicht zum Sprachstandard gehörende Klasse `String` zur Darstellung von Zeichenketten. Diese Klasse besitzt einen Konstruktor, der eine Zeichenkette erwartet.

4.3 Felder

Einige unserer Beispielklassen (Preis, Bruch, String) waren sehr einfacher Natur, alle Attribute waren vom gleichen Typ. Bei `Preis` und `Bruch` gibt es nur zwei Attribute und ihre Namen sind sicher aussagekräftiger als Attribut1 und Attribut2, aber die Komponenten einer Zeichenkette als Zeichen1 bis ZeichenN zu bezeichnen, wäre sicher eher verwirrend als hilfreich. Hier bietet sich eine Datenstruktur an, die eine feste Anzahl von Attributen gleichen Typs enthält und die es zuläßt, daß diese Attribute oder Komponenten direkt über ihre Nummer oder Index angesprochen werden können. Da solche Datenstrukturen in Form von Vektoren oder Matrizen auch in der Mathematik sehr häufig vorkommen, gehören sie zur Ausrüstung jeder höheren Programmiersprache, stehen uns also auch in `C` und damit in `C++` zur Verfügung.

Interessanterweise ist diese Datenstruktur, die man **Feld** (**array**) nennt, in `C++` eigentlich redundant, denn die Sprache ist mächtig genug mit Hilfe des Klassen- und Zeigerkonzepts die Funktionalität von Feldern komplett nachzubilden (siehe Beispiel 8-2).

Wir beschreiben hier die Vereinbarung und Handhabung von Feldern im Sprachstandard.

Die Vereinbarung eines Feldes geschieht durch Anhängen einer in eckigen Klammern eingeschlossenen Ganzzahlkonstanten `n` an einen Variablennamen. Dieser bezeichnet nun nicht mehr nur eine, sondern ein Feld von `n` Variablen des angegebenen Typs. Die einzelnen Variablen liegen im Speicher hintereinander und werden durch den **Feldnamen** mit in eckigen Klammern eingeschlossenem Indexausdruck angesprochen. Der Index `0` entspricht der ersten Variablen, `n-1` der letzten. Ein durch Indizierung eines Feldnamens gebildeter Ausdruck liefert eine Variable, genauer gesagt einen L-Wert, kann also auf der linken Seite von Zuweisungen auftreten. Ganze Felder können jedoch nicht aneinander zugewiesen werden. Es sind keinerlei Ausdrücke für Felder vorgesehen.

24 LWert:*

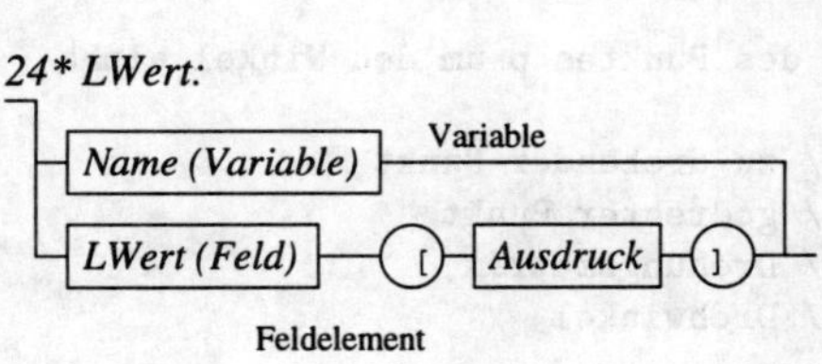

Beispiel 4–5: Vektoren

Ein Vektor mit Dimension n kann durch ein Feld mit n Elementen dargestellt werden. Die Zeile

```
float v[3];
```

z.B. definiert einen drei–elementigen Vektor v aus Gleitkommazahlen:

$$\mathtt{v} = \begin{pmatrix} \mathtt{v[0]} \\ \mathtt{v[1]} \\ \mathtt{v[2]} \end{pmatrix}$$

Zuweisungen an und Zugriffe auf v sind dann so möglich:

```
v[0] = 1.1;
v[1] = v[0]/2;
v[2] = (v[0]+v[1])-4.2;
```

□

Es ist möglich, Felder von Feldern zu bilden. Die Indizierung der einzelnen Komponenten erfolgt analog zur Vereinbarung.

Beispiel 4–6: Drehungsmatrix

Ein Punkt $p = (p1, p2)$ in der Ebene wird um den Winkel α gedreht, indem der zugehörige Vektor mit einer sogenannten Drehungsmatrix multipliziert wird. Diese hat die Form

$$\mathtt{D} = \begin{pmatrix} \cos\alpha & -\sin\alpha \\ \sin\alpha & \cos\alpha \end{pmatrix}$$

Folgendes Programm berechnet die Drehungsmatrix für einen bestimmten Winkel und führt die Drehung durch.

```
#include <iostream.h>
#include <math.h>  // enthaelt M_PI als Naeherung fuer Pi

void main()  // Drehung des Punktes p um den Winkel alpha
{
    float p[2],         // zu drehender Punkt
          p_neu[2],     // gedrehter Punkt
          D[2][2],      // Drehungsmatrix
          alpha;        // Drehwinkel
```

```
    // Eingabe
    cin >> p[0] >> p[1];
    cin >> alpha;
    alpha = alpha * M_PI/180;

    // Berechnung der Drehungsmatrix
    D[0][0] = cos(alpha);
    D[0][1] = -sin(alpha);
    D[1][0] = -D[0][1];
    D[1][1] = D[0][0];

    // Multiplikation p_neu = D * p
    p_neu[0] = D[0][0]*p[0] + D[0][1]*p[1];
    p_neu[1] = D[1][0]*p[0] + D[1][1]*p[1];

    // Ausgabe
    cout << "Ergebnis:" << endl;
    cout << '(' << p_neu[0] << ',' << p_neu[1] << ')';
    cout << endl;
}
```

□

Es ist nicht möglich und sogar semantisch falsch, mehrere Indizes in ein Paar eckige Klammern mit Komma getrennt zusammenzufassen.

Beispiel 4–7: Felder und Kommaoperator

Ein dreidimensionales Feld `A` sei definiert als

```
int A[4][3][5];
```

Ein Zugriff auf `A`, wie etwa in Pascal üblich, in der Form

```
A[1,2,3]
```

ist zwar syntaktisch möglich, liefert jedoch nicht das erwartete Ergebnis. Der Sequenzausdruck in den eckigen Klammern hat den Wert `3`, so daß `A[3]` geliefert wird, also die letzte der vier (3×5)–Matrizen. □

Die Kennung, daß es sich bei der definierten Variablen um ein Feld handelt, steht beim Variablennamen und nicht beim Typnamen. Felder werden also nicht wie Klassen als eigener Typ betrachtet, sondern nur als Zusammenfassung von Variablen.

3 VarDef (Variablendefinition):*

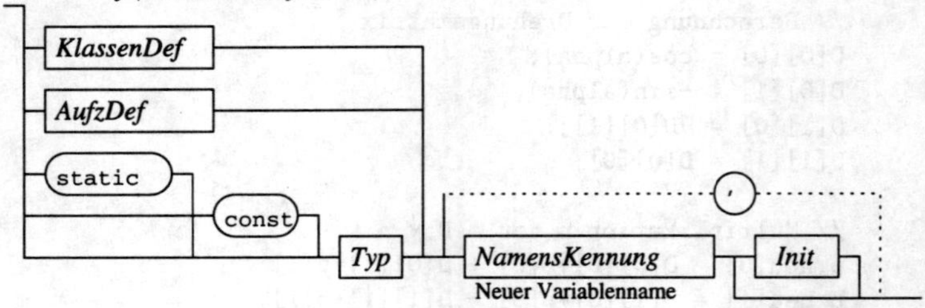

20 NamensKennung:*

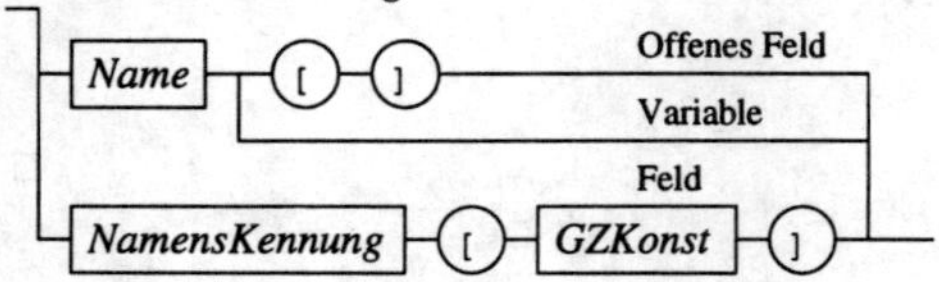

Das Diagramm *NamensKennung*, welches wir bisher immer durch *Name* ersetzten, erhält einen neuen Zweig. Dieses Diagramm werden wir in Zukunft noch stärker erweitern.

Die Initialisierung eines Feldes für Standardtypen geschieht durch Angabe eines entsprechenden Aggregats.

8 Init (Initialisierung):

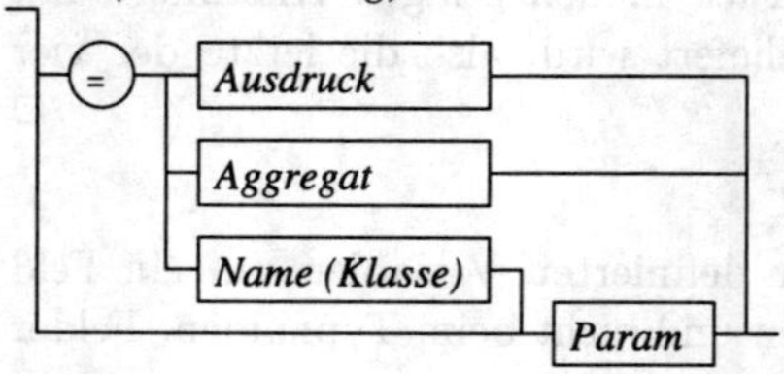

Aggregat:

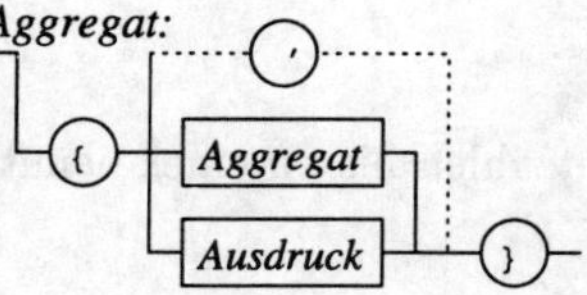

Die Anzahl der angegebenen konstanten Ausdrücke darf nicht größer sein als die Komponentenanzahl des Feldes. Die restlichen Komponenten werden mit `0` initialisiert. Alle Komponenten eines Feldes werden am einfachsten mit einer Schleifenanweisung angesprochen.

4.4 Schleifen

Schleifen oder Wiederholungsanweisungen dienen dazu, Anweisungsfolgen solange auszuführen, bis eine bestimmte Bedingung erfüllt bzw. verletzt ist.

Bei der **`while`**–Schleife wird diese Bedingung vor dem Schleifenrumpf getestet. Dieser wird ausgeführt, falls die Bedingung erfüllt ist; anschließend wird wieder der Test durchgeführt und der Schleifenrumpf ausgeführt, solange bis die Bedingung verletzt ist.

Schleife - aus 12 Anweisung:

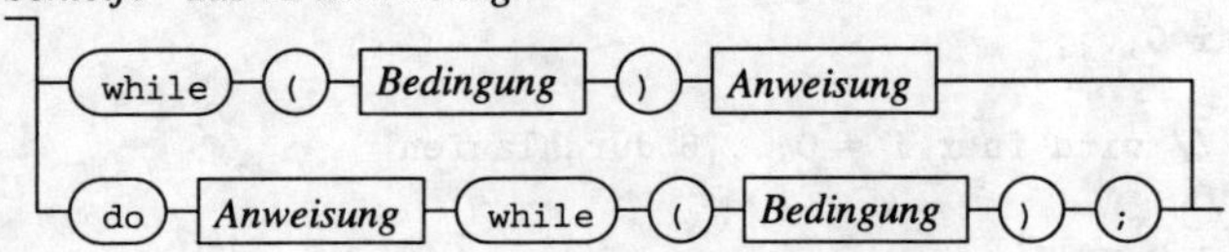

Die Bedingung in der `do`–Schleife wird nach dem Durchlauf des Schleifenrumpfes getestet. Falls sie erfüllt ist, wird der nächste Durchlauf des Schleifenrumpfes gestartet und dann die Bedingung erneut geprüft.

In beiden Fällen ist darauf zu achten, daß eine der Anweisungen des Schleifenrumpfes oder die Bedingung selbst den Wert der Bedingung beeinflußt, so daß keine unendliche Schleife vorliegt.

Beispiel 4–8: `while`– und `do`–Schleife

Folgendes Programm gibt die Quadratzahlen bis zu einer benutzerbestimmten Schranke aus:

```
#include<iostream.h>
void main()
{
    int i, j=0;
    cin >> i;
    while (++j <= i)
        cout << endl << j*j;
}
```

Man beachte, daß bei Eingabe eines Wertes ≤ 0 der Schleifenrumpf überhaupt nicht ausgeführt wird.

Das nächste Beispiel berechnet die Zweierpotenzen von 0 bis 9 im Feld `Pot2` unter Verwendung von zwei geschachtelten `do`–Schleifen:

```
void main()  // Zweierpotenzen
{
      // enhaelt am Ende die Potenzen
    int Pot2[10] = {1,1,1,1,1,1,1,1,1,1};

    int i=0, j;

    do  // wird fuer i = 0,..,8 durchlaufen
    {
        j = ++i;
        do  // wird fuer j = i+1,..,9 durchlaufen
            Pot2[j] = Pot2[j]*2;
        while (j++ < 9);
    } while (i < 9);
}
```

□

Beispiel 4–9: Iteration

Für $x_0 = a$ konvergiert die Folge

$$x_{k+1} = \frac{1}{2}(x_k + \frac{a}{x_k}) \qquad (k = 0, 1, 2, \ldots)$$

gegen $\sqrt{a}$. Man bestimme die Anzahl K der benötigten Folgenglieder, um für gegebenes a eine Näherung für $\sqrt{a}$ zu berechnen, für deren relativen Fehler gilt:

$$\left| \frac{x_K - \sqrt{a}}{\sqrt{a}} \right| < 10^{-8}$$

Zur Berechnung der Folge ist kein Feld nötig, die Anzahl der Folgenglieder soll ja auch erst bestimmt werden. Es genügt immer nur das letzte Element zu speichern. Bei anderen Abbruchbedingungen, etwa der Abstand zweier aufeinanderfolgenden Elemente soll klein sein, benötigt man entsprechend mehr aktuelle Werte, die dann in jedem Schritt weitergeschaltet werden.

```
#include <iostream.h>
#include <math.h>

void main()  // Naeherung der Wurzel einer Zahl
{
    const double epsilon = 1.e-8;

    double a;
    int K=0;

    cout << "a eingeben: ";
    cin >> a;

    double sqrt_a = sqrt(a), x_k = a;

    // Berechne neue Folgenglieder, solange gewuenschte
    // Genauigkeit noch nicht erreicht wurde
    while ((x_k - sqrt_a) / sqrt_a >= epsilon)
    {
        x_k = 0.5*(x_k + a/x_k);
        K++;
    }
```

```
    cout << "Es wurden K=" << K ;
    cout << " Folgenglieder berechnet." << endl;
}
```

□

Eine allgemeinere Schleife beschreibt die `for`–Anweisung.

for-Schleife - aus 12 Anweisung:

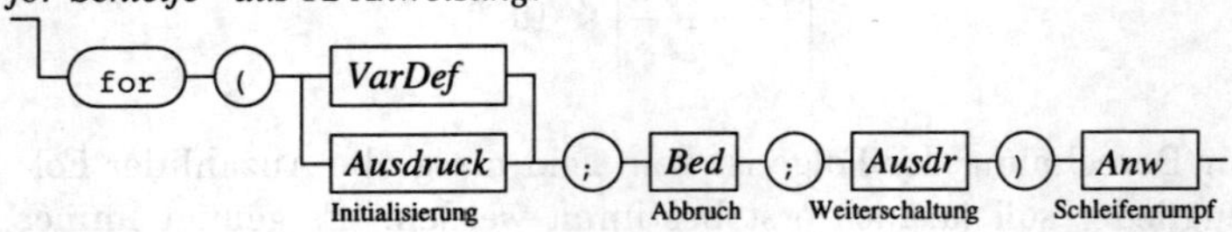

In der Initialisierung wird typischerweise eine Laufvariable erklärt oder zumindest initialisiert, die zum Durchzählen einer festen Anzahl von Schleifendurchläufen dient. Der Gültigkeitsbereich der Laufvariablen ist der umfassende Block.

Vor Beginn des Schleifenrumpfes wird der erste Ausdruck oder die Variablendefinition ausgeführt, anschließend wird die Bedingung ausgewertet. Liefert sie den Wert wahr, so wird der Schleifenrumpf ausgeführt. Dann wird die Weiterschaltung ausgewertet, die üblicherweise den Wert der Laufvariablen verändern wird, und der Test der Bedingung wiederholt, solange bis der Wert `0` oder falsch erreicht wird.

Beispiel 4–10: Summe aller Vektorkomponenten

```
#include <iostream.h>

void main()  // Einlesen eines Feldes und Aufsummieren
             // aller Komponenten
{
    const int N = 10;
    double a[N];

    for (int i=0; i<N; i++)
        cin >> a[i];
    cout << endl;
```

```
        double sum = 0.0;
        for (i=0; i<N; i++)
            sum += a[i];

        cout << "Summe: " << sum;
    }
```

□

4.5 Block

Eine in { } eingeschlossene Folge von Vereinbarungen und Anweisungen bildet eine Anweisung, die also immer da eingesetzt werden kann, wo von der Syntax eine Anweisung erwartet wird, aber mehrere gebraucht werden.

Außerdem dient ein Block, wie wir schon in Abschnitt 2.2 bemerkt haben, als Strukturierungseinheit für den Gültigkeitsbereich und die Lebensdauer von Objekten.

5 Zustandsänderung durch Methoden und Funktionen

5.1 Zugriff auf Attribute

Ein wichtiges Prinzip der objektorientierten Programmierung, die Eigenschaft der Objekte, ihren Zustand selbst zu verwalten, wird durch die Datenkapselung unterstützt, die dafür sorgt, daß die Attribute einer Klasse außerhalb eines Objekts unsichtbar sind und deshalb nicht verändert werden können. Das heißt nun aber auch, daß die Werte der Attribute, also der Zustand eines Objekts, außerhalb überhaupt nicht feststellbar sind. Lesender Zugriff auf die Attribute ist jedoch in vielen Fällen erwünscht. Es gibt allerdings in `C++` kein Sprachkonstrukt, welches Attribute in einen read-only Status versetzt.

Es gibt nur zwei Zugriffsmöglichkeiten – später werden wir eine dritte kennenlernen – auf Komponenten. Entweder sind sie total gekapselt und nur in der Klassendefinition sichtbar, solche Komponenten nennen wir **privat**. Oder sie sind frei zugänglich oder **öffentlich** . Die privaten Komponenten stehen im **geschützten Teil** der Klassendefinition. Die Konstruktoren in Kapitel 4 waren öffentlich, um sie außerhalb der Klasse aufrufen zu können.

Öffentliche Komponenten werden nach dem Zugriffsregler `public` aufgeführt, sind in dem die Klassenvereinbarungen umgebenden Block sichtbar und können gelesen und verändert bzw. aufgerufen werden. Sichtbare Atrribute werden angesprochen, indem ihrem Namen der Objektname, durch einen Punkt abgetrennt, vorangestellt wird.

24 LWert:*

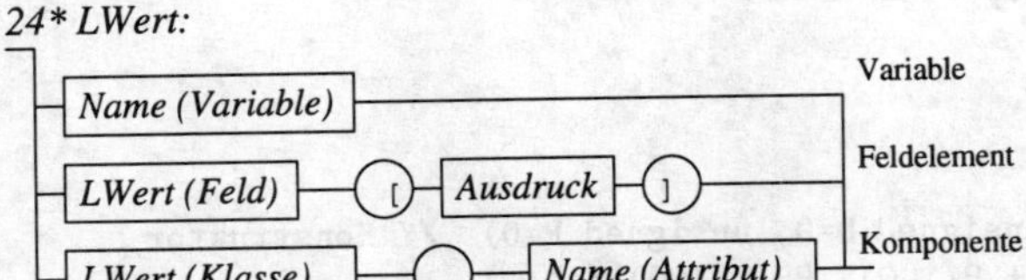

Beispiel 5–1: Direkter Attributzugriff

Die Klasse **Test** definiert ein einziges öffentliches Attribut, auf das dann direkt zugegriffen werden kann:

```
class Test
{
public:
    int i;
}; // Test

Test T;
Test.i = 42;
```

□

Möglichst wenige Attribute sollten öffentlich sichtbar sein. (Man spricht vom Prinzip der schmalen Schnittstelle.) Der Zustand eines Objekts sollte besser über Methoden zu erfragen und zu verändern sein. Die Trennung der Zuständigkeiten des Klassenprogrammierers und -anwenders ist dann klarer. Je kleiner die Schnittstelle zu einer Klasse ist, und je weniger man von ihrer inneren Struktur erfährt, um so leichter ist es möglich, auch nachträglich Änderungen vorzunehmen.

Wir wiederholen die Klassendefinition aus Beispiel 4-3 und stellen für das Auslesen und Ändern je eine Methode zur Verfügung.

Beispiel 5–2: Preis

```
#include <iostream.h>

class Preis
{
public:
    Preis(unsigned D=0, unsigned P=0)  // Konstruktor
    : DM(D + P/100), PF(P%100) { }

    Preis(float F)  // Konstruktor
    : DM(unsigned(F)), PF(unsigned((F-DM)*100)) { }
```

```
        unsigned LiesDM() { return DM; }
        unsigned LiesPF() { return PF; }
    private:
        unsigned DM, PF;
    }; // Preis

    void main()
    {
        Preis P(19,90);
        cout << P.LiesDM() << ',' << P.LiesPF() << " DM";
    }
```

□

Der öffentliche Zugriff auf Attribute ist auch deshalb abzulehnen, weil zwischen ihnen oft eine Beziehung besteht, die sozusagen zu den unausgesprochenen Eigenschaften der Klasse gehört, z.B. war in unserer Bruchklasse der Zähler immer positiv.

Operationen mit Objekten einer solchen Klasse setzen diese Eigenschaft voraus und garantieren dann, daß sie auch nach Ausführung der Operation gilt. Diese Eigenschaft ist eine **Klasseninvariante**. Freier Zugang zu den Attributen kann die Klasseninvariante verletzen. Beim Initialisieren eines Objekts ist die Klasseninvariante zu überprüfen. Das geschieht mit einer bedingten Anweisung, die wir im nächsten Abschnitt vorstellen.

Beispiel 5–3: Intervall

Wir vereinbaren eine Klasse zur Repräsentation eines Zahlenintervalls. Damit hier stets gewährleistet ist, daß die linke Grenze `inf` $\leq$ der rechten Grenze `sup` ist, werden beide Grenzen im geschützten Teil der Klassendefinition aufgeführt.

```
class Intervall
{
public:
    Intervall(double left=0.0, double right=0.0)
    : inf(left), sup(right)
    {
        if (inf > sup) sup = inf;
    }
```

```
private:
    double inf, sup;
}; // Intervall
```

□

Klasseninvarianten lassen sich oft durch Verzicht auf ein Attribut zugunsten einer Methode erhalten.

Beispiel 5–4: Preis und Rabatt

Wir erweitern die Klasse zur Beschreibung von Preisen erneut. Der zu einem Preis gehörende um 10% reduzierte Sonderpreis wird durch die Methode `Sonnderpreis` berechnet. Ein zusätzliches privates Attribut `Rabatt` mit einer öffentlichen Methode `AendereRabatt` ermöglichen die Verwendung der Klasse auch für veränderte Konditionen.

```
#include <iostream.h>

class Preis
{
public:
    Preis(unsigned D=0, unsigned P=0)  // Konstruktor
    : DM(D + P/100), PF(P%100),
      Rabatt(0.1) { }

    Preis(float F)  // Konstruktor
    : DM(unsigned(F)), PF(unsigned((F-DM)*100)),
      Rabatt(0.1) { }

    unsigned LiesDM() { return DM; }
    unsigned LiesPF() { return PF; }

    Preis Sonderpreis()
    {
        return Preis((float(DM)+float(PF)/100)*(1-Rabatt));
    }
```

```
    void AendereRabatt(float NeuerRabatt)
    {
        if (NeuerRabatt >= 0.0 && NeuerRabatt < 1.0)
            Rabatt = NeuerRabatt;
    }
private:
    unsigned DM, PF;
    float Rabatt;
}; // Preis

void main()
{
    Preis P(15,99);
    Preis SP = P.Sonderpreis()
    cout << SP.LiesDM() << ',' << SP.LiesPF() << " DM"
    cout << endl;
}
```

□

5.2 Bedingte Anweisung

Eine bedingte Anweisung beschreibt eine Programmverzweigung aufgrund einer Bedingung.

12 Bedingte Anweisung:*

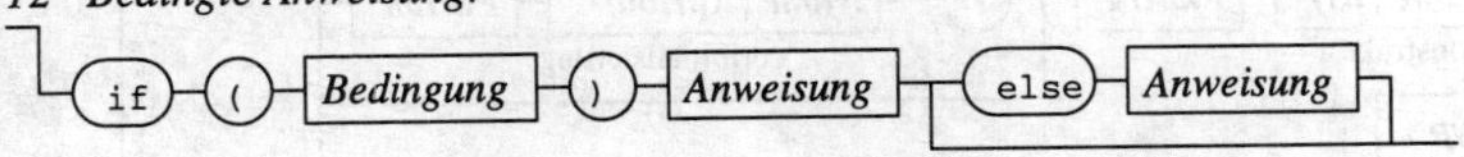

Die geklammerte Bedingung hinter `if` wird als boolescher Ausdruck ausgewertet, d.h. es wird geprüft, ob der Wert gleich oder ungleich `0` ist. Im zweiten Fall, der ja dem Wahrheitswert wahr entspricht, wird die hinter `)` stehende Anweisung ausgeführt. Ist die Bedingung dagegen nicht erfüllt und ist ein `else`–Teil vorhanden, so wird die dort stehende Anweisung ausgeführt; ist kein `else`–Teil vorhanden, so wird keine Anweisung ausgeführt. Dann ist die Ausführung der `if` Anweisung beendet und es wird zur nächsten Anweisung übergegangen.

Sollen hinter `if` oder `else` mehrere Anweisungen ausgeführt werden, so sind diese mittels eines Blockes zu klammern.

5.3 Definition und Aufruf von Methoden

Die Notwendigkeit von Methoden, allein um den Zugang zu den Attributen sinnvoll regeln zu können, leuchtet ein. Darüber hinaus wurde bereits im ersten Kapitel darauf hingewiesen, daß objektorientierte Programmierung die Einheit von Daten und Aktionen bedeutet, daß also zu einer Klasse sowohl Attribute als auch Methoden gehören.

Die Klasse Bruch etwa ist ohne arithmetische Operationen sinnlos. Eine Liste besteht nicht nur aus ein paar Zahlen oder Daten, sondern auch die Operationen Einfügen, Löschen und Suchen sind typisch für Listen und gehören deshalb zur Beschreibung des Datentyps.

Klassenrelevante Methoden werden in C++ als Funktionen innerhalb der Klassenvereinbarung deklariert. Deshalb hat sich auch der Name Member- oder Elementfunktion durchgesetzt, den wir aber im Folgenden nicht benutzen wollen.

14 Kompo (Komponente):*

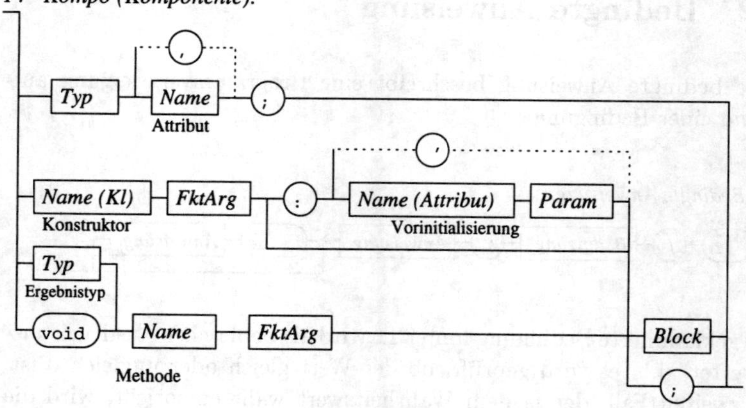

Zu den Attributen und Konstruktoren kommt die Methodenvereinbarung als neue Komponentenart in der Klassenvereinbarung hinzu. Die Methode mit dem im Funktionskopf angegebenen Namen wird als Methode der Klasse eingeführt. Liefert sie einen Wert zurück, so ist dessen

Typ als Ergebnistyp vor dem Namen spezifiziert, ansonsten wird als „Ergebnistyp“ `void` angegeben. Die Methode hat Zugriff auf alle, also auch auf die geschützten, privaten Komponenten der Klasse, zu der sie gehört.

Eine Methode wird nicht nur durch ihren Namen, sondern auch durch die formale Parameterliste charakterisiert. In dieser werden Größen aufgeführt, für die bei jedem Aufruf entsprechende aktuelle Argumente eingesetzt werden. Der **Aufruf einer Methode** geschieht wie der Attributzugriff mit Objektnamen und durch Punkt abgetrennten Methodennamen, hier kommt die aktuelle Parameterliste hinzu.

25 Methodenaufruf:*

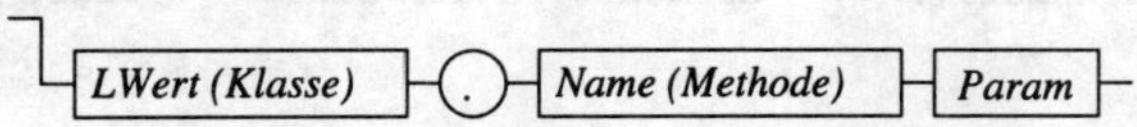

Beim Aufruf wird der Anweisungsblock, der den Rumpf der Methode bildet, Anweisung für Anweisung solange ausgeführt bis er auf eine **`return`**–Anweisung oder bei einer Methode ohne Rückgabewert auf das Ende trifft. Der hinter **`return`** stehende Ausdruck vom Ergebnistyp bildet das Funktionsergebnis, welches dem Aufrufer übergeben wird.

Der Rumpf hat Zugriff auf alle Attribute und anderen Methoden des aufrufenden Objektes. Diese sind direkt sichtbar und werden nicht mit dem Objektnamen qualifiziert. Eine Methode ist ja für alle Objekte einer Klasse anwendbar und zu ihrer Vereinbarungszeit ist noch kein Objekt eingeführt.

Einfache Beispiele haben wir bereits im vorigen Abschnitt gebracht. Wir fügen hier noch zwei weitere an. Das erste ist eine einfache Listenklasse.

Beispiel 5–5: Keller

```
#include <iostream.h>

const MAXZAHL = 100;

class IntList
{
public:
   IntList(): anz(0) { }
```

```
        void Einfuegen(int i) { a[anz++] = i; }
        int Loeschen() { return a[--anz]; }
        int Anzahl() { return anz; }
    private:
        int a[MAXZAHL];
        int anz;
    }; // IntList


    void main()
    {
        IntList L;
        for (int i=1; i<=20; i++)
            L.Einfuegen(i*i);
        cout << L.Anzahl() << " Elemente in der Liste" << endl;
    }
```

□

Eine solche Liste, bei der der letzte eingefügte Wert der ist, der als erster entfernt wird, die also nach dem Prinzip LIFO (Last In First Out) arbeitet und bei der man nur Zugriff auf das oberste (hier letzte) Element hat, nennt man in der Informatik einen Keller, Stapel oder Stack. Die Operation Einfügen heißt üblicherweise `push` und das Löschen wird als `pop` bezeichnet, das aktuelle Element befindet sich auf der Spitze des Stapels und heißt deshalb `top`. Ein geschütztes Attribut, der Kellerzeiger oder Stackpointer, beinhaltet die aktuelle Position des obersten Elementes. Dieses Attribut heißt hier `anz`, weil es gleich der Anzahl der im Keller befindlichen Elememte ist.

Anstelle der kompletten Definition einer Methode einschließlich ihres Rumpfes, kann dieser auch außerhalb der Klassenvereinbarung angegeben werden.

4 ausgelagerte MethodenDefinition:*

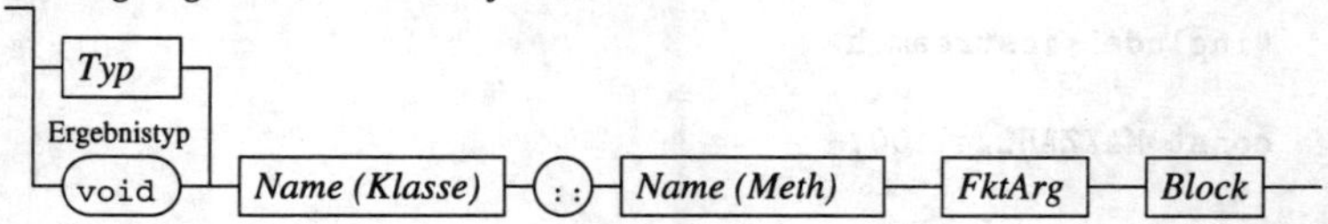

Die Definition außerhalb der Klassenvereinbarung gehört dennoch zu deren Sichtbarkeitsbereich. Das wird dadurch ausgedrückt, daß der Klassenname gefolgt vom **Bereichsoperator** `::` zwischen Ergebnistyp und dem Methodennamen angegeben wird.

Im nächsten Beispiel formulieren wir für die in Beispiel 4-4 eingeführte Adreßklasse Eingabe– und Ausgabemethoden. Weiterhin wird die Klasse um eine Methode `Heisst`, die Vor– und Nachnamen liefert und eine Methode `Ist`, die eine übergebene Adresse auf Namensgleichheit prüft, erweitert.

Beispiel 5–6: Adreßein– und ausgabe

```
#include <iostream.h>
#include "string.hpp"

class Adresse
{
public:
    Adresse(String N="", String V="",      // Name, Vorname
            String Str="", unsigned HNr=0, // Strasse, Nr
            unsigned P=0, String O="")     // PLZ, Ort
    : Name(N), Vorname(V),
      Strasse(Str), Hausnummer(HNr),
      PLZ(P), Ort(O) { }

      // liefert Namen und Vornamen
    String Heisst()
    {
      return Name + String(" ") + Vorname;
    }

      // Vergleich auf Namen
    boolean Ist(Adresse A)
    {
      return Heisst()==A.Heisst() ? true : false;
    }

      // Ausdrucken und Einlesen der Adresse
    void Drucke();
    void Lies();
private:
    String Name;
    String Vorname;
    String Strasse;
    unsigned Hausnummer;
```

```
        unsigned PLZ;
        String Ort;
    }; // Adresse

    void Adresse::Drucke()
    {
        cout << Vorname << ' ' << Name << endl;
        cout << Strasse << ' ' << Hausnummer << endl;
        cout << PLZ << ' ' << Ort << endl;
    }

    void Adresse::Lies()
    {
        cout << "Vorname: " ; Vorname.Read(20);
        cout << "Name: " ; Name.Read(20);
        cout << "Strasse: " ; Strasse.Read(20);
        cout << "Nummer: " ; cin >> Hausnummer;
        cout << "Postleitzahl: " ; cin >> PLZ;
        cout << "Ort: " ; Ort.Read(20);
    }
```

□

Unsere Implementierung eines Kellers in Beispiel 5–5 weist noch eine eklatante Schwachstelle auf, es wird nämlich, ohne zu beachten, ob der Keller leer ist, ein Element gelöscht und ebenso ohne Prüfung ein Element hinzugefügt. Wir sollten also sowohl beim Einfügen als auch beim Löschen den Zustand des Kellers abfragen und abhängig davon in unserem Programm verzweigen und verschiedene Aktionen ausführen.

Beispiel 5–7: Keller mit Überlauftest

```
#include <iostream.h>

const MAXZAHL = 100;

class IntList
{
public:
    IntList(): anz(0) { }
    void Einfuegen(int i);
    int Loeschen();
    int Anzahl() { return anz; }
```

```
private:
    int a[MAXZAHL];
    int anz;
}; // IntList


void IntList::Einfuege(int i)
{
    if (anz < MAXZAHL)
        a[anz++] = i;
}


int IntList::Loeschen()
{
    if (anz == 0)
        return 0;
    else
        return a[--anz];
}


void main()
{
    IntList IL;
    IL.Einfuegen(5);
    IL.Einfuegen(20);
    cout << IL.Anzahl() << endl;
    cout << IL.Loeschen() << endl;
    cout << IL.Anzahl() << endl;
}
```

□

Mit Hilfe der Listenklasse, deren Definition wir in die Datei `intlist.hpp` schreiben, können wir folgendes Problem lösen:

Beispiel 5–8: Zahlen in umgekehrter Reihenfolge

Es sollen ganze Zahlen eingelesen und dann zuerst die ungeraden und dann die geraden ausgegeben werden, und zwar jeweils in umgekehrter Reihenfolge.

```
#include <iostream.h>
#include "intlist.cpp"

const MAX = 15;

void main()  // Zahlen, getrennt nach ungerade und gerade,
             // umgekehrt ausgeben
{
    IntList Gerade, Ungerade;  // Zwei Stacks
    int num;

      // Eingabe und Aufteilen auf die zwei Stacks
    for (int i=1; i<=MAX; i++)
    {
        cin >> num;
        if (num%2)  // num ungerade
            Ungerade.Einfuegen(num);
        else        // num gerade
            Gerade.Einfuegen(num);
    }

      // Beide Stacks ausgeben
    cout << "Ungerade Zahlen:" << endl;
    while (Ungerade.Anzahl())
        cout << Ungerade.Loeschen() << endl;

    cout << "Gerade Zahlen:" << endl;
    while (Gerade.Anzahl())
        cout << Gerade.Loeschen() << endl;
}
```

□

5.4 Funktionen

Funktionen können auch außerhalb von Klassen definiert werden. Sie dienen dazu, einen Wert zu berechnen, oder im Fall des Ergebnistyps void, einen Teilalgorithmus zusammenzufassen. Der Rückgabewert einer Funktion darf kein Feld sein, kann aber vom Klassentyp oder ein Zeiger (siehe Kapitel 6) sein.

5.4.1 Deklaration von wiederverwendbaren Funktionen

Funktionen hängen ab von Parametern, durch die von Fall zu Fall andere Eingabewerte in die Funktion eingebracht werden können. Parameter können durch die Funktion geändert werden, also als Ausgabe– oder Ergebniswerte auftreten. Funktionen haben außerdem Zugriff auf alle globalen Objekte ihrer Umgebung.

Funktionen, die so geschrieben sind, daß sie in ihrem Rumpf nur lokale, also dort vereinbarte Größen oder Parameter verwenden, weisen keine Seiteneffekte auf und lassen sich als abgeschlossene Programmblöcke ohne Probleme wiederverwenden. Es ist deshalb auch nicht nötig, den Rumpf dieser Funktion jedesmal mit zu übersetzen, für den Aufruf reicht die Bekanntmachung des Kopfes durch eine **Deklaration**, auch **Prototyp** genannt. Der eigentliche Funktionsrumpf lagert in einer Bibliothek und wird vom Linker mit dem übersetzten Programm zu einer ausführbaren Einheit zusammengebunden.

Beispiele sind die mathematischen Funktionen, deren Deklarationen in der Datei `math.h` stehen oder Ausgabefunktionen, die in `iostream.h` deklariert sind. Diese Dateinamen sind systemabhängig.

2 FktDekl:*

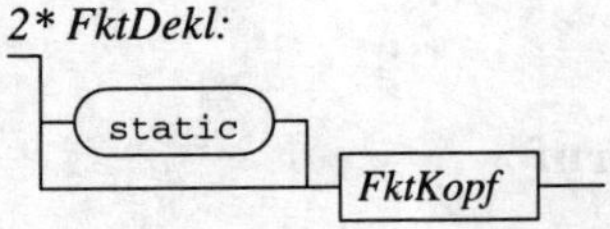

5 FktKopf:*

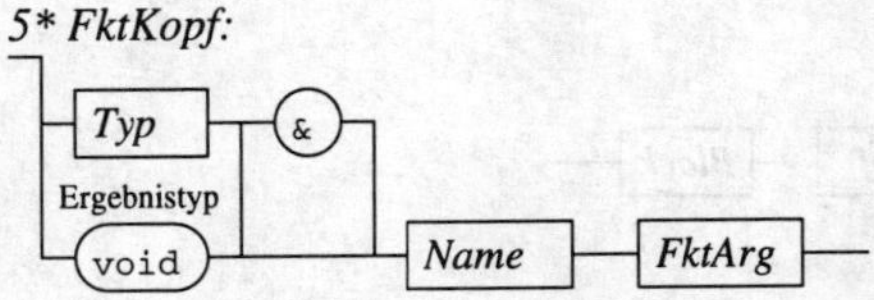

Der Ergebnistyp kann auch ein Zeiger sein (siehe Kapitel 6). Das `&` hinter der Ergebnistypangabe bedeutet, daß der Rückgabewert eine **Referenz** auf den angegebenen Typ darstellt, d.h. wie ein L-Wert behandelt wird, also insbesondere auf der linken Seite von Zuweisungen stehen kann (siehe Abschnitt 6.4).

Die Funktionsnamen brauchen nicht eindeutig zu sein, es ist möglich sie zu überladen, falls sich die Funktion aufgrund des Parameterprofils unterscheiden lassen, d.h. in Anzahl, Reihenfolge und Typ der Parameter differieren.

`static` bedeutet, daß der Gültigkeitsbereich auf die aktuelle Datei beschränkt ist, während Funktionen normalerweise für das gesamte Programm sichtbar, also extern verfügbar sind.

Eine Deklaration ist auch dann nötig, wenn sich zwei Funktionen gegenseitig aufrufen. Das ist ebenso wie der rekursive Aufruf der Funktion selbst im eigenen Rumpf möglich.

Funktionen aus fremden Sprachen können zum Programm hinzugebunden werden, sie werden mit Angabe der Quellsprache als Zeichenkette deklariert.

1 FremdFktDekl:*

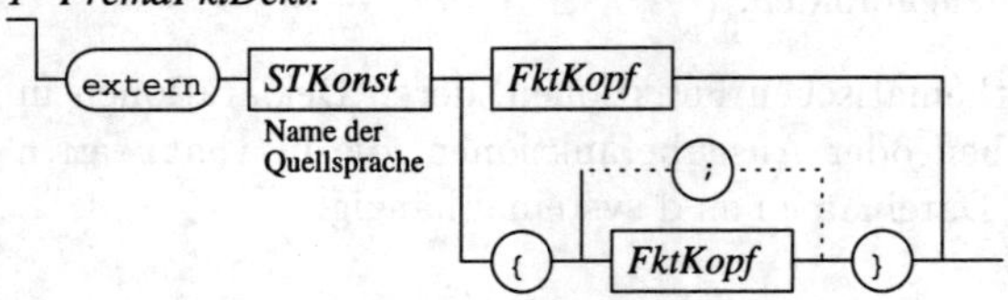

5.4.2 Funktionsdefinition und –aufruf

4 FktDef:*

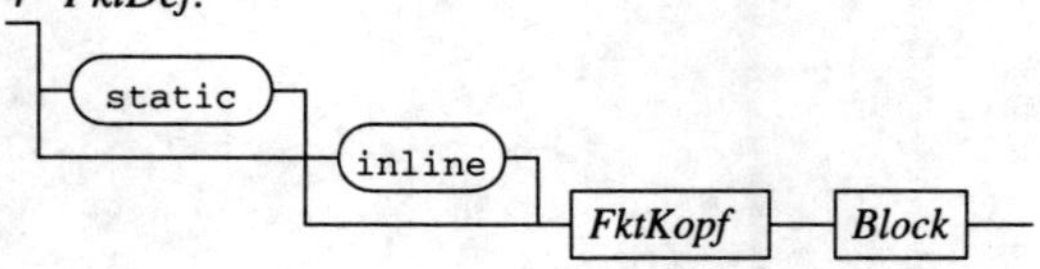

In der Regel wird bei `inline`–Funktionen an der Aufrufstelle der Rumpf mit den aktuellen Argumenten expandiert, so daß kein zusätzlicher Aufrufaufwand entsteht. Methoden, deren Rumpf innerhalb der Klassendefinition steht, werden ebenfalls `inline` expandiert.

Die formalen Argumentlisten bei Deklaration und Definition unterscheiden sich insofern, daß bei der Deklarationsliste die formalen Parameternamen fehlen können, hier wird ja nur die Aufrufschnittstelle beschrieben, und bei Defintion die Typangabe fehlen kann, falls diese durch eine vohergehende Deklaration schon festliegt. Stehen die Parameternamen in Deklaration und Definition, so sollten sie übereinstimmen, während alle Typangaben identisch sein müssen.

Eine Deklaration kann mehrfach wiederholt werden, während nur eine Definition möglich und nötig ist.

6 FktArg (formale Funktionsargumente):*

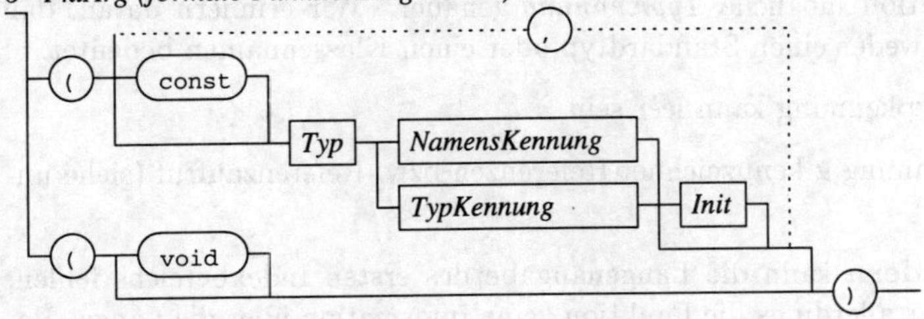

Parameter am Schluß der Liste können mit Standard- oder Defaultwerten initialisiert werden, die ggf. beim Aufruf durch die Werte der aktuellen Parameter überschrieben werden.

Eine Funktion wird durch ihren Namen und ihre Parameterliste identifiziert. Ein aktueller Parameter paßt zu einem formalen, falls er gleichen Typ hat oder eine Standardkonversion vom aktuellen auf den formalen Typ existiert (siehe Typverträglichkeit Abschnitt 6.5.3).

Dabei wird der genaue Typ durch die Diagramme *Typ* und *TypKennung* beschrieben.

20 TypKennung:*

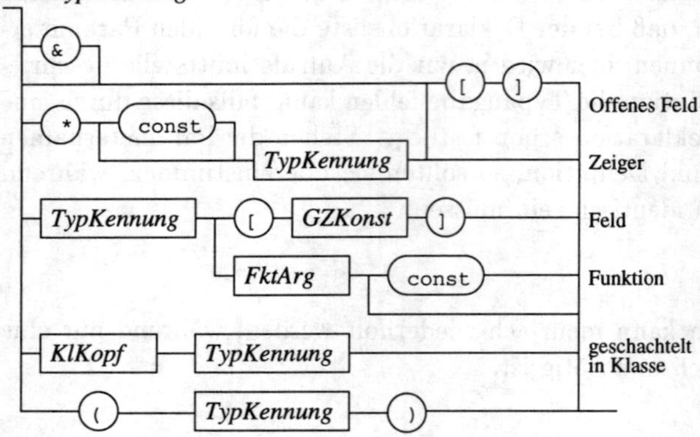

Weil es hier um die Typfestlegung geht, beschreiben wir die nur in der Deklaration mögliche *TypKennung* genauer. Wir erinnern daran, daß *Typ* entweder einen Standardtyp oder einen Klassennamen bedeutet.

Eine Typkennung kann leer sein.

Die Kennung & kennzeichnet Referenzen bzw. Referenzaufruf (siehe unten).

Bei **Feldern** kann die Längenangabe des ersten Indexbereichs fehlen, dann hat allerdings die Funktion keine Information über die Länge. Besondere Vorkehrungen, wie Übergabe der Feldlänge als weiteren Parameter, sind zu treffen.

Die Zeigerkennung ∗ behandeln wir in Abschnitt 6.2.

Auch **Funktionen** können als Parameter auftreten, sie werden durch eine Argumentliste gekennzeichnet.

Ist der Parametertyp in einer Klasse definiert, so sind die umhüllenden Klassennamen mit dem Bereichsoperator voranzustellen, um die Sichtbarkeit zu gewährleisten.

Üblicherweise werden wir auch in Deklarationen die Parameternamen angeben. Dann ist die *TypKennung* durch die *NamensKennung* zu ersetzen. Beide Diagramme sind bis auf den eingesetzten Namen identisch.

Beim Aufruf werden die formalen Parameter der Reihe nach durch die aktuellen ersetzt. Die Anzahl von aktuellen Parametern kann kleiner sein als die der formalen, falls Standardinitialisierungen gegeben sind.

Beim **Wertaufruf** werden die formalen Parameter, die hier keine besondere Kennung aufweisen, durch die Werte der aktuellen Argumente initialisiert, anschließend wird der Anweisungsblock ausgeführt. Durch diese Kopie vor dem Aufruf wirken sich Änderungen der formalen Parameter im Rumpf nicht auf die aktuellen aus, die nach Ablauf der Funktion ihren alten Wert behalten.

Die Ausführung des Funktionsrumpfes endet durch Ausführung der ersten `return`–Anweisung. Der dort angegebene Ausdruck wird ausgewertet und an das aufrufende Programm zurückgegeben. Der Typ muß zu dem Ergebnistyp der Funktion anpaßbar sein. Für Prozeduren ohne Rückgabewert darf kein Ausdruck auf das `return` folgen, ihre Ausführung ist auch beendet, falls das Ende des Rumpfes erreicht wird. Letzteres bewirkt bei Funktionen mit Rückgabewert einen Laufzeitfehler.

Sollen durch eine Funktion aktuelle Argumente verändert werden, so sind die entsprechenden formalen Argumente durch `&` für den **Referenzaufruf** zu kennzeichnen. In diesem Fall fungiert der Name des formalen Parameters im Anweisungsblock als Synonym oder alias–Name für den aktuellen Parameter, der bei dieser Übergabeform in der Regel eine Variable (genauer L-Wert) sein wird. Liegt ein Ausdruck vor, wird eine temporäre Variable erzeugt und übergeben. Alle Änderungen formaler Parameter betreffen dadurch direkt auch die aktuellen.

Insbesondere für umfangreiche Datenstrukturen kann die beim Referenzaufruf praktizierte Adressenübergabe schneller sein als die beim Wertaufruf durchgeführte Kopie ganzer Strukturen. Soll vermieden werden, daß innerhalb der Funktion ein schreibender Zugriff auf einen Parameter erfolgt, also sichergestellt werden, daß er seinen Wert nicht ändert, so kann er als konstante Referenz übergeben werden.

5.4.3 Beispiele

Beispiel 5–9: Potenzierung

```
#include <iostream.h>
#include <math.h>
```

```
float x_hoch_n(float x, int n)
{
    float result = 1;
    if (n!=0)  // falls n=0 ist result schon richtig
    {
        result = x;
          // wiederholte Multiplikation
        for (int i=1; i<abs(n); i++)
            result *= x;
        if (n<0)  // negativer Exponent
            result = 1/result;
    }
    return result;
}
```

Um etwa $a = 3.7^{-4}$ zu berechnen, kann man nun die Funktion `x_hoch_n` benutzen:

```
a = x_hoch_n(3.7, -4)
```

□

Beispiel 5–10: Größter gemeinsamer Teiler

Der ggT zweier Zahlen `a` und `b` mit `a > b` ist `b`, falls `a mod b = 0` ist, sonst ist `ggt(a,b) = ggT(b, a mod b)`. Diese Formel führt sofort auf einen Algorithmus, der nach Euklid benannt ist und der mit einer `while`–Schleife programmiert werden kann.

```
long ggT(long a, long b)
{
    while (r = a%b)
    {
        a = b;
        b = r;
    }
    return b;
}
```

Ist anfangs `a` $<$ `b`, so bewirkt der erste Durchlauf eine Vertauschung von a und b, und die Anfangsbedingung gilt ab dem zweiten Durchlauf. Man beachte, daß die Zuweisung an `r` innerhalb der Schleifenbedingung den Rest der Division von `a` durch `b` liefert. Die Schleife bricht ab, falls dieser Rest $= 0$ ist, also `b` ein Teiler von `a`.

□

Beispiel 5–11: Brüche kürzen

Die Funktion ggT wird verwendet, um die Bruchklasse aus Beispiel 4–2 um eine Methode zum Kürzen eines Bruches zu erweitern.

```
#include <math.h>
#include "ggt.cpp"

class Bruch
{
public:
    Bruch(long Z=1, long N=1)
    : Zaehler(Z), Nenner(N) { Kuerzen(); }
private:
    long Zaehler, Nenner;

    void Kuerzen();
}; // Bruch


void Bruch::Kuerzen()
{
    long g = ggT(abs(Zaehler), abs(Nenner));
    Zaehler /= g;
    Nenner /= g;
    if (Zaehler < 0 && Nenner < 0)
    {
        Zaehler *= -1;
        Nenner  *= -1;
    }
}


void main()
{
    Bruch B1(23,83), B2(18,12);
}
```

□

Beispiel 5–12: Ausdrucken eines Feldes

```
#include <iostream.h>

// Ausgabe eines Integerfeldes a mit Dimension dim
// ab dem Index start (Default 0) und der Schrittweite
// offs (Default 1)

void print_array(int a[], int dim, int offs=1, int start=0)
{
    int i=start;
    cout << endl;
    while (i<dim)
    {
        cout << a[i] << ' ';
        i += offs;
    }
}


void main()
{
    int i[100];
    for (int j=0; j<100; j++)
        i[j]=j+1;
    print_array(i,100,15);
}
```

□

Beispiel 5–13: Integration mit Simpson–Regel

Das bestimmte Integral $I = \int_a^b f(x)dx$ läßt sich mit der Simpson–Regel näherungsweise berechnen:

$$I \approx I_n = \frac{h}{3}(f(x_0)+4f(x_1)+2f(x_2)+\cdots+2f(x_{n-2})+4f(x_{n-1})+f(x_n)).$$

Dabei sind $x_0 = a, x_i = a + ih \quad (i = 1, \ldots, n), h = \frac{b-a}{n}$ und $n > 0$ gerade. Die Funktion `simpson` berechnet zu gegebenen a, b und n das zugehörige I und erhält die benötigten Funktionswerte aus der Funktion `f`.

```
#include <iostream.h>
#include <math.h>

double f(double x)
{
    return cos(x*x + sin(x));
}

// Berechnung von I aus der Simpsonregel zur Funktion f,
// dem Intervall [a,b] und der Schrittweite n

double simpson(double (*f)(double), double a, double b,
               int n)
{
    if (a<=b && n>0 && !(n%2))  // Parametertest
    {
        double h = (b-a)/n;
        double I = f(a);
        for (int i=1; i<n; i++)
            if (i%2)  // i ungerade
                I = I + 4*f(a+i*h);
            else      // i gerade
                I = I + 2*f(a+i*h);
        I = h/3*(I+f(b));
        return I;
    }
    else
        return 0;
}
```

Im Hauptprogramm wird, ausgehend von $n = n_0$, n um k solange erhöht, bis gilt:

$$|I_{n-k} - I_n| < 10^{-5} \qquad (I_{n_0-k} = 0).$$

```
void main()
{
    double a, b, alt, neu, abstand;
    int n, k;

    cin >> a >> b >> n >> k;
```

```
    neu = 0;
    do
    {
        alt = neu;
        neu = simpson(f,a,b,n);
        abstand = fabs(alt-neu);
        n += k;
    } while (abstand >= 1e-5);

    cout << "Wert des Integrals: " << neu << endl;
    cout << "Schritte:           " << n-k << endl;
}
```

□

5.5 Zusammenfassung: Anweisungen

Wir haben nun die wichtigsten Anweisungen kennengelernt, so daß wir genügend Rüstzeug beisammen haben, um die von Objekten beherrschten Methoden oder Handlungsabläufe formulieren zu können. Wir fassen diese Anweisungen noch einmal zusammen und führen auch kurz die weiteren Anweisungen ein, die wir allerdings selten oder nie benutzen werden.

Anweisung:

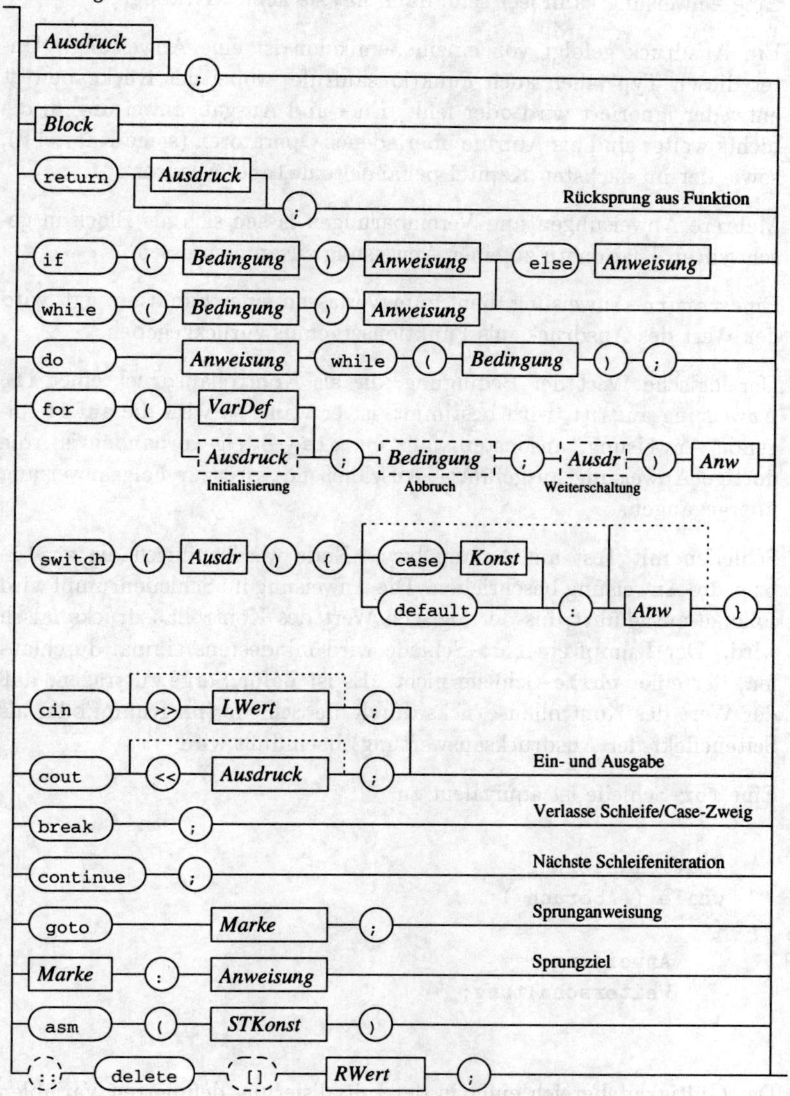

Eine Anweisung bewirkt eine Zustandsänderung, dabei kann einerseits der Zustand eines Objekts oder der Zustand der gesamten Programmumgebung gemeint sein.

Eine Anweisung kann leer sein, dann hat sie keine Wirkung.

Ein Ausdruck gefolgt von einem Semikolon ist eine Anweisung. Unter diesen Typ fallen auch Funktionsaufrufe, wobei der Rückgabewert entweder ignoriert wird oder fehlt, Ein- und Ausgabeanweisungen, die nichts weiter sind als Aufrufe überladener Operatoren (siehe Kapitel 8), sowie der im nächsten Kapitel behandelte `delete`–Ausdruck.

Mehrere Anweisungen und Vereinbarungen lassen sich als Block in geschweiften Klammern zu einer Anweisung zusammenfassen.

Eine `return`–Anweisung dient zum Verlassen einer Funktion, ggf. wird der Wert des Ausdrucks als Funktionsergebnis zurückgegeben.

Der logische Wert der Bedingung, die als Kontrollausdruck einer `if`–Anweisung auftritt, wird bestimmt, ist er wahr, so wird die auf `if` folgende Anweisung, ansonsten, falls ein `else`–Zweig vorhanden ist, die dortige Anweisung ausgeführt. Anschließend wird zur Folgeanweisung übergegangen.

Schleifen mit Test am Anfang bzw. Ende werden durch die `while`– bzw. `do`–Anweisung beschrieben. Die Anweisung im Schleifenrumpf wird solange ausgeführt, bis der logische Wert des Kontrollausdrucks falsch wird. Der Rumpf einer `do`–Schleife wird mindestens einmal durchlaufen, der einer `while`–Schleife nicht. Es ist dafür Sorge zu tragen, daß der Wert des Kontrollausdrucks durch die Schleife (im Rumpf oder als Seiteneffekt der Ausdrucksauswertung) beeinflußt wird.

Eine `for`–Schleife ist äquivalent zu

```
Initialisierung
while ( Abbruch )
{
    Anweisung;
    Weiterschaltung;
}
```

Der Gültigkeitsbereich einer in der Initialisierung definierten Variablen ist der die `for`–Anweisung umfassende Block. Die Initialisierung, die Abbruchbedingung oder die Weiterschaltung können fehlen. Deshalb wurden die entsprechenden Rahmen im Syntaxdiagramm gestrichelt gezeichnet. Eine fehlende Bedingung ist immer erfüllt. Auf diese Weise läßt sich eine Schleife beschreiben, die nur mit einer `break`–Anweisung verlassen werden kann.

Beispiel 5–14: ggT mit `for`–Schleife

```
#include <iostream.h>

void main()  // ggT
{
    int a, b, r;
    cin >> a >> b;
    for ( ; r=a%b; a=b, b=r) ;
    cout << b << endl;
}
```

□

Eine Zusicherung oder `assert`–Anweisung führt zu einem Programmabbruch, falls die Bedingung nicht erfüllt ist. Sie dient zum Überprüfen von Vorbedingungen, die an dieser Programmstelle vorausgesetzt werden. Um sie anzuwenden, muß die Datei `assert.h` zum Programm hinzugenommen werden.

Durch die Möglichkeit Ausnahmen zu definieren und auszulösen wird dem Programmierer im neuen Sprachstandard eine flexiblere Art der Fehlerbehandlung zur Verfügung gestellt (siehe Kapitel 10).

In einer `switch`–Anweisung müssen alle Konstanten verschieden sein. Ist der Wert des Kontrollausdrucks gleich einer dieser Konstanten, so wird zu der folgenden Anweisung gesprungen, ansonsten zu der auf `default` folgenden Anweisung, falls eine `default`–Marke existiert, sonst ist die `switch`–Anweisung beendet. Es darf höchstens eine `default`–Marke pro `switch`–Anweisung stehen. Will man erreichen, daß nur die hinter der angesprungenen Marke stehende Anweisungsfolge ausgeführt wird, so ist diese mit einer `break`–Anweisung zu verlassen.

Beispiel 5–15: Ausgabe von Spielkarten

Wir erweitern die Spielkarten–Klasse um eine Ausgabe–Methode. Die Ausgabe von Aufzählungstypen ist eine typische Anwendung für die `switch`–Anweisung.

```
void Karte::Print()
    {
        switch (F)
        {
            case Karo : cout << "Ka_"; break;
            case Herz : cout << "He_"; break;
            case Pik  : cout << "Pi_"; break;
            case Kreuz: cout << "Kr_"; break;
        }
        switch (W)
        {
            case Sieben: cout << "7 "; break;
            case Acht  : cout << "8 "; break;
            case Neun  : cout << "9 "; break;
            case Zehn  : cout << "10 "; break;
            case Bube  : cout << "B "; break;
            case Dame  : cout << "D "; break;
            case Koenig: cout << "K "; break;
            case As    : cout << "A "; break;
        }
    }
```

□

`break` bricht die Ausführung einer (strukturierten) Anweisung ab.

Mit einer `continue`–Anweisung im Schleifenrumpf wird der Rest des Blocks übersprungen und der Test für die nächste Iteration ausgeführt. Eine `continue`–Anweisung in einer `for`–Schleife springt zur nächsten Weiterschaltung.

Beispiel 5–16: Binäre Suche

In einem sortierten Feld läßt sich ein Eintrag nach folgendem Algorithmus effizient suchen.

(1) Eingabe sind `left` und `right` für den ersten und letzten Index des zu durchsuchenden Feldes `A` und eine Zahl `x`.

(2) Gesucht wird die Stelle, an der der Wert `x` abgespeichert ist. Ist `x` nicht im Feld, so soll -1 zurückgegeben werden.

(3) Setze `mid = (left+right)/2`

(4) Ist `A[mid] = x` so gib `mid` zurück und fertig.

(5) Ist `A[mid]` $<$ `x` so setze `left = mid+1` (`x` befindet sich sicher nicht in der linken Hälfte des Feldes) sonst setze `right = mid-1`

(6) Wiederhole (3) - (5) solange `left` $\leq$ `right`

(7) (Wenn das Programm hierhin kommt, ist `x` sicher nicht im Feld.) Gib -1 zurück.

Im folgenden Beispiel wird eine Feldklasse gezeigt, die diesen Algorithmus in der Methode `Search` in leicht abgewandelter Form implementiert. Statt der Stelle, an der der Wert `x` steht, wird `true` bzw. `false` zurückgegeben. □

Beispiel 5–17: Sortieren eines Feldes

In Beispiel 1–3 haben wir einen Algorithmus zum Sortieren eines Feldes entwickelt, den wir nun in ein Programm umsetzen wollen. Wir vereinbaren eine Klasse `SortedArray`, die als Methoden `print` und `read` sowie eine Sortier– und eine Suchmethode enthält.

```
#include <iostream.h>

enum boolean {false, true};

typedef int T;

const MAXZAHL = 100;

class SortedArray
{
public:
    SortedArray(): Anzahl(0), Sortiert(false) { }

     // Ein- und Ausgabe
    void Print();
    void Read(int n);

     // Sortieren und suchen
    void Sort();
    boolean Search(T t);
```

```
private:
    T Inhalt[MAXZAHL];
    int Anzahl;
    boolean Sortiert;
}; // SortedArray

void SortedArray::Print()
{
    for (int i=0; i<Anzahl; i++)
        cout << Inhalt[i] << ' ';
    cout << endl;
} // Print

void SortedArray::Read(int n)
{
    if (n<=MAXZAHL)
    {
        Anzahl = n;
        for (int i=0; i<Anzahl; i++)
            cin >> Inhalt[i];
        Sortiert = false;
    }
} // Read

void SortedArray::Sort()
{
    if (!Sortiert)  // nur sortieren, falls noetig
    {
        int i, MinPos, Anfang = 0;
        T Min, Temp;
        while (Anfang < Anzahl-1)
        {
            // Position des Minimums bestimmen
            Min = Inhalt[Anfang];
            MinPos = Anfang;
            i = Anfang + 1;
            while (i <= Anzahl-1)
            {
                if (Inhalt[i] < Min)
                {
                    Min = Inhalt[i];
                    MinPos = i;
                }
                i++;
            }
```

```
            // Elemente Anfang und MinPos tauschen
            Temp = Inhalt[Anfang];
            Inhalt[Anfang] = Inhalt[MinPos];
            Inhalt[MinPos] = Temp;

            Anfang++;
        }
        Sortiert = true;
    }
} // Sort


boolean SortedArray::Search(T t)
{
    if (!Sortiert)  // Suche nur bei sortiertem Feld
        Sort();
    int Left=0, Right=Anzahl-1;  // anfangs ganzes Feld
    int Mid;
    while (Left <= Right)
    {
        Mid = (Left+Right)/2;  // mittleres Element
        if (Inhalt[Mid] == t)  // gefunden !
            return true;
        if (Inhalt[Mid] < t)   // in rechter Haelfte weiter
            Left = Mid+1;
        else                   // in linker Haelfte weiter
            Right = Mid-1;
    }
    return false;
} // Search


void main()
{
    SortedArray A;
    A.Read(10);
    A.Sort();
    A.Print();
    cout << A.Search(0) << endl;
}
```

□

6 Dynamisches Erzeugen von Objekten

6.1 Dynamische Listen

Listen haben wir schon in verschiedenen Anwendungen kennengelernt, teilweise ohne uns über die Implementierung Gedanken zu machen. So setzten wir voraus, daß eine Liste von Bauunternehmern generiert werden kann und daraus auch wieder einzelne Elemente gelöscht werden können. Eine mögliche Realisierung einer Liste mit Hilfe eines Feldes wurde in Beispiel 5–5 behandelt. Wir wollen diese Listendarstellung für den einfachen Fall von ganzen Zahlen als Elemente hier noch einmal charakterisieren.

Listenrealisierung durch Felder

e_1	e_2	$\cdots$	e_p	$\cdots$	e_n	leer_1	$\cdots$	leer_r

- Die Elemente sind ganze Zahlen.
- Die Elemente belegen aufeinanderfolgende Speicherplätze.
- Die Maximallänge der Liste liegt fest.
- Jedes Element ist durch seinen Index (Position) direkt ansprechbar, es besitzt mit e_i einen eigenen Namen.
- Der Vorgänger und Nachfolger eines Elements ist durch einfache Indexrechnung zu bestimmen.

Zum Einfügen eines Elementes e_{neu} an Position p ändern alle Elemente mit Index $\geq p$ ihren Platz:

e_1	e_2	$\cdots$	e_{p-1}	e_{neu}	e_p	$\cdots$	e_n	leer_1	$\cdots$	leer_{r-1}

Will man eine so implementierte Liste weiterverwenden, so treten zwei Hauptprobleme auf.

Erstens ist die Maximalzahl der Elemente beschränkt und muß schon zur Übersetzungszeit festgelegt werden. Dies mag für einige Anwendungen ausreichen. Die Listenklasse soll ja aber ein allgemein wiederverwendbarer Baustein für verschiedene Programme sein, und deshalb ist diese Einschränkung nicht hinnehmbar.

Wir wollen Listen mit beliebig vielen Elementen erzeugen, dabei sollen die einzelnen Elemente dynamisch zur Laufzeit geschaffen und auch wieder gelöscht werden. Wenn wir versuchen, dies mit den bisher zur Verfügung stehenden Sprachmitteln zu realisieren, stoßen wir bald an die Grenzen. Wir können zwar Objekte scheinbar an beliebiger Stelle innerhalb eines Blockes vereinbaren und kreieren, Anweisungen und Vereinbarungen dürfen ja bunt gemischt werden, aber jedes durch eine Definition eingeführte Objekt hat einen eigenen, im jeweiligen Block eindeutigen Namen, der im Programmtext zur Übersetzungszeit feststeht, entsprechend kann der Compiler alle Definitionen sammeln und zu Beginn eines Blockes den benötigten Speicher zur Verfügung stellen, und diesen am Ende des Blockes wieder freigeben. Der Speicherplatzbedarf eines Blocks ist für die bisher bekannten Strukturen statisch und kann zur Übersetzungszeit berechnet werden.

Außerdem gibt es keine Möglichkeit, ein Objekt anzusprechen, das keinen eigenen Namen besitzt. Gerade dieses wollen wir aber bei Listen tun, indem wir von einem bekannten Element auf den Nachfolger oder Vorgänger in der Liste zugreifen.

Das zweite Problem bei durch Felder repräsentierten Listen ist das umständliche Einfügen und Löschen an beliebiger Stelle. Soll nämlich ein Element an die dritte Stelle einer 37–elementigen Liste eingefügt werden, so müssen, vorausgesetzt die Listenkapazität ist größer als 37, erst die 35 hinteren Elemente verschoben werden, bevor der Platz für das neue Element frei ist.

Beispiel 6–1: Einfügen in Feld–Liste

```
// Einfuegen einer Integer-Zahl in ein Feld

void array_insert(int a[], int dim, int to_insert, int pos)
{
    if (pos>=0 && pos<dim)  // Einfuegeposition zulaessig ?
    {
        if(pos==dim-1)      // Einfuege am Ende ?
```

```
            a[dim-1] = to_insert;
        else                    // sonst umspeichern
        {
            for (int i=dim-1; i>=pos+1; i--)
                a[i]=a[i-1];
            a[pos] = to_insert;
        }
    }
}
```

□

Unsere Vorstellung von einer Liste entspricht eher der folgenden Charakterisierung.

Dynamische Liste

- Die Listenlänge ist nicht beschränkt.
- Die Elemente belegen beliebig angeordnete Speicherplätze, die uns nicht weiter interessieren.
- Ein Verweis auf Vorgänger und Nachfolger eines Elementes wird im Element selbst gespeichert.
- Die Elemente bestehen also aus ganzen Zahlen (oder anderen Werten) und Vorgänger– und Nachfolgerzeigern.
- Ein Zeiger auf das erste und einer auf das letzte Element markieren den Anfang und das Ende der Liste.
- Beim Einfügen oder Löschen brauchen nur die Vorgänger– und Nachfolgerzeiger der Nachbarn verändert werden, kein Element wird bewegt.
- Das Durchlaufen der Liste vom Anfang her geschieht durch Verfolgen der Nachfolgerzeiger.

Wir veranschaulichen Listenelement und Liste durch Bilder, in denen Verweise (Zeiger, Pointer) durch Pfeile dargestellt werden.

Listenelement:

Ein Listenelement enthält einen Wert *e*, sowie einen Zeiger `prev` auf seinen Vorgänger und `next` auf den Nachfolger.

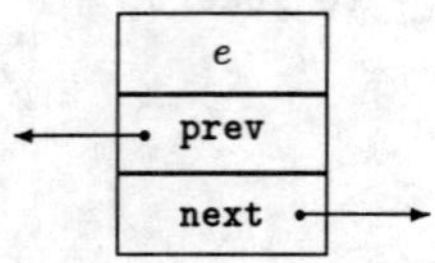

Liste:

Zwei Zeiger `first` bzw. `last` verweisen auf das erste bzw. letzte Element der Liste.

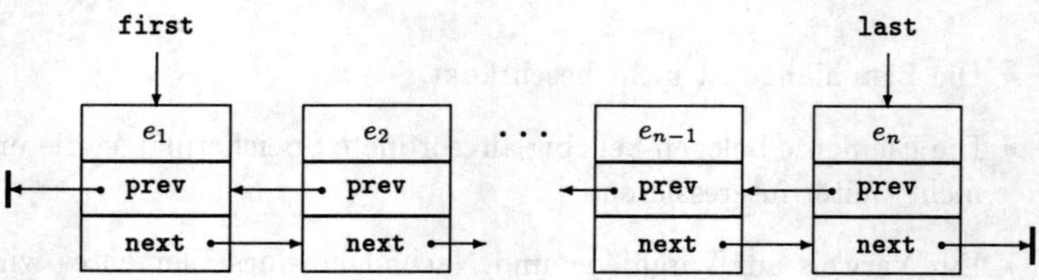

Anhand dieser Bilder lassen sich die elementaren Listenoperationen „programmieren".

Beispiel 6–2: Einfügen in Liste nach einem Element

Das Element, hinter welches das neue Element eingefügt werden soll, sei durch den Zeiger `behind` ansprechbar.

Vorher:

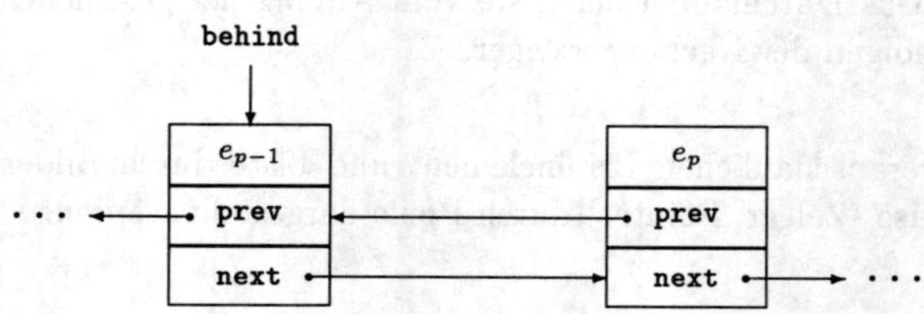

Es muß ein neues Listenelement mit dem Wert e_{neu} geschaffen werden, welches über einen Zeiger **newElem** erreichbar ist. Wir benennen hier im Text die Elemente mit den Namen der auf sie verweisenden Zeiger. Die Vorgänger– und Nachfolgerverweise müssen geändert werden:

1. Der Vorgänger von **newElem** ist **behind**, der Nachfolger dessen bisheriger Nachfolger.
2. Der Vorgänger des bisherigen Nachfolgers von **behind** ist **newElem**.
3. Der Nachfolger von **behind** ist **newElem**.

Nachher:

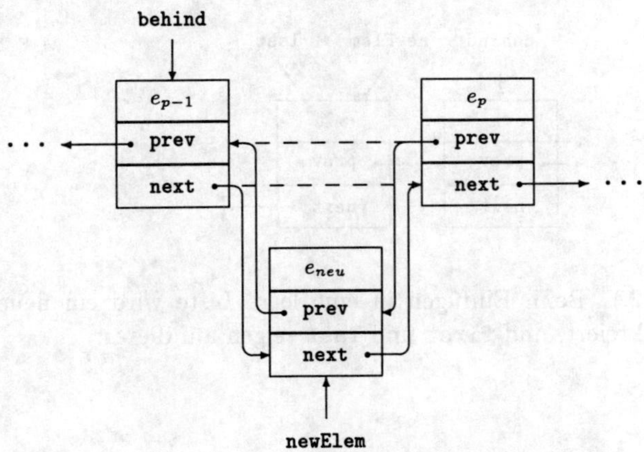

Man beachte die Reihenfolge! Wird etwa Schritt 3 zuerst ausgeführt, so muß die Liste nochmal vom letzten Element her durchsucht werden, um den bereits bekannten Nachfolger von **behind** zu ermitteln. In einer einfach verketteten Liste, in der die Vorgängerzeiger fehlen, wäre dies unmöglich, und die gesamte Restliste wäre verloren!

Zwei Sonderfälle sind beim Einfügen zu beachten.

1.) Wird hinter das letzte Element eingefügt, so ist Schritt 2 nicht durchführbar, weil kein Nachfolger des letzten Elements existiert. Nach der eigentlichen Operation ist noch der Zeiger **last** auf **newElem** zu setzen.

Vorher:

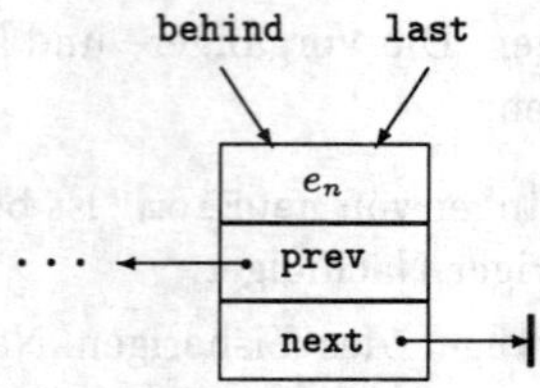

Nachher:

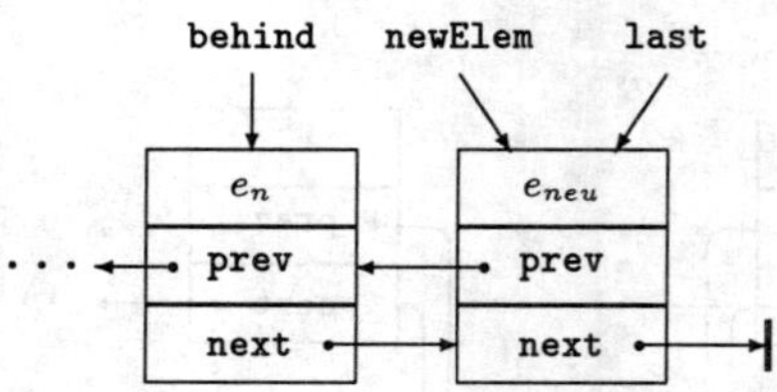

2.) Beim Einfügen in eine leere Liste wird ein neues Element kreiert, und `first` und `last` zeigen auf dieses.

□

Die eben eingeführte Listenstruktur nennt man **doppelt verkettete Liste**, da jedes Element zwei Zeiger beinhaltet. Oft ist, durch die Problemstellung bedingt, die Durchlaufrichtung in einer Liste immer die gleiche, und es genügt, für jedes Element nur den Nachfolger abzuspeichern, also eine **einfach verkettete Liste** zu verwalten.

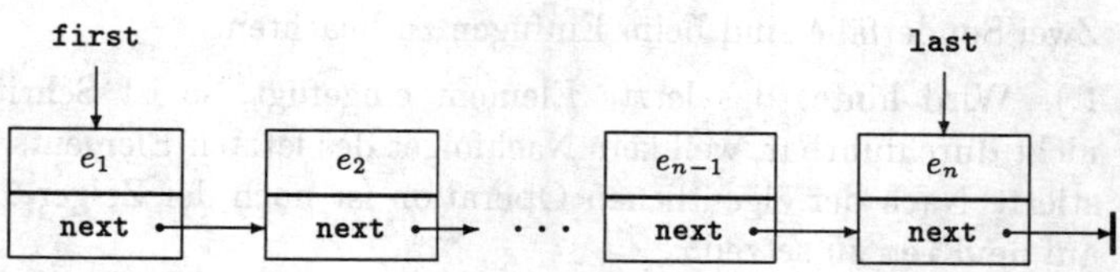

Der Zeiger auf das Ende der Liste ist nicht zwingend notwendig, kann jedoch das Programmieren von Sonderfällen wie Einfügen am Ende der Liste erleichtern.

Das Einfügen **vor** einem Element in einer einfach verketteten Liste ist schwieriger als das Einfügen **nach** einem Element. Am einfachsten löst man es dadurch, daß man mit einem zweiten Zeiger die Liste durchläuft, der auf den Vorgänger des aktuellen Elements zeigt.

Beispiel 6–3: Einfügen „vor" in einer einfach verketteten Liste

Wir nennen das Element, vor das eingefügt werden soll, `before`.

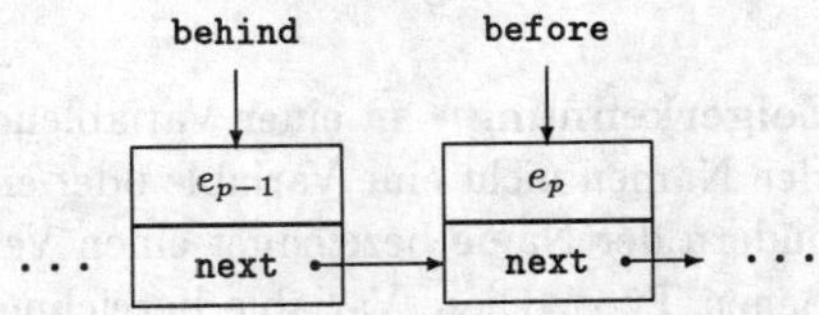

Wir bestimmen `behind`, den Vorgänger von `before` und fügen das neue Element hinter `behind` ein.

Das geht natürlich schief, falls vor das erste Element eingefügt werden soll. Aber in diesem Fall ist das direkte Einfügen besonders einfach. Wir kreieren das Element `newElem`, setzen dessen Nachfolger auf `first` und anschließend `first` auf `newElem`. □

Beispiel 6–4: Suchen eines Elements und seines Vorgängers

Im Normalfall wird man das aktuelle Element `before` durch seinen Wert x charakterisieren und die Liste von `first` aus durchlaufen, um es zu finden. Dazu wird ein Zeiger solange auf seinen Nachfolger gesetzt, bis der Wert gleich dem gesuchten Wert x ist. Es bietet sich dabei an, einen zweiten Zeiger gleich mitlaufen zu lassen, der auf den Vorgänger des aktuellen Elementes verweist.

Tritt x mehrmals in der Liste auf, so wird auf diese Weise das erste Vorkommen gefunden. □

6.2 Handhabung von Zeigern

Zur Verwirklichung einer dynamischen Liste brauchen wir einen Datentyp, der sich so verhält wie die Zeiger in unseren Bildern, d.h.

- der das dynamische Anlegen von Objekten zur Laufzeit unterstützt.
- der Adressen oder Verweise auf Objekte abspeichert.
- der erlaubt, daß ein Objekt angesprochen werden kann, obwohl es keinen eigenen, zur Übersetzungszeit bekannten Namen besitzt.

Alle diese Forderungen werden von **Zeigern** (**Verweisen** oder **Pointern**) erfüllt.

Durch Voranstellen der **Zeigerkennung** `*` in einer Variablendefinition wird für den entsprechenden Namen nicht eine Variable oder ein Objekt definiert und angelegt, sondern der Name bezeichnet einen Verweis auf eine Variable des angegebenen Typs. Diese Variable bezeichnen wir als **Bezugsvariable** des Zeigers. Es wird Speicherplatz zur Aufnahme des Verweises, der Speicheradresse des Bezugsobjekts, bereitgestellt. Dieser wird für globale Zeiger standardmäßig mit `NULL` (= `0`) initialisiert.

Dieser Wert `NULL` verdeutlicht, daß der Zeiger nicht mit einer Bezugsvariablen verbunden ist. Er kann direkt als Bedingung ausgewertet werden. Man beachte, daß lokale, nicht initialisierte Zeiger anfangs in der Regel einen Wert ungleich `NULL` besitzen, obwohl sie auf keine Variable verweisen.

Beispiel 6–5: Einfache Zeigerdefinitionen

```
int *ip;
double *dp;
class ListElem
{
public:
    T Elem; // T steht hier fuer beliebigen Typ
    ListElem *prev, *next;
};

ListElem *First;
```

□

Eine Zeigervariable kann nur einen Zeiger auf ein Objekt des in der Vereinbarung festgelegten Typs aufnehmen. Allerdings kann durch Typkonversion auf Zeiger anderen Bezugstyps umgewandelt werden.

Zeiger können verglichen und aneinander zugewiesen werden. Dadurch kann ein– und dasselbe Objekt mehrere Namen tragen. Andererseits haben Listenelemente in der Regel keinen Namen und können nur durch Vorgänger– oder Nachfolgerverzeigerung erreicht werden.

Beispiel 6–6: Zeigervergleich und –zuweisung

```
int *ip1, *ip2;

if (ip1) ...    // ip1 == 0

if (ip1 == ip2) ... // verweisen beide auf
                    // dasselbe Objekt ?

ip1 = ip2; // ip2 verweist nun auf dasselbe
           // Objekt wie ip1
```

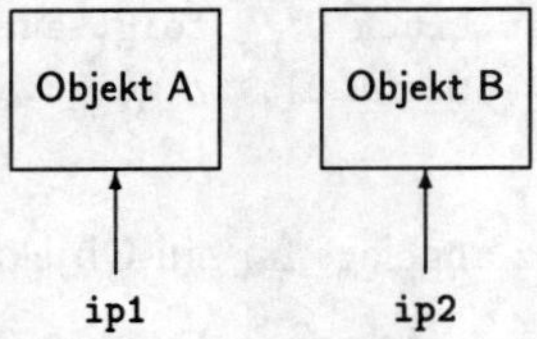

Sei das die Situation vor der zweiten Abfrage, so ist die Bedingung nicht erfüllt. Nach der Zuweisung ergibt sich folgendes Bild.

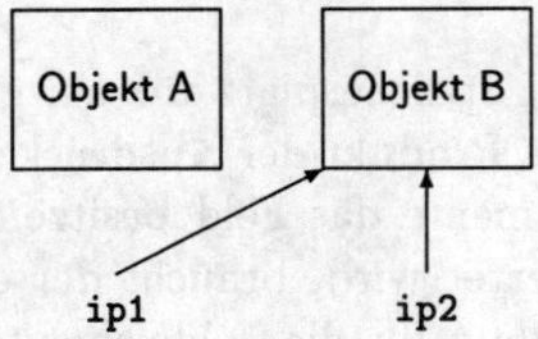

□

Die **Zeigerkennung** $*$, die die Variable als Zeiger ausweist, haben wir schon im Diagramm *TypKennung* zur Charakterisierung des genauen Typs z.B. in Deklarationsargumentlisten mit herangezogen. Zeiger auf den leeren Typ `void` können vereinbart werden.

Das Anlegen der Bezugsvariablen geschieht durch Aufruf des **new–Operators**.

new-Aufruf - aus 23 RWert:

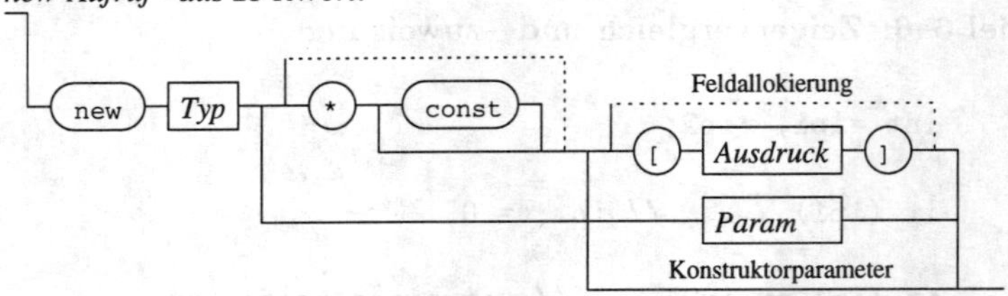

Beispiel 6–7: Erzeugung von Objekten mit new

```
int *ip = new int(5); // zeigt auf int vom Wert 5
Karte *Kp = new Karte(Herz, As); // zeigt auf Karte Herz As
Bruch *Bp = new Bruch; //  zeigt auf Bruch 0
char *cp = new char[100]; // zeigt auf 100-Zeichen-Feld
```
□

Es wird Speicherplatz angelegt für ein Objekt des angegebenen Typs.

Der Konstruktor, dessen Argumentliste am Schluß angegeben ist, wird für die entsprechende Klasse aufgerufen. Für Standardtypen wird dabei ein Konstruktor mit einem Argument vorausgesetzt. Fehlt die Konstruktorargumentliste und ist kein Konstruktor ohne Argument vereinbart, so wird der Default–Konstruktor aufgerufen und das Bezugsobjekt wird nicht initialisiert.

Es kann jedoch auch Speicherplatz für ein ganzes **Feld** von Objekten angelegt werden. Das Produkt der Ausdrücke in eckigen Klammern bestimmt, wieviele Elemente das Feld besitzen soll. Da dieses Produkt zur Laufzeit ausgewertet wird, braucht der erste Ausdruck nicht konstant zu sein. Der Platz für die Feldelemente wird zusammenhängend angelegt. Für Felder wird immer der Default–Konstruktor aufgerufen. Deshalb entfällt hier die Argumentliste. Eine gewünschte Initialisierung ist explizit zu programmieren. Der Zeiger zeigt auf das erste Element des Feldes. Ist nicht genügend Speicherplatz vorhanden, so liefert `new` den Wert `NULL` zurück.

Beispiel 6–8: Feldallokation

```
int *ap = new int[5];
int *aip = new int[x][15];
```
□

Der Wert des `new`–Ausdrucks ist ein Verweis auf das angelegte Objekt, welches für einen Zeiger `p` mit dem Inhaltsoperator als `*p` angesprochen werden kann. `*p` bezeichnet also die Bezugsvariable von `p`. Ist `p` ein Zeiger auf eine Klasse, so bezeichnet `p->a` deren Komponente `a`. Es ist also `p->a` gleichbedeutend mit `(*p).a`.

Beispiel 6–9: Zeiger auf Klassen

Eine Klasse, die einen Kreis repräsentiert, wird durch die zwei Koordinaten des Mittelpunkts und den Radius bestimmt.

```
class Circle
{
public:
    float x,y;
    float radius;
}; // Circle
```

Mit

```
Circle *K1;
```

definieren wir einen Verweis auf einen Kreis. Um den Radius dieses Kreises auszugeben, schreiben wir:

```
if (K1)
    cout << K1->radius ;
```

Wichtig ist dabei der Test `K1 != NULL`, den wir wie üblich abgekürzt formuliert haben, um sicherzustellen, daß der Zeiger auf ein Bezugsobjekt verweist. □

Wir programmieren nun die Listenoperationen, die wir im vorigen Abschnitt nur durch Bilder angedeutet haben.

Beispiel 6–10: Aufbau einer doppelt verketteten Liste

Wir wollen solange Zahlen einlesen und in eine Liste einfügen, bis eine Zahl `0` gelesen wird. Diese soll das letzte Element der Liste bilden.

Zur Darstellung eines Listenelements, bestehend aus einer ganzen Zahl und zwei Zeigern vereinbaren wir die Klasse `ListElem`. Die Liste wird dann durch zwei Zeiger `first` und `last` repräsentiert. Das Einfügen geschieht am Listenende.

Die erste gelesene Zahl dient zur Konstruktion der Anfangsliste. Anschließend werden solange Zahlen eingelesen und am Ende angehängt, bis eine `0` in der Liste steht.

```
#include <iostream.h>

class ListElem
{
public:
    int value;
    ListElem *prev, *next;
}; // ListElem

void main()
{
    ListElem *first=NULL, *last=NULL; // die Liste

    int toInsert;         // einzufuegender Wert
    ListElem *newElem; // Zeiger auf neu erzeugtes Element

    do
    {
        // Zahl einlesen
        cout << "Einfuegen: ";
        cin >> toInsert;

        // Element erzeugen und Wert setzen
        newElem = new ListElem;
        newElem->value = toInsert;
```

```
        if (!first)  // leere Liste
        {
            first = last = newElem;
            newElem->prev = newElem->next = NULL;
        }
        else  // am Ende anhaengen
        {
            newElem->prev = last;
            newElem->next = NULL;
            last->next = newElem;
            last = newElem;
        }
    } while (toInsert != 0);

    // Liste ausgeben
    for (ListElem *tmp=first; tmp; tmp=tmp->next)
        cout << tmp->value << ' ';
    cout << endl;
}
```

Dieses Programm definiert nur eine einzige Liste und ist deshalb sicher schlecht wiederverwendbar.

□

Beispiel 6–11: Einfügen in doppelt verkettete Liste

Wir schreiben das vorige Programm so um, daß das Einfügen nach einem beliebigen Element in der Liste möglich ist. Nachdem das einzufügende Element eingelesen wurde, wird dann noch der Wert des Elementes abgefragt, nach dem das neue Element stehen soll. Ist dieser Wert nicht in der Liste vorhanden, so wird einfach angehängt.

```
#include <iostream.h>

class ListElem
{
public:
    int value;
    ListElem *prev, *next;
}; // ListElem
```

```
void main()
{
    ListElem *first=NULL, *last=NULL; // die Liste

    int toInsert;       // einzufuegender Wert
    int afterWhich;     // Wert, nach dem eigefuegt wird
    ListElem *newElem; // Zeiger auf neu erzeugtes Element
    ListElem *tmp;      // Hilfszeiger

    do
    {
        cout << "Einfuegen: ";
        cin >> toInsert;

        newElem = new ListElem;    // Element erzeugen
        newElem->value = toInsert; // und Wert setzen

        if (!first)  // leere Liste
        {
            first = last = newElem;
            newElem->prev = newElem->next = NULL;
        }
        else  // einfuegen nach einem Element
        {
            cout << "Nach: ";
            cin >> afterWhich;

            // Element mit Wert afterWhich suchen
            for (tmp=first;
                tmp->value != afterWhich && tmp->next;
                tmp=tmp->next);
            // nun einfuegen nach tmp

            newElem->next = tmp->next;// Einfuegen
            if (tmp->next)             // tmp nicht am Ende
                tmp->next->prev = newElem;
            else                       // tmp am Ende
                last = newElem;
            tmp->next = newElem;
            newElem->prev = tmp;
        }
    }
    while (toInsert != 0);
```

```
    // Liste ausgeben
    for (tmp=first; tmp; tmp=tmp->next)
        cout << tmp->value << ' ';
    cout << endl;
}
```

□

Üblicherweise wird das Einfügen als Methode einer Listenklasse definiert. Das führen wir im folgenden Beispiel durch.

Beispiel 6–12: Einfach verkettete, sortierte Adreßliste

Wir wollen eine nach Namen sortierte Adreßliste anlegen. Wir verwenden dabei die in Beispiel 5–6 vorgestellte Klassendefinition und gehen folgendermaßen vor.

- Die Adressen werden solange gelesen und eingefügt, bis unsere eigene Adresse gelesen wird; diese soll also nicht in die Liste aufgenommen werden.
- Die Struktur des Programmes ist deshalb etwas komplizierter als im vorangegangenen Beispiel.
- Das Einfügen in eine sortierte Liste muß natürlich die Ordnungseigenschaft erhalten. Wir vergleichen deshalb den Namen im einzufügenden Element solange mit Namen in der Liste, bis wir einen gefunden haben, der in der alphabetischen Reihenfolge nach dem neuen Namen steht. (Dieser Vergleich wird durch den Operator < in unserer Klasse `string` realisiert.) Dann fügen wir die neue Adresse vor dieser ein. Das Durchsuchen ist dabei auch abzubrechen, falls das Ende der Liste erreicht ist, also kein Nachfolger mehr vorhanden ist.
- Wir verzichten darauf bei gleichen Namen weitere Sortierkriterien anzuwenden.

```
#include <iostream.h>
#include "adress.hpp"
#include "string.hpp"

class ListElem
{
public:
    Adresse value;
    ListElem *prev, *next;
}; // ListElem

void main()
{
    ListElem *First=NULL, *Last=NULL; // die Liste

    Adresse toInsert;  // einzufuegende Adresse
    ListElem *newElem; // Zeiger auf neu erzeugtes Element
    ListElem *tmp;     // Hilfszeiger

    Adresse Ich("Meier", "Hans", "Rathausplatz", 10,
                1000, "Berlin");

    cout << "Einfuegen: ";
    toInsert.Lies();
    while (!toInsert.Ist(Ich))
    {
        newElem = new ListElem;     // Element erzeugen
        newElem->value = toInsert; // und Wert setzen

        if (!First)  // leere Liste
        {
            First = Last = newElem;
            newElem->prev = newElem->next = NULL;
        }
        else  // sortiert einfuegen
        {
            // erstes groesseres Element suchen
            for (tmp=First;
                 tmp &&
                 tmp->value.Heisst() < toInsert.Heisst();
                 tmp=tmp->next) ;
            if (tmp) // vor temp einhaengen
            {
                newElem->next = tmp;
                newElem->prev = tmp->prev;
```

```
                if (tmp->prev)
                    tmp->prev->next = newElem;
                else
                    First = newElem;
                tmp->prev = newElem;
            }
            else  // am Ende anhaengen
            {
                Last->next = newElem;
                newElem->prev = Last;
                newElem->next = NULL;
                Last = newElem;
            }
        }
        cout << "Einfuegen: ";
        toInsert.Lies();
    }

    // Adressliste ausgeben
    for (tmp=First; tmp; tmp=tmp->next)
        tmp->value.Drucke();
    cout << endl;
}
```

□

Der Zeiger `newElem` ist lokal in der Einfügemethode vereinbart, d.h. er existiert nach dem Einfügen nicht mehr. Das neue Element ist über die Listenverzeigerung trotzdem erreichbar. Damit hat man die Situation, daß zwar nach Verlassen der Funktion der Gültigkeitsbereich des Zeigers `newElem` erlischt, aber das mittels `newElem` kreierte Objekt in der Liste fortbesteht, und durch einen globalen Zeiger auf den Anfang der Liste auch erreichbar ist.

Die Lebensdauer des über einen Zeiger angelegten Objekts ist vom Gültigkeitsbereich des Zeigers entkoppelt. Sie beginnt mit der Erzeugung durch `new` und endet nur durch den Aufruf des **`delete`–Operators**.

delete-Aufruf - aus 12 Anweisung:

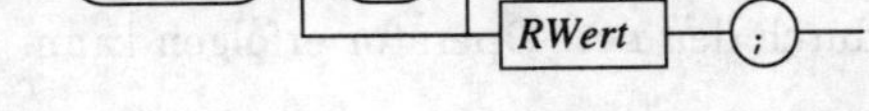

Da der Rückgabewert `void` ist, erscheint in unserer Syntaxzusammenstellung der Aufruf des `delete`–Operators als Anweisung. Der Operand muß ein Zeiger sein, dessen Bezugsvariable mit `new` erzeugt wurde. Deren Speicherplatz wird zurückgegeben. Bei einem Zeiger auf ein Feld wird durch `delete[]` das ganze Feld freigegeben.

Der Zugriff auf eine nicht existente Bezugsvariable ist undefiniert.

Durch `delete` wird für Klassen der Destruktor aufgerufen (siehe nächster Abschnitt).

`new` und `delete` sind überladbar (siehe Abschnitt 7.4).

Beispiel 6–13: Expliziter Aufruf von `delete`

Wir betrachten unser Listenbeispiel von oben. Will man etwa das erste Element aus der Liste und dem Speicher entfernen, so ist dies nur mit dem `delete`–Operator möglich:

```
if (First)
{
    ListElem *tmp = First->next;
    delete First;
    First = tmp;
    if (First)
        First->prev = NULL;
}
```

□

Wir werden im nächsten Kapitel die Behandlung von Listen als abstrakte Datentypen, also einer Datenstruktur mit vordefinierten Methoden Einfügen, Löschen usw. noch einmal aufgreifen und verzichten deshalb hier auf eine Vervollständigung.

6.3 Kopierkonstruktoren und Destruktoren

Konstruktoren dienen zum Anlegen von Objekten und zur Initialisierung ihrer Attribute. Sie werden bei der Definition eines Objektes aufgerufen, die auch über einen Zeiger durch den `new`–Operator erfolgen kann.

Enthält das Objekt nun Zeiger auf andere Größen, so ist von Fall zu Fall durch den Konstruktor nicht nur der Zeiger zu initialisieren, sondern es wird auch der Speicherplatz für das Bezugsobjekt angelegt.

Beispiel 6–14: Konstruktoren für Stringklasse

Im Unterschied zu der Datei `string.hpp`, in der die Klasse `String` definiert wird und von der nun ein Teil folgt, bezeichnet `string.h` die Vereinbarungsdatei für die in Standard `C++` zur Verfügung stehende Stringverarbeitung.

```
#include <string.h>

class String
{
public:
    String(const char *S="")
    {
        length = strlen(S);
        theString = new char[length+1];
        strcpy(theString, S);
    }

    String(unsigned len, char toFill=' ')
    {
        length = len;
        theString = new char[length+1];
        for (int i=0; i<length-1; theString[i++] = toFill);
        theString[length] = '\0';
    }
private:
  char *theString;
  int length;
}; // String
```

□

Wollen wir ein Objekt, welches Zeiger als Attribute enthält, mit dem Wert eines anderen initialisieren, so reicht es oft nicht aus, nur die Zeiger zu kopieren, sondern deren Bezugsobjekte müssen ebenfalls neu angelegt und übertragen werden. Für diesen Zweck wird ein eigener **Kopierkonstruktor** vereinbart, der nur ein Argument vom Typ `const` `objektTyp &` enthält; dieses Argument bezeichnet den Wert, den das zu konstruierende Objekt erhalten soll, es darf durch den Konstruktor nicht verändert werden, wird aber zur Vermeidung einer weiteren temporären Kopie mittels Referenzaufruf übergeben. Ein solcher Kopierkonstruktor wird wie der Standardkonstruktor ohne Argumente auch automatisch erzeugt, falls er gebraucht wird und nicht vereinbart ist. Dieser erzeugte Konstruktor kopiert jedoch nur die Attributwerte, also im Fall von dynamischen Attributen nur den Wert des Zeigers, ohne den angesprochenen Speicherbereich zu übertragen. Er liefert nur eine **flache Kopie**.

Eine **tiefe Kopie** hingegen berücksichtigt auch die durch Zeiger referierten Daten. Eine Unterscheidung zwischen verschiedenen Stufen der Tiefe, also etwa für Zeiger auf Zeiger usw. , wollen wir hier nicht treffen.

Beispiel 6–15: Flache und tiefe Kopie

Wird betrachten folgendes Programmfragment:

```
String S1("Hallo");
String S2(S1);
```

Bei der Erzeugung von `S1` wird der Kopierkonstruktor aufgerufen. Die Funktionsweise des Standard–Kopierkonstruktor wird aus folgendem Bild klar:

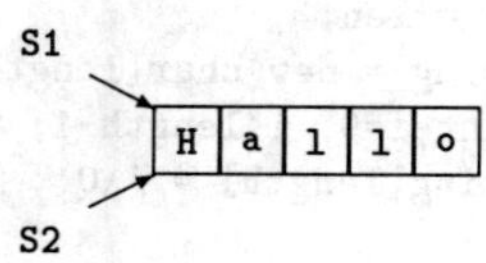

Ein Verändern von `S1` verändert nun `S2` gleichermaßen und umgekehrt. Zum Beispiel wird durch

```
S1[5] = 'i';
cout << S2;
```

das Wort `Halli` ausgegeben. Falls dies nicht erwünscht ist, kann ein Kopierkonstruktor definiert werden.

```
String::String(const String &toCopy)
{
    length = toCopy.length;
    theString = new char[length+1];
    strcpy(theString, toCopy.theString);
}
```

Das entsprechende Bild sieht nun so aus:

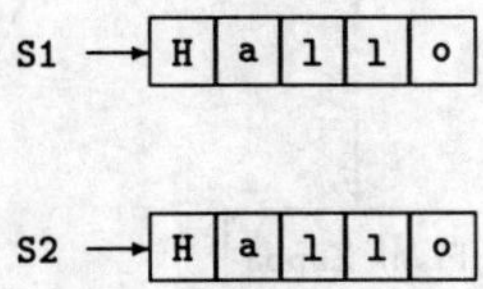

□

Der Kopierkonstruktor wird auch bei der Parameterübergabe für Funktionen und Methoden aufgerufen.

Beispiel 6–16: Adreßliste

Eine flache Kopie kann aber durchaus dem Problem angepaßt sein. Nehmen wir uns nochmal unsere Adreßliste vor und ersetzen hier die Ortsnamen durch einen Verweis auf eine umfangreiche Klasse, die zusätzlich die Einwohnerzahl, eine Liste der Sehenswürdigkeiten, die Öffnungszeiten der Kinos und Theater und die Entfernung von unserem Wohnort enthalten soll. Kennen wir nun in einer Stadt mehrere Leute, so genügt es, diese umfangreichen Informationen nur einmal abzuspeichern und in jeder Adresse nur einen Zeiger darauf zu verwalten.

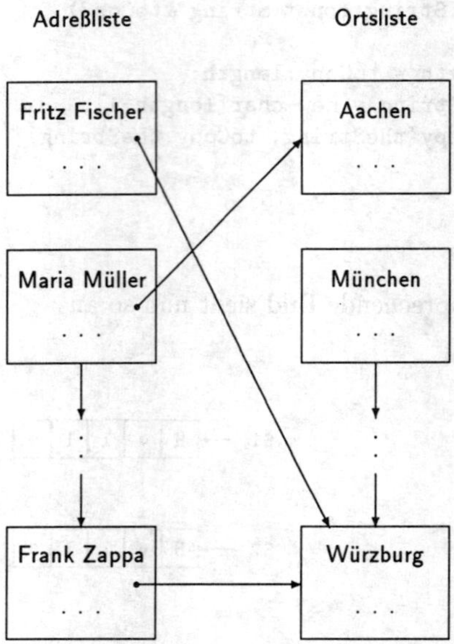

□

Nicht nur bei der Initialisierung, sondern auch bei der Wertzuweisung ist der Unterschied zwischen flacher und tiefer Kopie zu bedenken. Die standardmäßig für Klassen verfügbare Zuweisung besorgt eine flache Kopie. Will man also eine tiefe erreichen, so ist eine eigene Methode zu vereinbaren, diese kann durch Überladen des Zuweisungsoperators erhalten werden (siehe Abschnitt 7.4).

Beispiel 6–17: Stringzuweisung

```
String S1("Listen");
String S2;
S2 = S1;
```

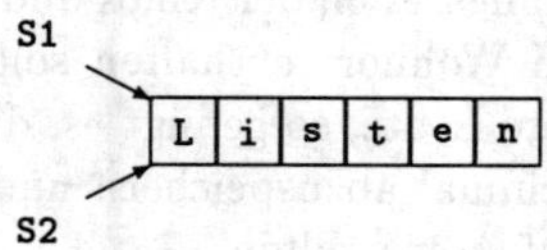

Etwa nach

```
S1[2] = 'a';
```

ergibt sich dann folgendes Bild:

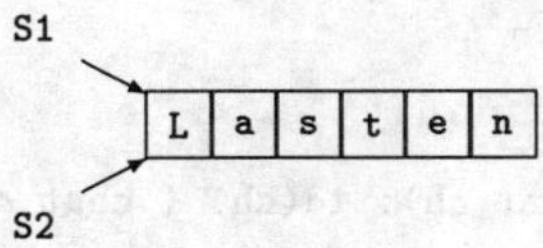

□

Destruktoren

Statische Objekte werden am Ende des Blockes, in dem sie vereinbart wurden, wieder zerstört, dabei wird automatisch der Speicherplatz aller Attribute freigegeben. Wie das Anlegen von Objekten durch einen Konstruktor, so kann auch das Zerstören durch einen Destruktor beeinflußt werden. Da das normale Zerstören eine flache Semantik aufweist, also nur den Platz der Attribute freigibt, bei dynamischen Attributen also nur den Zeiger, aber den referierten Speicherplatz unangetastet läßt, bleiben bei mit einem tiefen Konstruktor angelegten Objekten diese Speicherbereiche übrig. Da die Zeiger auf sie gelöscht sind, können sie nicht mehr angesprochen werden, und lagern sozusagen als „Leichen" im Speichergelände. Diese Bereiche müssen mit einem Destruktor explizit gelöscht werden.

Destruktoren vernichten Objekte und sollten deshalb den belegten Speicher freigeben. Sie werden am Ende der Lebensdauer eines Objektes aufgerufen. Das ist für statische Objekte ein Block– oder das Programmende und für dynamisch erzeugte der explizite Aufruf von `delete`. Die Vereinbarung des Destruktors ist Teil der Klasendefinition. Sie besteht aus dem von einer Tilde (~) angeführten Klassennamen mit leerer Argumentliste. Der Rumpf kann wie bei Konstruktoren ausgelagert werden.

Beispiel 6–18: Strings

```
String::~String()
{
    delete theString; // delete fuer Standardzeichenkette
}
```

□

Beispiel 6–19: Konstruktoren und Destruktoren

```
#include <iostream.h>

class Test
{
public:
    Test(char ch): id(ch) { cout << id << ' '; }

    Test(const Test &T) { id = T.id; cout << id << ' '; }

    ~Test() { cout << '~' << id; }

private:
    char id;
}; // Test

void main()
{
    cout << endl;
    Test a('a'), b('b'), c(a), d('d');
}
```

Die vom Programm erzeugte Ausgabe ist:

```
a b a d ~d~a~b~a
```

□

6.4 Adressen, Zeiger, Referenzen

Wir haben Zeiger in deren wichtigsten Funktionen kennengelernt — als Hilfsmittel, Objekte dynamisch zu erzeugen. Ein Zeiger ist dabei eine statische Variable, die die Adresse des dynamischen Objekts enthält. Dieses Objekt kann mit dem Inhaltsoperator * angesprochen werden und mit `->` anstelle von '.' kann auf dessen Komponenten direkt zugegriffen werden.

Damit lassen sich

- dynamische Listen und Datenstrukturen anlegen.
- mehrere Verweise auf das gleiche Objekt erklären.

- die Lebensdauer eines Objekts durch explizite Konstruktions- und Destruktionsausdrücke genau festlegen.

Nun besitzen aber auch statische Objekte eine Adresse und es kann interessant sein, diese zu ermitteln und einem Zeiger zuzuweisen. So können Programmstücke geschrieben werden, die sowohl für statische als auch für dynamische Daten verwendbar sind.

Die Adresse eines Objekts erhält man durch Anwendung des **Adreßoperators** `&`. Auch Konstanten und Ausdrücke besitzen eine Adresse, nicht aber Adressen, so daß der `&`–Operator nicht zweimal nacheinander angewendet werden kann.

Beispiel 6–20: Adreßoperator

Die Größe `i` sei definiert als

```
int i;
```

Der Ausdruck

```
&i
```

bezeichnet dann die Adresse von `i`. Diese kann dann etwa einer Größe vom Typ „Zeiger auf `int`" zugewiesen werden:

```
int *ip=&i;
```

`ip` verweist damit auf `i`. □

Man beachte, daß Objekte, die nicht mit `new` erzeugt wurden, nicht mit `delete` vernichtet werden dürfen.

Ein Feldname fungiert als ein Zeiger auf das erste Feldelement, es gilt also für

```
T a[n];
a == & a[0].
```

Diese Äquivalenz läßt sich ausnutzen, um auch mehrdimensionale Felder, solche mit mehreren Indexbereichen, einheitlich in Funktionen zu behandeln.

Beispiel 6–21: Felder und Zeiger

```
const m = 5;
const n = 7;

void NegMatrix1(double M[m][n])
{
    for (int i=0; i<m; i++)
        for (int j=0; j<n; j++)
            M[i][j] = -M[i][j];
}

void NegMatrix2(double M[m][n])
{
    double *A = (double *)M;
    for (int i=0; i<m; i++)
        for (int j=0; j<n; j++)
            A[i*n+j] = -A[i*n+j];
}

void NegMatrix3(double M[m][n])
{
    double *A = (double *)M;
    for (int i=m*n; i--; A[i] = -A[i]) ;
}
```

□

Hier wird ausgenutzt, daß Felder einen zusammenhängenden Bereich im Speicher belegen. Die Indizierung `a[i]` bedeutet: Nimm die Anfangsadresse eines Feldes, addiere i-mal die Größe eines Feldelementes und nimm dann den Wert, der an dieser Adresse steht. Mit Hilfe der **Pointerarithmetik** läßt sich das völlig korrekt auch so schreiben: `*(a+i)`. Die Elementgröße wird durch den Typ, mit dem der Zeiger verbunden ist, bestimmt und wird deshalb nicht extra angegeben.

Addition und Subtraktion von ganzzahligen Werten zu Pointern verändern diese also jeweils in Einheiten des verbundenen Typs. Die Subtraktion zweier Zeiger liefert die Anzahl dazwischenliegender Werte. Inkrementierung und Dekrementierung von Pointern bilden eine sehr effiziente Möglichkeit ein Feld zu durchlaufen.

Beispiel 6–22: Felddurchlauf

```
char S[100];
for (char *cp=S; cp; cp++)
```
□

Zeiger bieten eine Möglichkeit, ein Objekt mit mehreren Namen anzusprechen.

Beispiel 6–23: Aliasnamen mit Zeigern

Durch
`int i=5; *ip=&i`
ist es möglich, auf `i` über `ip` indirekt zuzugreifen. Etwa:
`*ip=4;` □

Eine andere Möglichkeit, Aliasnamen zu vergeben bilden die **Referenzen.**

Beispiel 6–24: Aliasnamen mit Referenzen

```
int  i=5;
int  &j=i;
```
Jede Veränderung von `i` verändert `j` gleichermaßen und umgekehrt.
```
j = 4; // es gilt nun auch i == 4
```
□

Referenzen müssen immer initialisiert werden. Sie werden als Aliasnamen für das angegebene Objekt eingeführt.

Der Operator `&` kann wie auch `*` zur Kennzeichnung von Typen verwendet werden. Das haben wir bereits beim Referenzaufruf in Funktionen kennengelernt, auch der Rückgabewert kann eine Referenz sein. In diesem Fall kann der Funktionsaufruf auf der linken Seite einer Zuweisung stehen, bildet also einen L-Wert.

Beispiel 6–25: Referenzaufruf und –rückgabe

Wir definieren eine Klasse für eindimensionale `double`–Felder. Die Methode `Elem` liefert eine Referenz auf das n-te Feldelement, falls n ein zulässiger Index ist.

```
#include <assert.h>
#include <iostream.h>

class Array
{
public:
    Array(int n): dim(n)  // legt n-elementiges Feld an
    {
        if (dim > 0)
            A = new double[dim];
        else
        {
            dim = 0;
            A = NULL;
        }
    }

    ~Array() { if (A) delete[] A; }

    int Dim() { return dim; }
    void Print();
    double &Elem(int n)
    {
        assert (n>=1 && n<=dim);
        return A[n-1];
    }

private:
    int dim;
    double *A;
}; // Array

void Array::Print()
{
    for (int i=1; i<=dim; i++)
        cout << Elem(i) << ' ';
    cout << endl;
}
```

Eine Funktion **PartSum** erhält als Argument eine Referenz auf ein Feld und schreibt in das i-te Feldelement die i-te Partialsumme ($i = 1, \ldots, n$).

```
void PartSum(Array &A)
{
    for (int i=2; i<=A.Dim(); i++)
        A.Elem(i) += A.Elem(i-1);
}
```

Das folgende Hauptprogramm definiert ein Feld, in dessen i-ten Eintrag die Zahl $1/i^2$ steht und läßt die Partialsummen für dieses Feld berechnen.

```
int main()
{
    Array A(20);

    for (int i=1; i<=20; i++)
        A.Elem(i) = 1.0/(i*i);

    PartSum(A);
    A.Print();
}
```

□

6.5 Zusammenfassung: Typen und Typverträglichkeit

6.5.1 Genaue Typkennung

Der genaue Typ einer Variablen oder eines Objektes wird bestimmt durch den Grundtyp (Standardtyp oder Klasse) und darauf angewendete Modifikatoren und Strukturoperatoren wie z.B. Zeiger oder Feld. Da diese meistens, z.B. in einer Variablendefinition, an der Variablen selbst stehen, tauchen sie im Syntaxdiagramm Typ nicht auf, sondern werden als Modifikation oder Kennung des Variablennamens betrachtet und durch ein eigenes Diagramm *NamensKennung* beschrieben. Dabei ist die Priorität der verschiedenen Modifikatoren zu beachten.

20* *NamensKennung:*

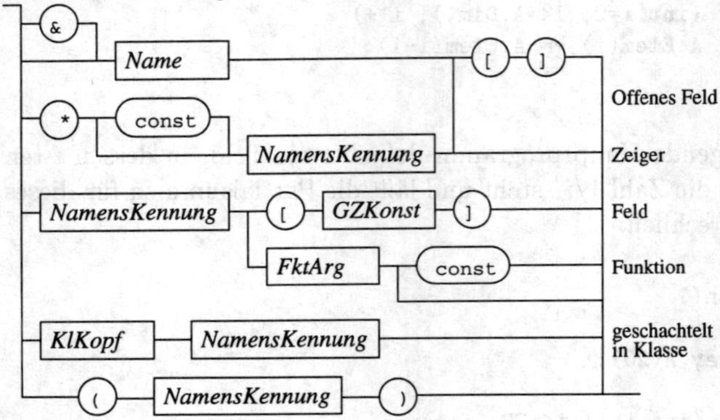

In Argumentlisten einer Deklaration können die Variablennamen fehlen, die genauen Typen werden dann durch das bis auf den fehlenden Namen gleiche Diagramm, nun als *TypKennung* bezeichnet, beschrieben.

20* *TypKennung:*

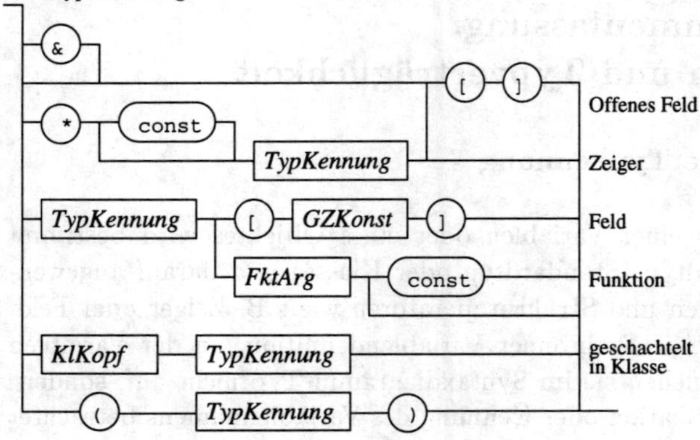

16 KlKopf (Klassenkopf):*

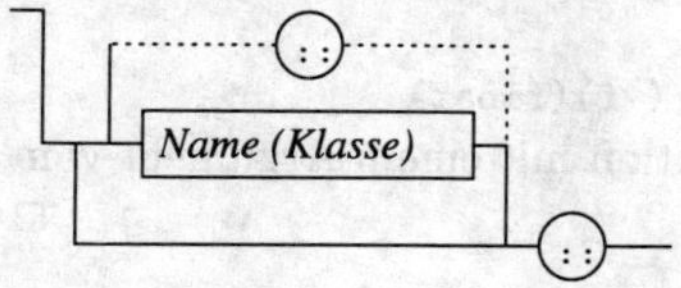

Man beachte den rekursiven Aufbau der Diagramme

- In Klassendefinitionen geschachtelte Größen können mittels des Bereichsoperators `::` sichtbar gemacht werden.
- `*` bedeutet „Inhalt von“, kennzeichnet also einen Zeiger.
- `const` bedeutet, daß die Bezugsvariable konstant ist. Man beachte den Unterschied zwischen `int * const p` (konstanter Zeiger) und `const int * p` (Zeiger auf Konstante).
- Die konstanten ganzzahligen Ausdrücke in eckigen Klammern bezeichnen die Elementanzahl im jeweiligem Indexbereich eines Feldes. Bei der Kennung darf der erste Indexbereich offen bleiben.
- Die Angabe einer Argumentenliste kennzeichnet einen Funktionstyp, auch hier kann das Ergebnis konstant sein.
- `&` kennzeichnet eine Referenz.
- Die verschiedenen Operatoren gehorchen den in der Operatortabelle (siehe A.2) angegebenen Prioritäten. Andere Gruppierungen werden durch Klammerung erstellt.

Beispiel 6–26: Typkennung

Da die Priorität des `*`–Operators geringer ist als die von `[]`, bezeichnet `a` mit

```
int *a[10]     // = int * (a[10])
```

ein Feld von 10 Zeigern auf Integer, während durch

```
int (*a)[10]
```

ein Zeiger auf ein Feld von 10 Integern vereinbart wird.

Ebenso bezeichnet

`int *()` bzw. `int *f()`

eine Funktion ohne Argumente, deren Ergebnis ein Zeiger auf `int` ist,

`int (*)(float)` bzw. `int (*f)(float)`

dagegen einen Zeiger auf eine Funktion mit einem Argument vom Typ `float` und Ergebnistyp `int`. □

6.5.2 Typnamenvereinbarung

Bei den Grundtypen unterscheiden wir zwischen Standardtypen, Klassen, die durch ihren Namen angesprochen werden oder auch als Ausprägungen von Schablonen auftreten können (siehe Kapitel 8) und dem Zeigertyp `void *`.

19 Typ:

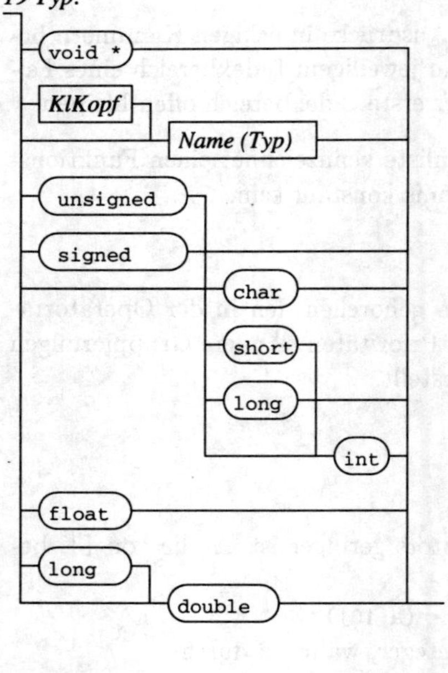

Eine Klassendefinition führt einen neuen **Typ** und damit auch einen neuen **Typnamen** ein. Das gilt auch für Aufzählungen, obwohl die so eingeführten Typen nur Unterbereiche der ganzen Zahlen beschreiben und keine vollwertigen Typen darstellen.

Neue Typnamen können auch mit einer **Typnamenvereinbarung** über `typedef` eingeführt werden.

Typnamenvereinbarung - aus 2 Deklaration:

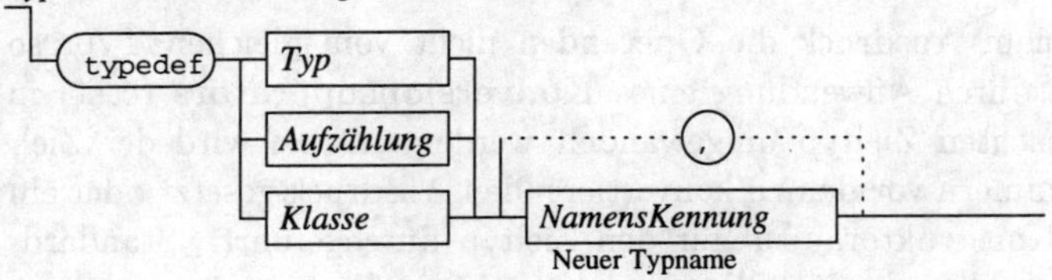

Der Name in der *NamensKennung* wird als Aliasname für den durch *Typ* und die Kennung festgelegten Typ eingeführt.

Beispiel 6–27: Typnamenvereinbarung

```
typedef int *ip;  // ip = Zeiger auf int
typedef int (*if)(int);  // if = Zeiger auf int-Funk-
                         // tion mit int-Argument
```

□

6.5.3 Typkonvertierung

In Ausdrücken sollen die Operanden vom gleichen Typ oder von einem verträglichen, d.h. konvertierbaren Typ sein. Was heißt das nun im Einzelnen.

Typgleichheit:

- T = T&
- T = const T = volatile T
- T& $\neq$ const T& $\neq$ volatile T&
- T* $\neq$ const T* $\neq$ volatile T*
- durch `typedef` umbenannte Typen sind gleich
- T* = T[] = T[n] = T[m] auch für $m \neq n$

- T(*)[n] $\neq$ T(*)[m] für $m \neq n$
- char $\neq$ unsigned char $\neq$ signed char

Typkonvertierbarkeit:

Sind in einem Ausdruck die Operanden nicht vom gleichen Typ, so können sie durch Anwendung eines **Konversionsoperators** (cast) in den gewünschten Zieltyp umgewandelt werden. Dabei wird der Zieltyp in Klammern vor den zu konvertierenden Ausdruck gesetzt oder ein expliziter Konstruktoraufruf für den Zieltyp durchgeführt. Standardtypnamen werden als einstellige Funktion aufgerufen.

Konversion - aus 23 RWert:

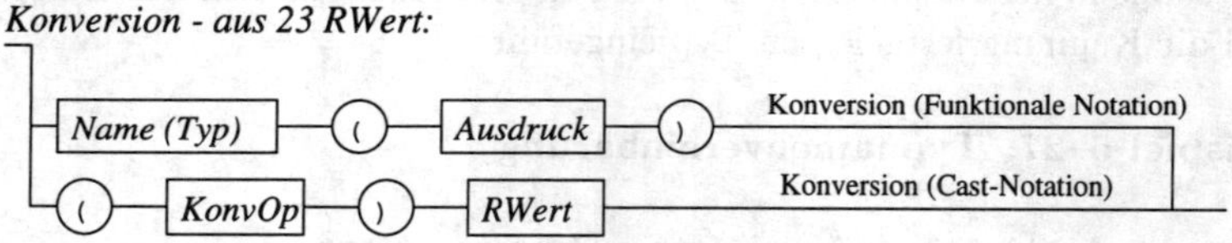

Ein beliebiger Wert kann durch Aufruf eines Konstruktors mit einem Argument, das von diesem Typ ist, in einen Klassentyp konvertiert werden. Umgekehrt können auch benutzerdefinierte Konversionsoperatoren ein Objekt in einen beliebigen anderen Typ umwandeln. Außerdem sind folgende Umwandlungen erlaubt.

Ganzzahl	$\longleftrightarrow$	Gleitkommazahl
`T*`	$\longleftrightarrow$	`S*`
`T*`	$\longleftrightarrow$	Ganzzahl
`T*`	$\longrightarrow$	`const T*`

Beispiel 6–28: Konversion

```
class complex
{
    float re, im;
public:
    complex(float r=0, float i=0): re(r), im(i) { }
}; //complex

    complex z;
    z = 5.2;
    z = 5;
```

□

Die arithmetischen Konvertierungen werden so durchgeführt, daß die Operanden auf den kleinsten gemeinsamen Obertyp gemäß folgenden Diagramms gebracht werden.

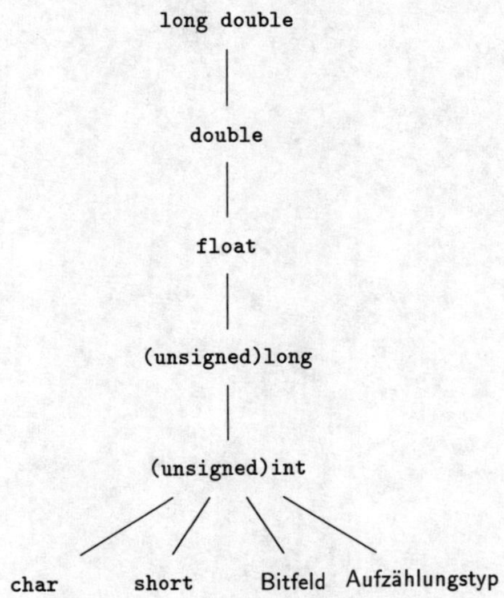

Ist aus dem Zusammenhang klar, welche Konvertierung durchgeführt werden muß, so braucht der Konversionsoperator oder der Konstruktor nicht explizit angegeben zu werden. Allerdings werden Umwandlungen, die zwei oder mehr Konversionsoperatoren benötigen, nicht automatisch ausgeführt.

7 Implementierung abstrakter Datentypen

In diesem Kapitel wollen wir anhand einiger Beispiele den Entwurf von objektorientierten Programmen behandeln.

Die Zusammenarbeit zwischen System– und Anwendungsprogrammierer wird um so erfolgreicher verlaufen, je mehr sich jeder auf seine Teilaufgabe konzentrieren kann und je klarer die Schnittstellen definiert sind. Das wird durch das Konzept **abstrakter Datentypen** (ADT) unterstützt, die sich durch Klassen realisieren lassen.

Wir erläutern erst einmal den Begriff abstrakte Datentypen. Im Gegensatz zu einer Datenstruktur, die durch eine Wertemenge gegeben ist, verstehen wir darunter eine Menge von Werten und Operationen. Die Repräsentation der Werte ist dabei je nach Standpunkt nicht wichtig, nicht sichtbar oder nicht beeinflußbar. Nach außen hin werden dem Benutzer des Typs vorgegebene Operationen zur Verfügung gestellt, indem deren Schnittstelle oder Aufrufcharakteristik bekannt gegeben wird. Die genaue Art und Weise, wie diese Operationen durchgeführt werden, entzieht sich wieder dem Einfluß bzw. Kenntnisstand des Anwenders. Es genügt ihm, die Wirkung zu kennen, die in Form von Axiomen oder einfacher durch textuelle Beschreibung mitgeteilt wird.

Beispiel 7–1: Beschreibung von int als ADT

> Als ADT betrachten wir den Typ `int`, der in der Tat abstrakt ist in dem Sinn, daß wir uns nicht um das Bitmuster der Werte zu kümmern brauchen. Als Operationen stehen unter anderen die vier Grundrechenarten `+,- ,*, /` sowie Ein– und Ausgabe zur Verfügung.
>
> Liegt die Summe zweier Zahlen `a` und `b` im Wertebereich des Typs `int`, so liefert `a + b` diese Summe, ansonsten sollte eine Bereichsüberschreitung gemeldet werden. Ähnliches gilt für die anderen Operationen. □

Für die Anwendbarkeit der Operationen sind also Vorbedingungen über den Zustand der Objekte zu erfüllen, andererseits garantiert ihre Ausführung eine für den neuen Zustand charakteristische Nachbedingung.

7.1 Die Zusicherung assert

Die formale Spezifikation einer Methode durch Vor– und Nachbedingung ist wichtig für den Nachweis der Korrektheit von Programmen. Eine Operation sollte entweder das gewünschte Ergebnis liefern oder eine Ausnahmesituation signalisieren. Das ist in der Praxis oft genug nicht der Fall, besonders bei Gleitkommarechnungen werden oft unnötig ungenaue Ergebnisse geliefert und akzeptiert, oder die Bereichsüberschreitung für zwei ganze Zahlen wird nicht gemeldet, so daß es passieren kann, daß eine Summe zweier großer positiver Zahlen negativ ist!

Trotzdem werden wir im folgenden unsere abstrakten Datentypen nicht formal spezifizieren, sondern uns auf eine textuelle Beschreibung der Schnittstelle beschränken, indem wir eine Charakterisierung des Wertebereichs und eine Tabelle der Operationen mit Argumentliste, Rückgabewert und Wirkung angeben. Die Korrektheit von einfachen Operationen ist in der Regel leicht aus dem Quelltext der Implementierung zu folgern.

Die Prüfung der Zulässigkeit der Eingabeobjekte, also der Vorbedingung, obliegt in vielen Fällen dem Anwender der Operation. So auch im Fall der ganzzahligen Addition, die in der Regel keinen Bereichsüberlauf meldet, sondern stets eine Zahl zurückliefert. Die Divisionsroutine prüft hingegen, ob das zweite Argument gleich `0` ist, und gibt eine entsprechende Fehlermeldung aus. Hier überprüft also die Methode selbst ihre Eingabedaten.

Zur Überprüfung von Vor– und Nachbedingungen steht in `C++` der **Zusicherungstest** zur Verfügung. Hinter `assert` wird eine beliebige Bedingung angegeben. Ist diese erfüllt, so läuft das Programm weiter, andernfalls wird es mit einer Fehlermeldung beendet. Der Zusicherungstest ist eigentlich keine `C++` –Anweisung, sondern nur ein Makro, welches mit dem Präprozessor umgesetzt wird. Dazu muß die Datei `assert.h` zum Programm inkludiert werden.

Beispiel 7–2: Sicherer Konstruktor für Brüche

Ähnlich wie wir oben die ganzen Zahlen als ADT betrachtet haben, wollen wir nun als eine Anwendung dieses Konzepts weitere arithmetische Datentypen mit zugehörigen Operationen einführen. Wir beginnen mit der bereits in Beispiel 5–11 betrachteten Klasse für Brüche, für die wir nun einen Konstruktor entwerfen, der überprüft, ob der Nenner ungleich 0 ist.

```
Bruch::Bruch(long Z=1, long N=1): Zaehler(Z), Nenner(N)
{
    assert(Nenner != 0);
}
```

□

Bei der Neudefinition von abstrakten Datentypen, die natürlich durch Klassen verwirklicht werden, kann die Aktivität vom Anwendungsprogrammierer ausgehen, der einem Systemprogrammierer einen Auftrag gibt, umgekehrt kann letzterer eine für ihn sinnvoll erscheinende Klasse entwerfen und sie dem zu diesem Zeitpunkt möglicherweise unbekannten Anwender zur Verfügung stellen. Natürlich werden oft Zwischenformen vorkommen wie Absprachen beider Programmierer. In der Regel wird auch der Anwendungsprogrammierer eigene Methoden entwickeln, die er selbst und auch andere wieder verwenden können.

Das Ziel, die Programme aus wiederverwendbaren Einheiten (Typen, Klassen, Methoden, Funktionen) zu schaffen, rückt also durch abstrakte Datentypen näher.

7.2 Strings und Listen als abstrakte Datentypen

Neben den arithmetischen Datentypen, denen wir uns erst in Abschnitt 4 widmen werden, treten ADT bei der Verwirklichung von Kollektionen, wie z.B. Listen, Mengen, Bäume auf.

Beispiel 7–3: Beschreibung von Listen als ADT

Am Beispiel einer einfachen Liste gleichartiger Werte (Adressen, ganze Zahlen) mit den Operationen Einfügen, Suchen und Löschen werden im Folgenden wesentliche Abstraktionsaspekte, wie Datenkapselung, Modularisierung und Kontrollabstraktion behandelt werden aber auch die Eigenständigkeit und Aktivität der Listenobjekte ausgenutzt werden.

ADT Liste			
Wert: Liste von gleichen Elementen			
Operationen:			
Name	**Rückgabetyp**	**Parameter**	**Wirkung**
Insert	`void`	1 Element x	fügt x in Liste ein
Search	`boolean`	1 Element x	sucht x in Liste
Delete	`boolean`	1 Element x	löscht ein Vorkommen von x in Liste
First	Element		liefert das erste Element der Liste
Konstruktor			legt leere Liste an
Destruktor			zerstört Liste

Da die flache Kopiersemantik für Listen gut paßt, definieren wir weder Kopierkonstruktor noch Zuweisungsoperator. □

Beispiel 7–4: Beschreibung von Strings als ADT

Ein weiteres Beispiel für einen abstrakten Datentyp, den wir auch schon verwendet haben, ist die Stringklasse `String`, von der wir bisher nur Teile der Schnittstelle kennen. Für einfache Anwendungen reicht es aus, zu wissen, daß ein String eine Zeichenkette ist, die entsprechend initialisiert, ausgedruckt und zugewiesen werden kann. Weitere Operationen wie etwa das Herauslesen eines Teilstrings oder die Hintereinanderreihung zweier Strings erhöhen die Funktionalität.

Die einfache Realisierung eines Strings als ein `char`–Feld schränkt durch die vorgegebene Maximallänge unnötig ein, erfüllt aber in der Regel die Wünsche des Anwenders. Wir kommen auf diese Weise schnell zu einem **Prototyp** (im Sinne von Ur- oder Ersttyp wörtlich zu verstehen), mit dem das weitere Programm formuliert und getestet werden kann und der später durch eine effizientere Zeigerimplementierung ersetzt werden kann.

Schnittstellenbeschreibung des ADT `String`:

ADT String			
Wert: Zeichenkette beliebiger Länge			
Operationen:			
Name	**Rückgabetyp**	**Parameter**	**Wirkung**
Length	`int`		Länge des Strings
Fill	`void`	`char`	Füllt String mit einem Zeichen
Reverse	String		Zeichenweises Umdrehen
Operator ()	String	2 Indizes	Liefert den durch die Indizes gegebenen Teilstring
Operator ()	String	1 Index	Liefert Teilstring bis zum Index
Operator `[]`	`char &`	Index	Zugriff auf die Zeichen im String
Operator `char *`	`char *`		Konversion auf Standardzeichenkette
Operator `+`	String	2 Strings	Konkatenation
Operator `==`	`boolean`	1 String	Test auf Gleichheit
Operator `!=`	`boolean`	1 String	Test auf Ungleichheit
Operator `<`	`boolean`	1 String	Test auf lexikographisches 'kleiner'
Operator `<=`	`boolean`	1 String	Test auf lexikographisches 'kleiner gleich'
Operator `<<`	`ostream &`	Ausgabestrom und String	Ausgabe
Operator `>>`	`istream &`	Eingabestrom und String	Eingabe
Read	`void`	`int`	Einlesen eines Strings vorgegebener Länge

ADT String			
Wert: Zeichenkette beliebiger Länge			
Operationen:			
Name	**Rückgabetyp**	**Parameter**	**Wirkung**
Operator =	String &	String &	Zuweisung
Konstruktor		`char *`	Legt einen String mit übergebenem Inhalt an
Konstruktor		`int`	Legt einen String von bestimmter Länge an
Konstruktor		`int, char`	Legt einen mit einem Zeichen gefüllten String von bestimmter Länge an
Konstruktor		String	Legt einen String als Kopie eines anderen an
Destruktor			Zerstört den String

□

Wir haben in unseren Beispielen sowohl Standardtypen als auch selbstdefinierte als ADT beschrieben. In der Tat wird durch die Realisierungsmöglichkeit für abstrakte Datentypen in `C++` (Kapselung und Operatorüberladung) der Unterschied zwischen Standard- und benutzerdefinierten Datentypen weitgehend aufgehoben.

Wir wollen uns in den folgenden Abschnitten mit diesen Themen und weiteren Merkmalen des Klassenkonzepts befassen.

7.3 Der implizite Selbstverweis `this`

Eine Methode operiert immer auf einem Objekt. Ein Verweis auf dieses Objekt ist sozusagen der erste Parameter der Methode, der aber nicht angegeben wird, denn alle Komponenten des Objekts sind ja in der Methodendefinition direkt sichtbar.

Wir wollen eine Klasse vereinbaren, die ein achsenparalleles Rechteck darstellt und dieses am Bildschirm zeichnen, bewegen, ausfüllen und wieder löschen kann.

Beispiel 7–5: Beschreibung von Rechtecken als ADT

ADT Rectangle			
Wert: Achsenparalleles Rechteck			
Operationen:			
Name	**Rückgabetyp**	**Parameter**	**Wirkung**
GetP1	Point		liefert linken unteren Eckpunkt
GetP2	Point		liefert rechten oberen Eckpunkt
Show	`void`		zeichnet Rechteck
Hide	`void`		verbirgt Rechteck
Fill	`void`		füllt Rechteck
Unfill	`void`		leert Rechteck
Move	`void`	2 Distanzangaben dx,dy	verschiebt Rechteck um dx horizontal und dy vertikal
Konstruktor		2 Punkte P1,P2	konstruiert Rechteck aus P1,P2

Diese Beschreibung verwendet den Typ Point zur Darstellung eines Bildschirmpunktes.

ADT Point			
Wert: Bildschirmpunkt			
Operationen:			
Name	**Rückgabetyp**	**Parameter**	**Wirkung**
GetX	`int`		x- Koordinate
GetY	`int`		y- Koordinate
Konstruktor		2 Zahlen x und y	konstruiert Punkt (x,y)
Move	`void`	2 Distanzangaben dx,dy	verschiebt Punkt um dx horizontal und dy vertikal

□

Da die Bildschirmausgabe geräteabhängig ist, ist dies ein weiterer Fall, in dem die Trennung von Schnittstelle und Implementierung nützlich oder sogar nötig ist. Werden die Operationen wie bei einem abstrakten Datentyp zur Verfügung gestellt, so sind alle Programme, die sie benutzen, ohne weiteres von einem Rechner auf den anderen portabel, lediglich die Implementierung der Rechteckmethoden muß neu geschrieben werden.

Dabei kann auch noch die interne Repräsentation des Rechtecks unterschiedlich sein, z.B. zwei Punkte oder ein Punkt und zwei Seitenlängen.

Beispiel 7–6: Rechtecke

```
class Point
{
public:
    Point(float init_x = 0.0, float init_y = 0.0)
    : x(init_x), y(init_y) { }

    float GetX() { return x; }
    float GetY() { return y; }
    void Move(float dx, float dy) { x += dx; y += dy; }
private:
    float x, y;
}; // Point


class Rectangle
{
public:
    Rectangle(Point init_P1, Point init_P2)
    : P1(init_P1), P2(init_P2), Visible(0), Filled(0) { }

    Point GetP1() { return P1; }
    Point GetP2() { return P2; }

    void Show() { Visible = 1; Draw(); }
    void Hide() { Visible = 0; Draw(); }

    void Fill() { Filled = 1; if (Visible) Draw(); }
    void Unfill() { Filled = 0; if (Visible) Draw(); }

    void Move(float dx, float dy)
    {
        int WasVisible = Visible;
        if (Visible) Hide();
        P1.Move(dx, dy);
        P2.Move(dx, dy);
        if (WasVisible) Show();
    }
```

```
private:
    Point P1, P2;
    int Visible;
    int Filled;

    void Draw()
    {
        if (Visible)
            ; // ... zeichen
        else
            ; // ... loeschen
    }
}; // Rectangle


void main()
{
    Point P1(0.0,10.5), P2(13.2,19.75);
    Rectangle R(P1, P2);

    R.Show();
    R.Fill();
    R.Move(3.4, -7.9);
    R.Unfill();
    R.Hide();
}
```

□

Wie gesagt, eine Methode operiert immer auf einem Objekt. So wirken alle Methoden auf das Rechteck `R`. Die einzelnen Methoden liefern kein Ergebnis zurück, sondern verändern den Zustand des Rechtecks implizit. Es kann nun aber hilfreich sein, das veränderte Objekt selbst als Ergebnis eines Methodenaufrufs zu erhalten. Dann sind Aufrufketten wie „Zeige das gefüllte und dann verschobene Rechteck !“ oder

```
R.Fill().Move(3.4,-7.9).Show();
```

möglich.

Man braucht also einen expliziten Verweis auf das betroffene Objekt, wenn eine Methode als Ergebnis das veränderte Objekt, eine Referenz oder einen Zeiger darauf zurückgeben soll, denn als Ausdruck für die **return**–Anweisung muß ja das Objekt genannt werden.

Dieser Verweis heißt in **C++** **this**. **this** ist ein Zeiger auf das Objekt, für welches die Methode aufgerufen wird.

Ändern wir in unserer obigen Rechteckklasse die Methoden so, daß sie eine Referenz auf ein Rechteck zurückliefern, so lassen sich mehrere auf ein Objekt bezogene Aktionen in einem Ausdruck zusammenfassen.

Beispiel 7–7: Rechtecke – Version 2

```
class Point
{
public:
    Point(float init_x = 0.0, float init_y = 0.0)
    : x(init_x), y(init_y) { }

    float GetX() { return x; }
    float GetY() { return y; }
    void Move(float dx, float dy) { x += dx; y += dy; }
private:
    float x, y;
}; // Point


class Rectangle
{
public:
    Rectangle(Point init_P1, Point init_P2)
    : P1(init_P1), P2(init_P2), Visible(0), Filled(0) { }

    Point GetP1() { return P1; }
    Point GetP2() { return P2; }

    Rectangle & Show()
    {
        Visible = 1; Draw(); return *this;
    }
    Rectangle & Hide()
    {
        Visible = 0; Draw(); return *this;
    }

    Rectangle & Fill()
    {
        Filled = 1; if (Visible) Draw(); return *this;
    }
```

```
        Rectangle & Unfill()
        {
            Filled = 0; if (Visible) Draw(); return *this;
        }

        Rectangle & Move(float dx, float dy)
        {
            int WasVisible = Visible;
            if (Visible) Hide();
            P1.Move(dx, dy);
            P2.Move(dx, dy);
            if (WasVisible) Show();
            return *this;
        }
    private:
        Point P1, P2;
        int Visible;
        int Filled;

        void Draw()
        {
            if (Visible)
                ; // ... zeichen
            else
                ; // ... loeschen
        }
    }; // Rectangle


    void main()
    {
        Point P1(0.0,10.5), P2(13.2,19.75);
        Rectangle R(P1, P2);

        R.Show().Fill().Move(3.4, -7.9).Unfill().Hide();
    }
```

□

7.4 Überladen von Funktionen und Operatoren

Der Programmierer kann problemangepaßte Datentypen als Wertemenge mit zugehörigen Operationen definieren, Objekte von diesen Typen anlegen, initialisieren und mit Klassen zugehörigen Methoden oder globalen Funktionen verknüpfen. Die Funktionen werden nicht nur durch ihren Namen, zu dem bei Methoden der Objektname oder der qualifizierende Klassenname gehört, identifiziert, sondern auch durch Anzahl und Typ ihrer Argumente. Der gleiche Name kann also für verschiedene Funktionen benutzt werden. Natürlich sollte man dieses **Überladen** von Funktionsnamen nur für Funktionen verwenden, deren Semantik ähnlich ist.

Überladen bedeutet also, daß ein Symbol oder Name gleichzeitig mehrere Bedeutungen hat. Im Gegensatz dazu steht das **Verdecken** von globalen Namen in Klassen oder Funktionsdefinitionen. Das Verwenden gleicher Namen in verschiedenen Klassendefinitionen ist dagegen keins von beiden, denn diese liegen in verschiedenen Gültigkeitsbereichen und können in einem übergeordneten Bereich nur durch Kennzeichnen mit einem Objekt oder Klassennamen, also eigentlich nur mit verschiedenen Namen angesprochen werden.

Beispiel 7–8: Maximum

```
int max(int x, int y)
{
    return x > y ? x : y;
}

int max(int a[], int dim)
{
    int temp_max = a[0];
    for (int i=1; i<=dim; i++)
        if (a[i] > temp_max) temp_max = a[i];
    return temp_max;
}
```

□

Beispiel 7–9: Komplexe Exponentialfunktion

```
#include <iostream.h>
#include <math.h>

class Complex
{
public:
    Complex(double init_re, double init_im)
    : re(init_re), im(init_im) { }

    double Re() { return re; }
    double Im() { return im; }
private:
    double re, im;
}; // Complex


Complex exp(Complex z)
{
    double tmp = exp(z.Re());
    return Complex(tmp*cos(z.Im()), tmp*sin(z.Im()));
}


void main()
{
    Complex y(0.7,-0.9);
    cout << exp(y) << endl;
}
```

□

Beispiel 7–10: Addition für Brüche und komplexe Zahlen

```
// kleinstes gemeinsames Vielfaches

long kgV(long a, long b)
{
    long g = ggT(a,b);
    return (a/g)*(b/g);
}
```

```
Bruch Bruch::Add(Bruch B)
{
    Bruch Sum;
    long HN = kgV(Nenner, B.Nenner);  // Hauptnenner
    Sum.Nenner = HN;
    Sum.Zaehler = Zaehler*(HN/Nenner)+
                  B.Zaehler*(HN/B.Nenner);  // Erweitern
    Kuerzen();
    return Sum;
}

Complex Complex::Add(Comlex z)
{
    return Complex(Re()+z.Re(), Im()+z.Im());
}
```

Wir können jetzt in einem Programm sowohl Brüche addieren als auch komplexe Zahlen. Beide Methoden heißen `Add`.

```
Bruch a(1,5), b(2,7), c(-1,4);
Bruch d = a.Add(b.Add(c));  // d = a+(b+c)

Complex i(0,1), v(-8.4,0.99), w(42.0,13.7);
Complex x;
x = i.Add(v);  // x = i+v
x = v.Add(i);  // x = v+i
x = v.Add(w.Add(i.Add(v)));  // x = v+(w+(i+v))
```

□

Wir sehen aber auch, daß noch ein Unterschied zwischen benutzerdefinierten Klassen und Standardtypen besteht, für die nämlich durch die vordefinierten Operatoren eine Verknüpfung in der üblichen Infixschreibweise möglich ist.

```
int a=5, b=7, c=-4;
int d = a + b + c;
```

Offensichtlich ist die gewohnte Schreibweise übersichtlicher und deshalb weniger fehleranfällig als die mittels Methodenaufruf.

Um diesen letzen Unterschied auch zu überwinden, erlaubt C++ das **Überladen von Operatoren**. Dadurch wird eine Klasse, also ein benutzerdefinierter Typ, zu einem Standardtyp.

In C++ als einer ausdrucksorientierten Sprache existiert nun eine Vielzahl von Operatoren, auch solche die wir eher als Anweisung, wie z.B. **delete** oder Erweiterung von Variablennamen zur Komponentenauswahl, wie z.B. [] auffassen würden. Wir werden sehen, daß auch die „Ein– und Ausgabeanweisungen" nichts weiter als überladene Operatoren sind.

Die meisten Operatoren sind überladbar. Wir verweisen auf die Operatortabelle im Anhang, in der die nicht überladbaren Operatoren gekennzeichnet sind.

Die Überladung eines Operators geschieht durch eine entsprechende Methoden– oder Funktionsdefinition.

4 MethDef:*

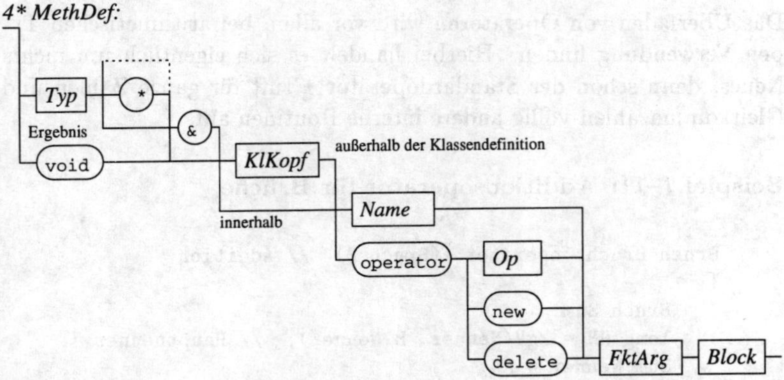

Semantik: Operatorüberladung

- In einer Funktionsdefinition fehlt der Klassenkopf. Sie gleicht also einer Methodendefinition innerhalb einer Klassendefinition.
- Der überladene Operator muß entweder eine Methode sein oder mindestens ein Argument von einem Klassentyp aufweisen.
- Deshalb ist kein Verdecken der Operatoren mit vordefinierter Bedeutung möglich und es können keine neuen Operatoren für Standardtypen oder für Felder angegeben werden.

- Die Argumentanzahl ist die gleiche wie bei dem Standardoperator, bei Methoden ist dabei das implizite Argument mitzuzählen.
- Überladene Operatoren besitzen gleiche Priorität und gleiche Assoziativität wie der Standardoperator.
- Der Aufruf erfolgt als Operator (infix, prefix, postfix) oder als Funktion (z.B.: **operator+(...)**)
- Zur Identifikation werden der Operator sowie Typ und Reihenfolge der Argumente, aber nicht der Resultatstyp herangezogen.
- Durch das Überladen können gewohnte Zusammenhänge verloren gehen. So braucht z.B. **x++** nicht mehr gleich **x+1** zu sein. Durch Überladen des Zuweisungsoperators = und des Additionsoperators + wird der kombinierte Operator += nicht automatisch überladen.

Das Überladen von Operatoren wird vor allem bei arithmetischen Typen Verwendung finden. Hierbei handelt es sich eigentlich um nichts Neues, denn schon der Standardoperator + ruft für ganze Zahlen und Gleitkommazahlen völlig andere interne Routinen auf.

Beispiel 7–11: Additionsoperator für Brüche

```
Bruch Bruch::operator +(Bruch B)  // Addition
{
    Bruch Sum;
    long HN = kgV(Nenner, B.Nenner);  // Hauptnenner
    Sum.Nenner = HN;
    Sum.Zaehler = Zaehler*(HN/Nenner)+
                  B.Zaehler*(HN/B.Nenner);  // Erweitern
    Sum.Kuerzen();
    return Sum;
}

void main()
{
    Bruch A(1,2), B(2,3), C(-3,7), D(3,-2);
    Bruch E
    E = A + B + C + D;  // E == -16/21
}
```

□

Die weiteren Operatoren für Brüche werden in Beispiel 7–16 eingeführt.

Da der Zuweisungsoperator = für Klassen komponentenweise kopiert, braucht er für diese Klasse nicht neu definiert zu werden.

Das ist beim Beispiel der Stringklasse anders. Bei der Zuweisung von Strings erwartet man eigentlich, daß die gesamte Zeichenkette kopiert wird, also eine tiefe Kopiersemantik (siehe Abschnitt 6.3) vorliegt, während der Standardoperator = nur den Zeiger kopiert.

Wir bringen jetzt die komplette Definition der Stringklasse.

Beispiel 7–12: Stringklasse komplett

```
#include <iostream.h>
#include <string.h>
#include <stdlib.h>
#include <assert.h>

enum boolean {false, true};

class String
{
public:
      // Konstruktoren
    String(const char *cp="");
    String(unsigned len);
    String(unsigned len, char toFill);
    String(const String &toCopy);

      // Destruktor
    ~String() { delete theString; }

      // Zuweisungsoperator
    String & operator = (const String &toAssign);

      // Laenge
    int Length() const { return length-1; }

      // Fuellen mit Zeichen
    void Fill(char toFill);

      // Umdrehen
    String Reverse() const;
```

```
        // Slices
     String operator () (unsigned start, unsigned end)const;
     String operator () (unsigned start) const;

        // Elementzugriff
     char & operator [] (unsigned i);

        // Konversion
     operator char*() const;

        // Konkatenation
     friend String operator + (const String &S1,
                               const String &S2);
        // Vergleich
     friend boolean operator == (const String &S1,
                                 const String &S2);
     friend boolean operator != (const String &S1,
                                 const String &S2);
     friend boolean operator <  (const String &S1,
                                 const String &S2);
     friend boolean operator <= (const String &S1,
                                 const String &S2);
        // Ein- und Ausgabe
     friend ostream & operator << (ostream &out,
                                   const String &S);
     friend istream & operator >> (istream &in, String &S);
     void Read(unsigned i);
 private:
     char *theString;
     int length;
 }; // String

 String::String(const char *cp)
 {
     length = strlen(cp);
     theString = new char[length+1];
     strcpy(theString, cp);
 }

 String::String(unsigned len)
 {
     length = len;
     theString = new char[length+1];
     theString[length] = '\0';
 }
```

```
String::String(unsigned len, char toFill)
{
    length = len;
    theString = new char[length+1];
    Fill(toFill);
    theString[length] = '\0';
}

String::String(const String &toCopy)
{
    length = toCopy.length;
    theString = new char[length+1];
    strcpy(theString, toCopy.theString);
}

String & String::operator = (const String &toAssign)
{
    if (length != toAssign.length)
    {
        delete theString;
        length = toAssign.length;
        theString = new char[length+1];
    }
    strcpy(theString, toAssign.theString);
    return *this;
}

void String::Fill(char toFill)
{
    for (int i=0; i<length; theString[i++] = toFill);
}

String String::Reverse() const
{
    String S(length);
    for (int i=0; i<length; i++)
        S.theString[i] = theString[length-i-1];
    return S;
}

String String::operator () (unsigned start,
                            unsigned end   ) const
{
    assert(start > 0 && end <= length && start <= end);
    int newlength = end-start+1;
```

```
    String S(newlength);
    strncpy(S.theString, theString+start-1, newlength);
    return S;
}

String String::operator () (unsigned end) const
{
    assert(end > 0 && end <= length);
    return (*this)(1, end);
}

char & String::operator [] (unsigned i)
{
    assert(i > 0 && i <= length);
    return theString[i-1];
}

String::operator char*() const
{
    char *cp = new char[length];
    strcpy(cp, theString);
    return cp;
}

String operator + (const String &S1, const String &S2)
{
  String S(S1.length+S2.length);
  strcpy(S.theString, S1.theString);
  strcat(S.theString, S2.theString);
  return S;
}

boolean operator == (const String &S1, const String &S2)
{
    return !strcmp(S1.theString, S2.theString);
}

boolean operator != (const String &S1, const String &S2)
{
    return !(S1==S2);
}
```

```
boolean operator < (const String &S1, const String &S2)
{
    return strcmp(S1.theString, S2.theString);
}

boolean operator <= (const String &S1, const String &S2)
{
    return S1<S2 || S1==S2;
}

ostream & operator << (ostream &out, const String &S)
{
    out << S.theString;
    return out;
}

istream & operator >> (istream &in, String &S)
{
    in >> S.theString;
    S.length = strlen(S.theString);
    return in;
}

void String::Read(unsigned i)
{
    length = i;
    delete theString;
    theString = new char[length+1];
    cin >> theString;
}
```

□

Beim Zuweisungsoperator sehen wir wieder die Ergebnisrückgabe mittels des `this`–Zeigers. Außerdem vereinbaren wir in dieser Klasse eine neue Bedeutung für den `[]`–Operator. Der Ergebnistyp ist ein Referenztyp, damit der Aufruf als L-Wert auch links von einem Zuweisungsoperator stehen kann.

Den Unterschied zwischen der neuen, tiefen Zuweisung und der flachen Standardzuweisung erläutert das folgende Beispiel.

Beispiel 7–13: Zuweisung von Strings

```
#include "string.hpp"

void main()
{
    String S1="Listen", S2;
    S2 = S1;
    S2[2] = 'a';

    S1.Print();  // Ausgabe: "Listen"
    cout << endl;
    S2.Print();  // Ausgabe: "Lasten"
}
```

Ohne Überladung des Zuweisungsoperators wäre zweimal `Lasten` ausgedruckt worden. □

Wir führen eine Matrixklasse ein, für die hier nur der Elementzugriff angegeben wird. Weil für den Indexoperator `[]` nur zwei Argumente erlaubt sind und deshalb nicht der Feldname und zwei Indizes übergeben werden können, müßte ein Vektortyp für Felder mit einem Indexbereich vereinbart und `[]` zweimal überladen werden, um auf die Elemente zugreifen zu können. Da diese Schreibweise nicht sehr bequem ist, überladen wir den Funktionsaufrufoperator.

Beispiel 7–14: Matrixelementzugriff

```
#include <assert.h>

typedef double T;

class Matrix
{
public:
    Matrix(unsigned rows, unsigned cols)
    {
        m = rows;
        n = cols;
        M = new T[m*n];
    }
```

```
    ~Matrix() { delete M; }

    T & operator ()(unsigned row, unsigned col) const
    {
        // Range-Check
        assert(row && row<=m && col && col<=n);
        return *(M+(row-1)*n+col-1);
    }
private:
    unsigned m, n;
    T *M;
};


void main()  // Erzeugt Einheitsmatrix
{
    Matrix A(5,5);
    for (int i=1; i<=5; i++)
        for (int j=1; j<=5; j++)
            A(i,j) = i==j;
}
```

□

Wir wählen Operator bzw. Funktionsnamen immer so, daß ein gewisser Rückschluß auf ihre Wirkung möglich ist und nicht unbedacht alles halbwegs Zusammengehörige mit nur einem Namen angesprochen wird. Es ist durchaus sinnvoll beim Einfügen in eine Liste schon beim Methodennamen deutlich zu machen, daß hinter einem Element oder an einer Position eingefügt wird: `insert_behind` oder `insert_atpos`.

Die Erkennung und Auswahl des richtigen Unterprogramms (Funktion, Methode, Operator) wird vom Compiler wie folgt durchgeführt.

- Betrachte Funktion mit Default–Argumenten als Menge von Funktionen mit verschiedener Anzahl von Argumenten.
- Füge implizites erstes Argument einer Methode hinzu.
- Suche alle Funktionen (Operatoren) gleichen Namens und gleicher Argumentzahl.
- Konstruiere für jedes Argument unabhängig die Menge der passenden Funktionen. Eine Funktion ist für ein aktuelles Argument passend, falls dieses typgleich oder konvertierbar (nicht für implizites

Methodenargument) zu dem entsprechenden formalen Argument der Funktionsdefinition ist.

- Bilde den Durchschnitt aller passenden Funktionen.
- Enthält dieser nur eine Funktion, und paßt diese für mindestens ein Argument echt besser (Gleichheit statt Konvertierbarkeit) als die anderen, so wähle diese Funktion.
- Sonst Fehler: Funktion ist mehrdeutig.
  ```
  int f(double,int);
  String f(int,double);
  ```
  ist ein Beispiel für eine mehrdeutige Überladung.

Es werden also die in Abschnitt 6.5 definierten Regeln zur Typgleichheit und Konvertierbarkeit verwendet. Danach wird ein beliebiger Typ `T` automatisch in einen Klassentyp `K` konvertiert, falls `K` einen Konstruktor mit einzigem Argument vom Typ `T` besitzt. Obwohl das im Einzelfall sehr bequem und hilfreich sein kann, so ist dieser Mechanismus dennoch mit Vorsicht zu verwenden, um ungewollte Konvertierungen zu vermeiden.

Beispiel 7–15: Tausch komplexer Zahlen

Wir schreiben eine einfache Funktion zum Tausch zweier komplexer Zahlen.

```
class complex
{
    float re,im;
public:
    complex(float x=0, float y=0): re(x), im(y) { }
}

void swap(complex &c1, complex &c2)
{
    complex c3=c1; c1=c2; c2=c3;
}

void main()
{
    complex i(0,1), e(2.7182818);
    float r(1.0), s(2.0);
```

```
    swap(i,e);          // legal und funktioniert
    swap(i,r);          // legal aber geht schief
    swap(r,s);          // legal aber geht schief
}
```

Der erste Aufruf von `swap` findet die Funktion für exakt gleiche Argumenttypen. Der zweite Aufruf dagegen nicht, da aber durch Ausbreitung des Konstruktors auch einer für ein einziges `float` Argument entsteht, kann die Konversion stattfinden, der Aufruf ist also legal. Die Konversion erzeugt ein temporäres Objekt vom Typ `complex`, dessen Adresse wird übergeben und der Inhalt mit i vertauscht. `r` ändert sich also nicht. Das ist auch gut so, denn wie sollte `r` einen `complex` Wert aufnehmen. Durch das Erzeugen temporärer `complex` Objekte bleiben auch beim dritten Aufruf r und s unverändert. □

Solche Effekte lassen sich vermeiden, wenn stets der Konversionsoperator explizit angegeben wird.

7.5 Befreundete Funktionen und Operatoren

Noch haben wir die völlige Analogie zwischen Standardausdrücken und solchen mit benutzerdefinierten Operatoren nicht erreicht.

Betrachten wir etwa das Beispiel der Addition von Brüchen:

```
Bruch B(1,3);
int i = 1;
```

Dann ist folgender Ausdruck legal:

```
B = B + Bruch(i);
```

Das zweite oder explizite Argument des `+`–Operators wird mittels Konstruktoraufruf in `Bruch` konvertiert. Dies geschieht auch automatisch, so daß

```
B = B + i;
```

das gleiche bedeutet. Dieser Ausdruck ist jedem Mathematiker sofort klar und er wird diese Kurzschreibweise bevorzugen.

Die automatische Konvertierung wird jedoch nur für explizite Argumente, also nicht für das implizite Klassenargument einer Methode, d.h. den linken Operanden, durchgeführt.

Der Ausdruck

```
B = i + B;
```

ruft also einen Fehler zur Übersetzungszeit hervor. Dieses Verhalten entspricht nicht der erwarteten Kommutativität von +. Deshalb sind für arithmetische Operatoren befreundete Operatordefinitionen zu empfehlen, denn sie ermöglichen die automatische Konvertierung aller Argumente.

Eine Funktion oder ein Operator kann innerhalb einer Klassendefinition als **Freund** der Klasse vereinbart werden und bildet so eine neue Art von Komponenten.

Freundfunktion - aus 14 Komponente:

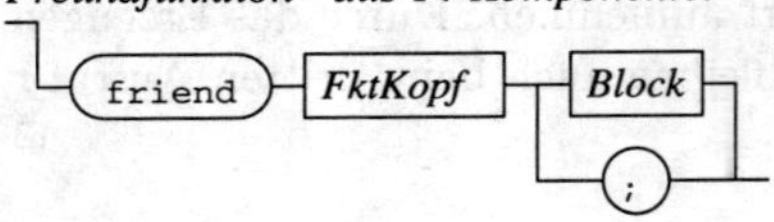

Bei Operatoren, die als Freunde einer Klasse vereinbart werden, sind beide Operanden explizit und daher erreichbar für die automatische Konvertierung.

Der Rumpf einer Funktion hat Zugriffsrechte auf alle Daten der Klassendefinition, als deren Freund er eingeführt ist. Diese Aufweichung der Datenkapselung durch eine Klasse entspricht eigentlich nicht dem strengen Konzept der abstrakten Datentypen, ist aber insofern zu vertreten, als ja in der Klasse selbst die Freundbeziehung definiert werden muß, und es dadurch unmöglich gemacht wird, sich von außen die Freundschaft einer Klasse und damit Zugriff auf alle privaten Daten zu verschaffen.

Beispiel 7–16: Bruchrechnung

Jetzt können wir die Verknüpfungen für Brüche so definieren, daß mit ganzen Zahlen und Brüchen wie gewohnt gerechnet werden kann.

```
#include <math.h>
#include <assert.h>
```

```
long ggT(long a, long b)
{
    long r;
    for ( ; r=a%b; a=b, b=r);
    return b;
}

long kgV(long a, long b)
{
    long g = ggT(a,b);
    return a/g*b;
}

class Bruch
{
public:
    Bruch(long Z=1, long N=1): Zaehler(Z), Nenner(N)
    {
        assert(Nenner != 0);
        Kuerzen();
    }

     // Referenzen auf Zaehler und Nenner
    long &Z() { return Zaehler; }
    long &N() { return Nenner; }

    Bruch Rezip()  // Reziprok-Bruch
    {
        assert(Zaehler != 0);
        return Bruch(Nenner, Zaehler);
    }

    Bruch operator +()  // Unaeres Plus
    {
        return *this;
    }

    Bruch operator -()  // Unaeres Minus
    {
        return Bruch(-Zaehler, Nenner);
    }

     // Grundrechenarten
    friend Bruch operator +(Bruch B1, Bruch B2);
    friend Bruch operator -(Bruch B1, Bruch B2);
```

```
    friend Bruch operator *(Bruch B1, Bruch B2);
    friend Bruch operator /(Bruch B1, Bruch B2);
private:
    long Zaehler, Nenner;

    void Kuerzen()
    {
        long g = ggT(abs(Zaehler), abs(Nenner));
        Zaehler /= g;
        Nenner /= g;
        if (Zaehler < 0 && Nenner < 0)
        {
            Zaehler *= -1;
            Nenner  *= -1;
        }

    }
}; // Bruch


Bruch operator +(Bruch B1, Bruch B2)
{
    Bruch Sum;
    long HN = kgV(B1.Nenner, B2.Nenner);  // Hauptnenner
    Sum.Nenner = HN;
    Sum.Zaehler = B1.Zaehler*(HN/B1.Nenner)+
                  B2.Zaehler*(HN/B2.Nenner);  // Erweitern
    Sum.Kuerzen();
    return Sum;
}


Bruch operator -(Bruch B1, Bruch B2)
{
    return B1 + (-B2);
}


Bruch operator *(Bruch B1, Bruch B2)
{
    Bruch Prod;
      // kreuzweise kuerzen
    Bruch X(B1.Zaehler, B2.Nenner);
    Bruch Y(B2.Zaehler, B1.Nenner);
      // ausmultiplizieren
```

```
        Prod.Zaehler = X.Zaehler * Y.Zaehler;
        Prod.Nenner  = X.Nenner  * Y.Nenner;
        return Prod;
    }


    Bruch operator /(Bruch B1, Bruch B2)
    {
        return B1 * B2.Rezip();
    }


    void main()
    {
        Bruch A(1,2), B(-9,7), C(21,54), E;
        long i=3, j=-1;

        E = 2 + ((i + A + j) * B) / 5 - C;  // E == 61/63
    }
```

□

7.6 Ein–und Ausgabe durch Überladung

In diesem Abschnit wollen wir nur ganz kurz die Implementierung der Standardeingabe und –ausgabe mit Hilfe von Datenströmen darstellen und damit auch die sprachgerechte Definition von neuen Ein– oder Ausgaberoutinen durch Überladen der Operatoren `>>` und `<<` verständlich machen.

Ein **Datenstrom** oder **Stream** ist ein abstrakter Datenfluß von einer Quelle zu einer Senke. Streams werden verwirklicht durch Klassen, die Eingabe-Klasse `istream` und die Ausgabe-Klasse `ostream`.

Diese Klassen sind zusammen mit folgenden Standard-Streamobjekten in `iostream.h` vordefiniert:

`cin`	Standard-Eingabestrom
`cout`	Standard-Ausgabestrom
`cerr`	Standard-Fehlerausgabestrom

Wir listen einige Methoden dieser Klassen auf.

Wichtige Methoden von istream

`eof()`	testet Ende des Eingabestroms
`get(char &ch)`	liest ein Zeichen
`read(char *buffer, int n)`	liest n Zeichen

Methoden von ostream:

`put(char ch)`	schreibt ein Zeichen
`write(char *buffer, int n)`	schreibt n Zeichen

Im Normalfall braucht der Benutzer allerdings keine dieser Methoden direkt aufzurufen, denn für alle Standardtypen sind die Operatoren `>>` für Eingabe bzw. `<<` für Ausgabe vordefiniert, die eine Referenz auf `istream` bzw. `ostream` als Ergebnis liefern und deshalb mehrfach hintereinander aufgerufen werden können. Wir haben das bisher schon so verwendet, als ob Ein- und Ausgabeanweisungen vorlägen. Das ist insofern berechtigt, als der Rückgabewert hier nicht von Interesse ist. Wir bleiben deshalb bei unserer syntaktischen Beschreibung.

Ein/Ausgabe - aus 12 Anweisung:

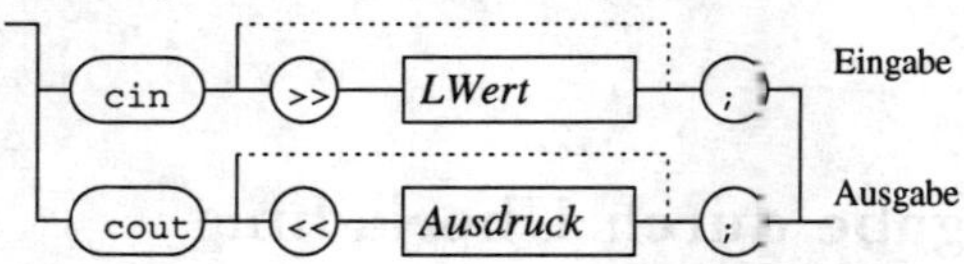

Eingaberoutinen für eigene Klassen erhält man durch Überladen von `>>` als `istream & operator` und Ausgaberoutinen entsprechend aus `<<` als `ostream & operator`.

Hierbei tritt nun wieder ein kleines Problem auf. `>>` und `<<` sollten als Methoden der entsprechenden Datenstromklasse vereinbart werden, damit diese als linker Operand auftreten kann. Sie brauchen andererseits Zugriff auf alle Interna der einzulesenden bzw. auszugebenden Benutzerklasse. Deshalb werden sie als befreundete Operatoren der Benutzerklasse vereinbart. Sie haben damit zwar keine Zugriffsmöglichkeit auf die geschützten Komponenten der Datenstromklassen, aber das ist auch nicht nötig.

Wir greifen nochmals die Bruch- und die Matrixklasse aus dem vorigen Abschnitt auf und definieren für diese beiden Ein- und Ausgabeoperatoren.

Beispiel 7–17: Ein– und Ausgabeoperatoren

```
ostream & operator << (ostream & os, Bruch B)
{
    os << B.Zaehler << '/' << B.Nenner;
    return os;
}

istream & operator >> (istream & is, Bruch &B)
{
    is >> B.Zaehler >> B.Nenner;
    return is;
}

void main()
{
    Bruch A(13,42), B;
    cin >> B;
    cout << A*B;
}

ostream & operator << (ostream & os, const Matrix &A)
{
    for (int i=1; i<=A.m ; i++)
    {
        for (int j=1; j<=A.n; j++)
        {
            os.width(5);
            os << A(i,j);
        }
        os << endl;
    }
    return os;
}

istream & operator >> (istream & is, Matrix &A)
{
    for (int i=1; i<=A.m ; i++)
        for (int j=1; j<=A.n; j++)
        {
            cout << "A[" << i << ',' << j << "]:";
            is >> A(i,j);
        }
    return is;
}
```

```
void main()  // Matrix einlesen und ausgeben
{
    Matrix A(7,2);
    cin >> A;
    cout << A;
}
```

□

Implementierungsabhängig können die folgenden **Manipulatoren** in eine Folge von Ein–bzw. Ausgabewerten eingebettet werden. Sie ändern den Stream-Status als erwünschten Nebeneffekt.

`dec`	Dezimal-Konvertierung
`hex`	Hexadezimal-Konvertierung
`oct`	Oktal-Konvertierung
`endl`	Zeilenumbruch
`ends`	0-Byte einfügen
`flush`	Ausgabe-Puffer leeren
`fill(int)`	Füllzeichen setzen
`precision(int)`	Genauigkeit für Ausgabe setzen
`width(int)`	Feldbreite setzen

Auch Ein–/Ausgabe auf externe, permanente Dateien ist möglich. Diese werden als Objekte der Klasse `ifstream` oder `ofstream` vereinbart. Diese Klassen haben die gleichen Methoden wie `istream` oder `ostream`. Ihr Konstruktor erwartet einen String als Parameter, der den externen Dateinamen bezeichnet.

Beispiel 7–18: Zugriff auf externe Dateien

```
#include <fstream.h>

void main()
{
    ofstream out("test.txt");

      // Quadratzahlen in Datei schreiben
```

```
        for (int i=1; i<=100; i++)
            out << i*i << endl;
        ifstream in("test.txt");

          // wieder lesen und ausgeben
        in >> i;
        while (in) {
            cout << i << endl;
            in >> i;
        }
    }
```

□

7.7 Datenkapselung

Die Schnittstelle einer einen abstrakten Datentyp realisierenden Klasse besteht aus den Köpfen der öffentlich aufrufbaren Methoden zusammen mit den sichtbaren Attributen. Sie gehört zum öffentlichen Teil der Klassendefinition.

Ein Objekt verwaltet seinen Zustand, indem es Methoden ausführt, die von außen oder von anderen Objekten aufgerufen werden. Die den Zustand beschreibenden Attribute sind üblicherweise vor dem Zugriff von außen geschützt, befinden sich also wie interne Methoden im geschützten Teil der Klassendefinition. Sie sind gekapselt.

Die beiden Teile werden durch Voranstellen des entsprechenden Zugriffsreglers (`public` bzw. `private`) gekennzeichnet. Dabei gilt eine Zugriffsregelung solange, bis sie durch einen anderen Regler aufgehoben wird. Die Voreinstellung ist dabei `private`.

Wir empfehlen die Klassendefinition so anzulegen, daß der öffentliche Teil am Anfang und der geschützte am Ende steht. So kann sich der Leser, der sich nur für die Verwendung, also für die Schnittstelle interessiert, am schnellsten einen Überblick verschaffen.

Ein Zugriff von öffentlichen Methoden auf geschützte Attribute, die ja dann erst später vereinbart werden, widerspricht nicht der Regel Vereinbarung vor Verwendung, da die gesamte Klassenvereinbarung global für die Rümpfe der Methoden liegt.

Betrachten wir unser Listenbeispiel. Bevor wir die Klasse, deren Schnittstelle in Beispiel 7–3 angegeben wurde, in C++ implementieren, wollen wir sie verwenden und damit ein Programm schreiben, welches aus einer gegebenen Liste alle Doppelvorkommen von Werten entfernt.

Beispiel 7–19: Entferne Doppelvorkommen aus Liste

Gegeben sei eine Liste `L` von Elementen des Typs `T`, deren erstes Element `First` mit der Methode `GetFirst` erhalten wird, und die einfügen (`Insert`) und löschen (`Delete`) gestattet. Dann kann man wie folgt vorgehen:

1. Schreibe `L.First` in eine neue Liste `M`
2. Lösche alle Vorkommen von `L.First` aus `L`
3. Wiederhole 1. und 2. bis `L` leer ist

In C++ sieht die Funktion `Purge` so aus:

```
void purge(List &L)
{
    List M;
    while (!L.Empty())
    {
        T x=L.GetFirst();
        M.Insert(x);
        while (L.Delete(x))
            ;
    }
}
```

□

Es ist also möglich und macht Sinn, die Listenklasse zu verwenden ohne ihre Implementierung zu kennen.

Dieser widmen wir uns jetzt. Die Listenoperationen hängen eigentlich nicht von dem Elementtyp ab, für diesen muß lediglich der Vergleichsoperator == bekannt sein. Wir nennen den Typ in einer Typnamensdefinition `T` und können so mit einer einzigen Änderung das Listenprogramm für beispielsweise eine Liste ganzer Zahlen in eines für Adressen umwandeln. Im nächsten Kapitel werden wir mit der Generizität ein Sprachmittel kennenlernen mit dessen Hilfe diese Änderung automatisiert wird, und der Listentyp regelrecht mit dem Elementtyp parametrisiert wird.

Als Datenstruktur wählen wir eine einfach verkettete Liste mit einem Zeiger auf das erste Element. Die leere Liste wird durch den Nullpointer dargestellt. Der Listenelementtyp ist in diesem Fall nicht einfach T, sondern eine eigene Klasse, die einen Eintrag dieses Typs T und einen Zeiger auf das nächste Element enthält. Die Definition dieser Klasse nehmen wir innerhalb der Listenklasse vor.

Das Einfügen geschieht am Ende der Liste. Der Speicherplatz für das einzufügende Listenelement wird erzeugt und mit dem übergebenen Wert initialisiert. Man beachte, daß für den Sonderfall der leeren Liste der Anfangszeiger umgesetzt werden muß.

Löschen und Suchen beginnen am Anfang der Liste und liefern für eine leere Liste und falls das Element nicht gefunden wurde `false`. Beim Löschen wird der Speicherplatz wieder freigegeben.

Beispiel 7–20: Listenklasse

```
#include <iostream.h>
#include <stdlib.h>
#include <assert.h>

enum boolean {false, true};

typedef int T;

class List
{
public:
    List(): First(NULL) { }
    ~List();
    void Insert(const T& toInsert);
    boolean Search(const T& toSearch);
    boolean Delete(const T& toDelete);
    T GetFirst() { assert(!Empty()); return First->value; }
    boolean Empty() { return First==NULL ? true : false; }
```

```
private:
   class ListElem {
   public:
      ListElem(T val);
      T value;
      ListElem *next;
   };

   ListElem *First;
}; // List

List::ListElem::ListElem(T val): value(val), next(NULL)
{
}

List::~List()
{
   // Liste loeschen
   while (!Empty())
      Delete(GetFirst());
}

void List::Insert(const T& toInsert)
{
   // neues Element erzeugen
   ListElem *NewElem = new ListElem(toInsert);

   if (!Empty())  // Ende suchen und anhaengen
   {
      for (ListElem *Tmp=First; Tmp->next; Tmp=Tmp->next)
         ;
      Tmp->next = NewElem;
   }
   else           // erstes Element in Liste
      First = NewElem;
}

boolean List::Search(const T& toSearch)
{
   if (Empty())  // Leere Liste
      return false;
```

```
    else
    {
        // Suchen
       for (ListElem *Tmp=First; Tmp; Tmp=Tmp->next)
           if (Tmp->value == toSearch)
               return true;
       return false;
    }
}


boolean List::Delete(const T& toDelete)
{
    if (Empty()) // Leere Liste
        return false;
    else
    {
        // Suchen
       for (ListElem *Tmp=First, *BeforeTmp=NULL;
            Tmp; BeforeTmp=Tmp, Tmp=Tmp->next)

           if (Tmp->value == toDelete)  // Gefunden
           {
               if (BeforeTmp)  // mittendrin loeschen
                   BeforeTmp->next = Tmp->next;
               else            // erstes loeschen
                   First = First->next;
               delete Tmp;
               return true;
           }
       return false;
    }
}


void main()
{
    List L; // leere Liste
    L.Insert(5);
    L.Insert(6);
    L.Insert(99);
    L.Insert(-14);

    if (L.Search(8))
       cout << "Acht ist drin !" << endl;
```

```
        L.Delete(6);
        L.Delete(99);
        L.Delete(-1);
    }
```

□

7.8 Geschachtelte Klassen

Die Klassendefinition des Listenelementtyps `ListElem` ist in der Listenklassendefinition geschachtelt.

Im Sytaxdiagramm für Komponente kommt also ein weiterer Zweig hinzu

Geschachtelte Klasse - aus 14 Komponente:

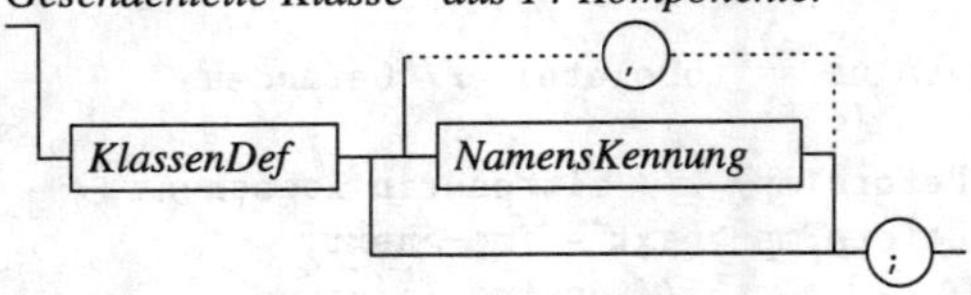

In unserem Beispiel steht die geschachtelte Klasse im geschützten Teil der Definition. Was heißt das für die Sichtbarkeit des Typnamens und der Attribute nach außen?

- Der Zugriffsschutz und die Sichtbarkeit gehorchen den gleichen Regeln wie bei Klassen, die auf höchster Ebene definiert werden, nur daß anstelle der übergeordneten Funktion nun die umgebende Klassendefinition tritt.
- Um also Attribute und Methoden in der umgebenden Klasse ansprechen zu können, müssen sie `public` vereinbart sein.
- Die Sichtbarkeit von Namen also auch des Klassennamens kann von außen durch den Bereichsoperator erzielt werden. Konstruktordefinitionen von geschachtelten Klassen müssen, falls sie nicht `inline` sind, auch außerhalb der umgebenden Klassendefinition

stehen und deshalb mit mehrfacher Qualifikation angegeben werden. In unserem Beispiel wurde der Konstruktor mittels
`List::ListElem::ListElem(T)`
vereinbart. Diese Regel gilt auch, wenn die Klassendefinition im geschützten Teil der umgebenden Klasse steht und für Klassenkomponenten (siehe Abschnitt 14).

- Syntaktisch wird das durch das Diagramm *KlassenKopf* beschrieben.

16 KlKopf (Klassenkopf):*

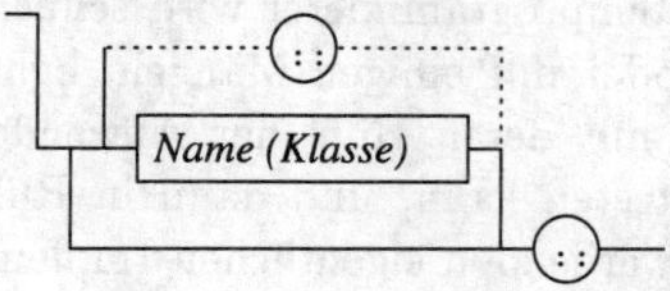

- Der Zugriff auf öffentliche Komponenten einer geschachtelten Klasse, die nur von geschützten Komponenten der umgebenden Klasse erreicht werden, ist von außen nicht möglich.

In unserem Beispiel sind die Komponenten `next` und `value` für Listenelemente außerhalb der Listenklasse nicht verfügbar, da der Zeiger auf das erste Element privat ist. Die **Datenabstraktion** durch Kapselung ist gelungen.

Es kann auch eine alternative Implementierung für die gleiche Schnittstelle vorgenommen werden, ohne daß ein Anwenderprogramm geändert werden muß. Beispielsweise eine doppelt verkettete Ringliste mit Einfügen am Ende.

7.9 Modularisierung

Klassendefinitionen lassen sich separat entwickeln und übersetzen. Der Anwendungsprogrammierer muß mit den ihm vorgesetzten Klassen zurechtkommen, die er wie vorgefertigte Bauteile bei einer Maschinenkonstruktion zu seinem Programm zusammensetzt. Er kann selbstverständlich auch neue umfassendere, problemangepaßte Klassen entwickeln oder in Auftrag geben. Die Programmierung erfolgt **bottom-up** also von bekannten Grundbausteinen oder Modulen ausgehend. Die Klassen sind in diesem Fall fertige **Module**, die etwa eine gewisse Datenstruktur und darauf definierte Operationen verwirklichen. Sie sind von der Umgebung insofern losgelöst, als sie keine globalen Größen verwenden und daher auch separat, d.h. getrennt vom Anwenderprogramm übersetzt werden können bzw. worden sind.

Auch im Fall einer **top-down** Entwicklung durch schrittweise Verfeinerung von Datenstrukturen und zugehörigen Operationen werden nach der Festlegung der Schnittstellen System- und Anwendungsprogrammierer getrennt vorgehen. Der Systemprogrammierer wird schnell eine lauffähige, wenn auch ineffiziente oder mit einigen Mängeln behaftete Vorversion zur Verfügung stellen, mit deren Hilfe der Anwender die Funktionalität seines Programms testen kann, und dann in Ruhe an einer allen Anforderungen gerecht werdenden eigentlichen Implementation der geforderten Klasse mit gleicher Schnittstelle arbeiten.

Ein Programm besteht also nicht mehr aus einem zusammenhängenden Text, sondern aus mehreren Modulen. Diese können getrennt übersetzt werden. Es muß jedoch eine gewisse Information über die Verbindung der Module zu einem Ganzen vorliegen, also etwa die Schnittstellenbeschreibung einer Klasse.

In `C++` wird diese Information in den sogenannten **`headerfiles`** abgelegt. In diesen steht nun die gesamte Klassendefinition ohne die Rümpfe der ausgelagerten Methoden. Vom Standpunkt der Kapselung wäre es wünschenswert, die Vereinbarung von öffentlichen und geschützten Komponenten in zwei separate Teile und damit in zwei Dateien aufzuteilen. Doch diese Möglichkeit wird von `C++` nicht geboten.

Man kann auch mehrere zusammengehörige Klassen und Funktionen in einer Übersetzungseinheit zusammenfassen, die allerdings nur durch eine Datei des Betriebssystems und nicht durch eine sprachliche Modulkonstruktion gebildet werden kann. Die **`headerfiles`** müssen vom Anwender inkludiert werden. Wir vereinbaren für sie die Endung **`.hpp`**. Der Linker, also das Programm, welches das lauffähige Programm aus einzelnen Modulen zusammenbindet, sucht in den ihm mitgeteileten Bibliotheken oder Dateien nach den passenden Rümpfen.

Ein solches modulares Vorgehen benötigt also eine große Disziplin im Umgang mit vielen Dateien und Unterprogrammbibliotheken. Wir empfehlen als Dateinamen den Klassennamen zu verwenden. Üblicherweise wird diese Arbeit aber durch die Entwicklungsumgebung unterstützt.

7.10 Eigenständige Objekte

In unserem Entwurf von Listen waren die einzelnen Elemente passiv, die Aktionen wurden von der Liste ausgelöst.

Wir können andererseits auch aktive Objekte entwerfen, die sich selbst in einer Liste organisieren.

Standardanwendungen von Listen bevorzugen mehr das erste Denkmodell, aber auch mit dem zweiten lassen sich Aufgaben bearbeiten. So kann das klassische Problem, acht Damen so auf einem Schachbrett zu plazieren, daß sie sich gegenseitig nicht bedrohen, mit Hilfe einer Liste von aktiven Damen gelöst werden.

Ein Konstruktor versucht eine Dame bedrohungsfrei in eine Zeile zu plazieren. Falls das möglich ist, so versucht er eine neue Dame in der nächsten Zeile zu konstruieren. Sind auf diese Weise 8 oder allgemeiner `FeldDim` Damen plaziert, so terminiert das Programm und druckt die gefundene Lösung aus. Anschließend werden die Damen wieder gelöscht. Anderenfalls wird für die zuletzt plazierte Dame eine neue Position gesucht, und die Suche beginnt von Neuem.

Beispiel 7–21: 8 Damen

```
#include <iostream.h>
#include <stdlib.h>
#include <assert.h>

enum boolean {false, true}

const FeldDim = 10;

class Dame
{
public:
    Dame();
private:
    int Zeile, Spalte;
```

```
        Dame *Davor;  // Dame in der Zeile davor

          // Konstruiert, falls moeglich, eine Liste von Damen,
          // die sich nicht gegenseitig bedrohen, gibt die
          // Stellung aus und zerstoert die Damen wieder.
        Dame(int Z, Dame *D);

          // Sucht die naechstmoegliche Position
        boolean SucheSpalte();

          // Gibt an, ob die Position von dieser oder einer
          // der vorhergehenden Damen bedroht wird
        boolean Bedroht(int Zeile, int Spalte);

          // Druckt fuer diese und alle vorhergehenden Damen
          // die Position aus
        void Drucke();
    }; // Dame

    Dame::Dame()
    {
        assert(FeldDim >= 1);
        Dame(1, NULL);
    }

    Dame::Dame(int Z, Dame *D): Zeile(Z), Davor(D)
    {
        Spalte = 0;
        if (!SucheSpalte())
            cout << "Keine Loesung !" << endl;
        if (Zeile < FeldDim)
            delete new Dame(Zeile+1, this);
        else
            Drucke();
    }


    boolean Dame::SucheSpalte()
    {
        do
        {
              // Versuche Dame in der Zeile zu positionieren
            while(++Spalte<=FeldDim &&
                   Davor && Davor->Bedroht(Zeile, Spalte) )
               ;
```

```
            // Falls Spalte>FeldDim, konnte die Dame nicht
            // unbedroht gestellt werden. Setze vorige
            // Dame auf naechstmoegliche Position (Back-
            // tracking). Falls dies nicht moeglich ist,
            // existiert keine Loesung.
          if (Spalte > FeldDim)
          {
             if (!Davor || !Davor->SucheSpalte())
                return false;
             Spalte = 0;
          }
      } while (Spalte == 0);
      return true;
   }

   boolean Dame::Bedroht(int Z, int S)
   {
      return Spalte == S ||
             abs(S-Spalte) == Z-Zeile ||  // Diagonale
             (Davor ? Davor->Bedroht(Z, S) : false);
   }


   void Dame::Drucke()
   {
      if (Davor)
         Davor->Drucke();
      for (int i=1; i<=FeldDim; i++)
         if (i==Spalte)
            cout << "* ";
         else
            cout << ". ";
      cout << endl;
   }


   void main()
   {
      cout << endl;
      Dame D;
   }
```

□

Kehren wir zu unserer ursprünglichen Listenimplementierung zurück. Jedes Objekt der Listenklasse, jede Liste, enthält eine Datenstruktur in die eingefügt, in der gesucht und aus der gelöscht werden kann. Die Operationen beginnen am Listenanfang mit der Suche des Elements. Dabei wurde nicht nur der gleiche Code mehrfach geschrieben, auch die Effizienz der Operatoren ist bei langen Listen sicher nicht optimal. Durch ein zusätzliches Attribut, welches sich die bei der letzten Aktion erreichte Listenposition merkt, können überflüssige Listendurchsuchungen bei mehrfachem Einfügen oder beim Suchen und anschließendem Löschen vermieden werden. Wir machen aus der bisher eher passiven Liste nun ein aktives Objekt, welches ein "Gedächtnis" erhält, in dem alle Aspekte der letzten Operation, also auch die Auswirkungen auf die Listenposition gespeichert werden, und das als Startpukt für die neue Operation dient.

Diese Position nennen wir Marke oder Cursor. Einfügen geschieht jetzt an die Stelle nach der Marke, Suchen und Löschen beginnen an Markenposition.

Beispiel 7–22: Aktive Liste

```
#include <iostream.h>
#include <stdlib.h>
#include <assert.h>

enum boolean {false, true};

typedef int T;

class List
{
public:
    List(): First(NULL), Cursor(NULL) { }
    ~List();

      // Cursorbewegung
    void Reset() { Cursor = First; }  // An den Anfang
    void Next();  // Weitersetzen

    boolean Last(); // Cursor am Ende ?

      // Einfuegen und Loeschen an Cursorposition
    void Insert(const T& toInsert);
```

```
    void Delete(); // Loeschen an Cursorposition

      // Suchen ab Cursorposition und Cursor setzen
    boolean Search(const T& toSearch);

      // Erstes und Cursor-Element abfragen
    T GetFirst() { assert(!Empty()); return First->value; }
    T GetCursor(){ assert(!Empty()); return Cursor->value;}

    boolean Empty() { return First==NULL ? true : false; }
private:
    class ListElem {
    public:
        ListElem(T val): value(val), next(NULL) { }
        T value;
        ListElem *next;
    };

    ListElem *First, *Cursor;
}; // List


List::~List()
{
      // Liste loeschen
    while (!Empty())
        Delete();
}


void List::Next()
{
    if (!Empty() && Cursor->next)
        Cursor = Cursor->next;
}


boolean List::Last()
{
    if (Empty()) return false;
    return Cursor->next ? false : true;
}
```

```
void List::Insert(const T& toInsert)
{
   // neues Element erzeugen
   ListElem *NewElem = new ListElem(toInsert);

   if (Empty())          // erstes Listenelement
   {
      First = NewElem;
      NewElem->next = NULL;
   }
   else                  // nach Cursor einfuegen
   {
      NewElem->next = Cursor->next;
      Cursor->next = NewElem;
   }
   Cursor = NewElem;  // Cursor weitersetzen
}


boolean List::Search(const T& toSearch)
{
   if (Empty())  // Leere Liste
      return false;
   else          // Suchen
   {
      for (ListElem *Tmp=Cursor; Tmp; Tmp=Tmp->next)
         if (Tmp->value == toSearch)  // Gefunden
         {
            Cursor = Tmp;  // Cursor auf Element setzen
            return true;
         }
      return false;
   }
}

void List::Delete()
{
   if (!Empty())
   {
      if (First==Cursor)  // Am Anfang loeschen
      {
         Cursor = Cursor->next;
         delete First;
         First = Cursor;
      }
```

```
            else            // mittendrin loeschen
            {
                // Cursor-Vorgaenger suchen
                for (ListElem *Bef=First;
                    Bef->next!=Cursor; Bef=Bef->next)
                    ;
                // Cursor ausketten, loeschen und neu setzen
                Bef->next = Cursor->next;
                delete Cursor;
                Cursor = Bef;
            }
        }
}


void main()
{
        List L;
        for (int i=1; i<20; i++)
            L.Insert(i*i);

        L.Reset();
        while (!L.Empty())
        {
            cout << L.GetFirst() << ' ';
            L.Delete();
        }
        cout << endl;
}
```

□

Diese Implementation ist sicher nicht sehr effektiv wenn einfügen, suchen und löschen häufig gemischt werden. Dann wird es günstiger, von der Markenposition rückwärts zu suchen und deshalb zu einer doppelt verketteten Liste zu wechseln.

7.11 Kontrollabstraktion

Mit unseren Listen können wir bisher noch nicht viel anfangen. Es fehlt eine Methode, die alle Listenelemente durchläuft und bearbeitet z.B. ausdruckt. Nun diese ist schnell geschrieben:

Beispiel 7–23: Ausdrucken einer Liste

```
void List::Print()
{
    if (!Empty())
    {
        Reset();
        while (!Last())
        {
            cout << GetCursor() << ' ';
            Next();
        }
        cout << GetCursor() << endl;
    }
}
```

□

Wollen wir das Ausdrucken durch eine andere Funktion ersetzen so machen wir diese zum Parameter der Durchlaufmethode.

Beispiel 7–24: Durchlaufen einer Liste

```
void List::Apply(void (*f)(T))
{
    if (!Empty())
    {
        Reset();
        while (!Last())
        {
            f(GetCursor());
            Next();
        }
        f(GetCursor());
    }
}


void PrintQuad(int i)
{
    cout << i*i << ' ';
}
```

```
void main()
{
    List L;
    for (int i=1; i<20; i++)
        L.Insert(i);

    L.Apply(PrintQuad);
}
```

□

Ähnlich wie früher von den einzelnen Attributen, also von den Daten abstrahiert wurde, verwenden wir hier das Methodenkonzept, so daß eine Methode eine fremde Funktion aufrufen kann, die im einzelnen die Wirkung beschreibt. Wir nennen das Methodenabstraktion oder Kontrollabstraktion, weil an dieser Stelle von der Steuerung des Kontrollflusses durch Anweisungen abstrahiert wird.

Nun wollen wir diese Art der Abstraktion noch weiter treiben und versuchen, den Durchlauf selbst außerhalb der Klasse zu programmieren. Das bringt den Vorteil mit sich, daß wir dann für ein Objekt, also in unserem Beispiel eine Liste, mehrere unabhängige Durchläufe starten können.

Wir brauchen dazu noch keine genaue Information über die Listenstruktur, sondern es reicht, wenn die Listenklasse einen expliziten Zeiger auf das erste Element (`FirstElem()`) zur Verfügung stellt. Der Elementtyp `ListElem` und seine öffentlichen Komponenten werden von außen durch den Bereichsoperator sichtbar gemacht.

Für jeden Durchlauf der Liste wird die aktuelle Position gespeichert. Der Durchlauf selbst ist nun ein eigenständiges Objekt. Das Weiterrücken in der Liste wird durch die Methode `Next` verwirklicht, die zusätzlich den Wert des aktuellen Elementes liefert.

Beispiel 7–25: Iteratorklasse

```
class ListIter
{
public:
        // Iterator mit Liste initialisieren
```

```
    ListIter(List &RefList): L(RefList) { Reset(); }
      // Iterator-Bewegung
    void Reset() { Cursor = L.FirstElem(); }
    T Next();
      // Test auf Anfang und Ende
    boolean First();
    boolean Last();
      // Applikator
    void Apply(void (*f)(T));
private:
    List &L;
    List::ListElem *Cursor;
}; // ListIter

boolean ListIter::First()
{
    if (L.Empty()) return false;
    return Cursor==L.FirstElem() ? true : false;
}

boolean ListIter::Last()
{
    if (L.Empty()) return false;
    return Cursor->next ? false : true;
}

T ListIter::Next()
{
    assert(!L.Empty());
    T value = Cursor->value;
    Cursor = Cursor->next;
    if (!Cursor) Reset();
    return value;
}

void ListIter::Apply(void (*f)(T))
{
    if (!L.Empty())
    {
        Reset();
        while (!Last())
            f(Next());
        f(Next());
    }
}
```

```
void Test(int i)
{
    cout << i-1 << ' ';
}

void main()
{
    List L;
    for (int i=1; i<20; i++)
        L.Insert(2*i);

    ListIter It1(L), It2(L);

    cout << endl;
    do
    {
        i = It1.Next();
        cout << i << ' ';
    } while (i<=16);

    cout << endl;
    It2.Apply(Test);
}
```

□

7.12 Öffnung des geschützten Bereichs für Freunde

Im letzten Beispiel haben wir den Schutzmechanismus für die Listenstruktur aufgeweicht. Durch den öffentlichen Zeiger auf das erste Element erlauben wir nämlich den Zugriff auf die ja nicht geschützten Attribute von Listenelementen. Wir können nicht mehr verhindern, daß z.B. durch `L.FirstElem()->next = NULL` die gesamte Restliste abgehängt wird!

`next` und `value` müssen zu geschützten Attributen werden, für die nur lesende Zugriffsmethoden bereitgestellt werden. Das Weiterschalten auf das nächste Element geschieht in der Listenklasse durch die Methode `NextElem`.

Nun haben wir uns aber der Möglichkeit beraubt, Elemente in unsere Liste einzufügen, denn hierbei wird ja der Nachfolgerverweis **next** auf das neue Element gesetzt. Stellen wir auch noch Schreibmethoden für die Attribute der Elementklasse zur Verfügung, so ist der Mißbrauch zwar nur durch Funktionsaufruf, aber trotzdem möglich: `L.FirstElem()->SetNext(NULL)`.

Das wollen wir verhindern, indem wir die Listenklasse mit der geschachtelten Elementklasse und der Iteratorklasse zu einem engen Bund zusammenschweißen.

Diese Möglichkeit wird durch die **befreundeten Klassen** eröffnet. Eine Klasse kann wie eine Funktion zum Freund einer Klasse erklärt werden, sie hat dann Zugriff auf alle einschließlich der privaten Komponenten.

13 KlassenDef:*

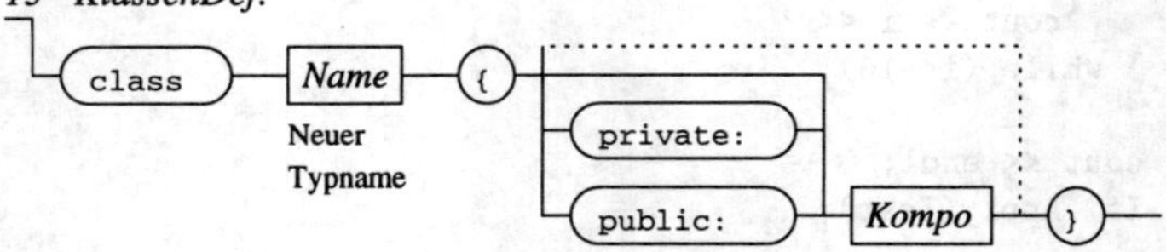

Durch die Deklaration als Freund wird der neue Klassenname eingeführt, falls er noch nicht bekannt ist. Innerhalb der Klassendefinition wird festgelegt, wer Freund einer Klasse ist. Es ist also nicht möglich, sich von außen zum Freund einer Klasse zu erklären und so Zugriff auf alle Interna zu erlangen. Alle Freunde einer Klasse werden gemeinsam mit ihr erstellt.

Beispiel 7–26: Iteratorklasse als Freund

Wir führen nur die Programmteile an, die sich geändert haben:

```
class List
{
public:
    friend class ListIter;

    List(): First(NULL) { }
    ~List();
    void Insert(const T& toInsert);
```

```
    boolean Search(const T& toSearch);
    boolean Delete(const T& toDelete);
    T GetFirst() { assert(!Empty()); return First->value; }
    boolean Empty() { return First==NULL ? true : false; }
private:
    class ListElem {
    public:
        ListElem(T val): value(val), next(NULL) { }
        T value;
        ListElem *next;
    };

    ListElem *First;
}; // List

class ListIter
{
public:
      // Iterator mit Liste initialisieren
    ListIter(List &RefList): L(RefList) { Reset(); }
      // Iterator-Bewegung
    void Reset() { Cursor = L.First; }
    T Next();
      // Test auf Anfang und Ende
    boolean First();
    boolean Last();
      // Applikator
    void Apply(void (*f)(T));
private:
    List &L;
    List::ListElem *Cursor;
}; // ListIter

boolean ListIter::First()
{
    if (L.Empty()) return false;
    return Cursor==L.First() ? true : false;
}
```

□

7.13 Klassenvereinbarung und –initialisierung

Wir fassen in diesem Abschnitt noch einmal die Regeln für Klassenvereinbarung und –initialisierung zusammen und führen einige zusätzliche bisher noch nicht verwendete ein.

Eine Klasse ist ein benutzerdefinierter Datentyp. Sie beschreibt die Struktur einer Menge von Objekten durch Angabe von Komponenten („members") , das sind Attribute und Methoden ("Elementfunktionen, member functions").

Ein Objekt ist ein **Exemplar** (englisch: instance) einer Klasse. Die Attribute beschreiben den Zustand eines Objektes.

Jedes Objekt kann die Methoden seiner Klasse auf sich anwenden.

14 Kompo (Komponente):*

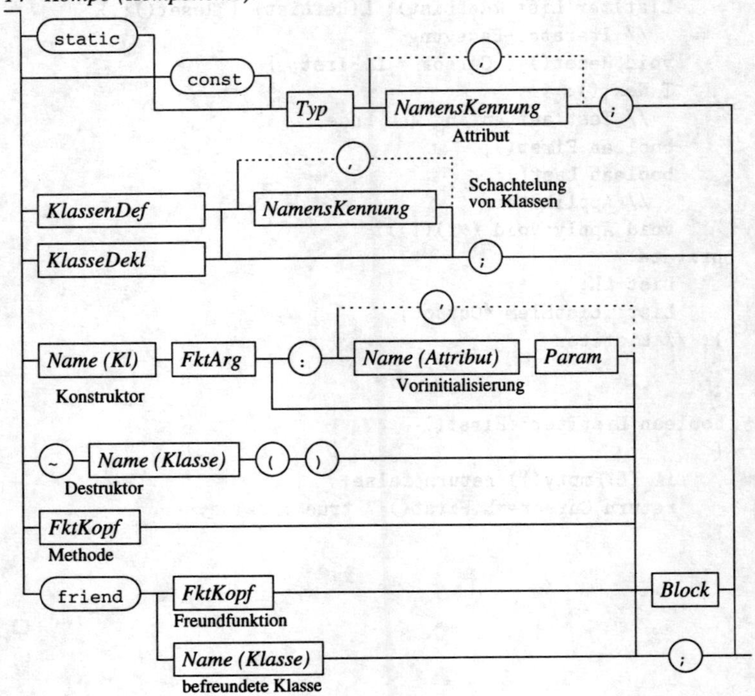

Semantik:

- Jede Klassendefinition führt einen neuen Typ ein (Namensgleichheit).
- Sie definiert einen eigenen Gültigkeitsbereich, in dem alle Komponenten nach ihrer Vereinbarung direkt sichtbar sind.
- Dieser Gültigkeitsbereich, kann von außen durch Voranstellen von `classname::` (Qualifikation) eingesehen werden.
- Auf diese Weise gekennzeichnet, gehören auch die ausgelagerten Definitionen der Methoden zum Gültigkeitsbereich der Klasse.
- Nicht ausgelagerte Methodendefinitionen werden als `inline` betrachtet.
- Alle unmittelbar nach einem Zugriffsregler `private` aufgeführten Komponenten sind geschützt, alle nach `public` öffentlich.
- Voreinstellung: `class: private` — `struct/union: public`.
- Anstelle von `class` kann auch `struct` oder `union` verwendet werden. Die Voreinstellung der Zugriffsregler und die Sichtbarkeit bei der Vererbung sind der einzige Unterschied zwischen `class` und `struct`.
- `union` ist eine platzsparende Variante von `struct`, bei der die Komponenten teilweise den gleichen Speicherplatz belegen.
- Private Komponenten sind von außen nicht zugreifbar.
- Öffentliche Komponenten werden mit `object.component` bzw. `objectptr->component` angesprochen.
- Methoden haben einen Verweis auf das aufrufende Objekt (`this`) als implizites Argument.
- Methoden, die den Zustand nicht verändern, können mit `const` markiert werden.
- Konstante Objekte dürfen nur solche Methoden aufrufen.

- Mit `static` gekennzeichnete Komponenten existieren nur einmal für alle Objekte einer Klasse gemeinsam und nicht individuell für jedes Objekt.
- Sie dürfen nicht in in Funktionen deklarierten (lokalen) Klassen auftreten.
- (Statische) Klassenattribute existieren nur einmal für die ganze Klasse mit gemeinsamen Wert.
- (Statische) Klassenmethoden sind ohne Objekt aufrufbar, sie dürfen keine normalen (Objekt-) Attribute verwenden.
- Zeiger auf Komponenten können durch Qualifikation auch außerhalb der Klassendefinition erklärt werden.
- Ihr Bezugstyp ist eingeschränkt auf die Komponententypen.

Initialisierung von Klassen erfolgt durch **Konstruktoraufruf**.

- Konstruktoren sind benutzerdefinierte Initialisierungsfunktionen, deren Name gleich dem Klassennamen ist.
- Sie besitzen keinen Ergebnistyp, keine Adresse und sind überladbar.
- Sie werden implizit – oder explizit wie eine Funktion – bei der Objektkreation aufgerufen, d.h. bei
  - Definition,
  - Anlegen eines temporären Objektes,
  - Parameterübergabe,
  - Erzeugung mit `new`,
  - Konversion zur Klasse durch einargumentigen Konstruktor.
- Ein Standardkonstruktor ohne Argumente wird generiert, falls kein anderer Konstruktor vereinbart ist.
- Ein Kopierkonstruktor mit nur einem Argument des genauen Typs `const Typ&` oder `Typ&` wird generiert, falls ein solcher nicht definiert oder durch Einsetzen der Defaultwerte für weitere Argumente erhältlich ist.

- Dieser wird bei Initialisierung mit anderem Objekt und Parameterübergabe durch Wertaufruf aufgerufen.
- Vor der Ausführung des Konstruktorrumpfes werden die Attribute gemäß der **Vorinitialisierungsliste** initialisiert, falls eine solche vorhanden ist.
- Hier können auch die Konstruktoren der Komponentenklassen explizit aufgerufen werden, sonst werden deren Standardkonstruktoren ausgeführt.
- Mittels dieser Liste können auch Konstante oder Referenzen initialisiert werden.

7.14 Klassenattribute und –methoden

Eine Klasse beschreibt die Struktur einer Menge von Objekten, deren Zustand durch die individuellen Werte ihrer Attribute bestimmt wird. Haben nun alle Objekte für ein gewisses Attribut den gleichen Wert, so ist es übersichtlicher und platzsparender dieses als **Klassenattribut** zu verwalten.

Klassenattribute sind mit dem Wortsymbol `static` zu spezifizieren, sie werden außerhalb der Klassendefinition mit dem Klassennamen qualifiziert. Sie können auch wie jedes andere Attribut von jedem Objekt der Klasse verwendet werden. Hierbei greift die Unterscheidung von `private` und `public`.

Beispiel 7–27: Gleicher Rabatt auf Preise

In Beispiel 5–4 führten wir für die Klasse zur Repräsentation von Preisen ein Attribut `Rabatt` ein. Dessen Wert ist geschäftsintern für jeden Einzelpreis der gleiche, deshalb kann er als Klassenattribut verwaltet werden.

```
#include <iostream.h>

class Preis
{
public:
```

```
    Preis(unsigned D=0, unsigned P=0)  // Konstruktor
    : DM(D + P/100), PF(P%100) { }

    Preis(float F)  // Konstruktor
    : DM(unsigned(F)), PF(unsigned((F-DM)*100)) { }

    unsigned LiesDM() { return DM; }
    unsigned LiesPF() { return PF; }

    Preis Sonderpreis()
    {
        return Preis((float(DM)+float(PF)/100)*(1-Rabatt));
    }

    static void AendereRabatt(float NeuerRabatt)
    {
        if (NeuerRabatt >= 0.0 && NeuerRabatt < 1.0)
            Rabatt = NeuerRabatt;
    }
private:
    unsigned DM, PF;
    static float Rabatt;
}; // Preis

   // Initialisierung des static-Attributes
float Preis::Rabatt = 0.1;

void main()
{
    Preis::AendereRabatt(0.05);  // Klassenmethode aufrufen

    Preis P(15,99);
    Preis SP = P.Sonderpreis();
    cout << SP.LiesDM() << ',' << SP.LiesPF() << " DM";
    cout << endl;
}
```

□

Handelte es sich bei diesem Klassenattribut im Wesentlichen um eine Konstante, so wollen wir jetzt Klassenattribute einführen, welche den Zustand der gesamten Klasse und nicht der einzelnen Objekte beschreiben. Wir führen einen Zähler für die aktuelle Anzahl der existierenden

Objekte einer Klasse ein. Dieser wird mit 0 initialisiert, im Konstruktor hochgezählt und im Destruktor erniedrigt.

Natürlich kann jede (Objekt-) Methode auf die Klassenattribute zugreifen. Es macht aber mehr Sinn diese mit eigenen Klassenmethoden zu verwalten.

Wir vereinbaren eine Klassenmethode, die den Wert des Objektzählers liefert.

Beispiel 7–28: Objektzähler

```
#include<iostream.h>

class ObjectCounter
{
public:
    ObjectCounter() { number++; }
    ObjectCounter(ObjectCounter &OC) { number++; }
    ~ObjectCounter() { number--; }

    static NumberOfObjects() { return number; }
private:
    static int number;
}; // ObjectCounter;


int ObjectCounter::number = 0;


void main()
{
    ObjectCounter A, B, C, D;  // 4 Objekte
    cout << ObjectCounter::NumberOfObjects() << endl;
    ObjectCounter E(A);        // 5 Objekte
    cout << E.NumberOfObjects() << endl;
} // 0 Objekte
```

□

Da sich Klassenmethoden auf kein konkretes Objekt beziehen, haben sie keinen impliziten `this` Verweis und dürfen keine (Objekt-) Attribute ansprechen.

7.15 Komponentenzeiger

Ein Zeiger auf eine Komponente einer Klasse kann auch außerhalb der Klassendefinition vereinbart werden. Dabei ist der Bereichsoperator zu verwenden, um den genauen Typ des Bezugsobjektes, zu dem ja jetzt auch die Klasse gehört, zu spezifizieren. Der Wert des Bezugsobjektes wird durch die Operatoren `.*` bzw. `->*` bestimmt, also analog zum Zugriff auf intern definierte Komponentenzeiger. Da die Bezugsobjekte Komponenten einer Klasse sind, ist diese bei der Dereferenzierung mit anzugeben.

Beispiel 7–29: Komponentenzeiger

In Beispiel 7–6 führten wir eine Rechteckklasse ein. Ein Zeiger auf einen Eckpunkt kann dann so definiert werden:

```
Rectangle r1;
Point Rectangle::* ecke;
ecke = & Rectangle.P1; // Adresse (Offset) innerhalb
                       // der Klasse
cout << r1.*ecke.x
```

□

Entsprechend können Zeiger auf Methoden definiert werden.

7.16 Rekursive Datentypen

Zum Abschluß dieses wuchtigen Kapitels wollen wir noch kurz in eine besondere Programmiertechnik, die **Rekursion** einführen. Rekursion läßt sich sowohl beim Algorithmenentwurf als auch bei der Beschreibung höherer Datenstrukturen vorteilhaft einsetzen. Wir strapazieren das Listenbeispiel noch einmal und präsentieren hier eine weitere Sicht.

Eine Liste ist entweder leer, oder sie besteht aus einem Element, dem Kopf, und einer Restliste, dem Schwanz. Die Restliste ist wieder eine Liste, die Definition ist also rekursiv. Entsprechend können die Methoden einfügen, suchen und löschen formuliert werden.

Beim Einfügen in eine leere Liste wird das einzufügende Element der Kopf der Liste und der Schwanz die leere Liste. Ist die gegebene Liste dagegen nicht leer, so füge das Element in die Restliste ein. Die Liste in die eingefügt wird, wird also bei jedem Aufruf um ein Element kürzer, deshalb bricht die Aufrufkette sicher ab und das Einfügen geschieht am Ende der ursprünglichen Liste.

Beim Suchen wird der Wert `false` zurückgeliefert, falls es auf die leere Liste angewendet wird. Ansonsten wird geprüft, ob der Kopf der Liste gleich dem zu suchenden Element ist und gegebenenfalls der Wert `true` zurückgegeben, sonst wird die Suche für die Restliste aufgerufen. Die Terminierung geschieht entweder durch erfolgreichen Vergleich oder bei erfolgloser Suche durch Aufruf für eine leere Restliste.

Weitere Grundoperationen sind das Auslesen von Kopf und Schwanz.

Etwas komplizierter ist das Löschen eines Elementes. Man wird im Prinzip so vorgehen wie bei der Suche, nur müssen jetzt die nicht zu löschenden Kopfelemente in einer temporären Liste gesammelt werden, die nach Auffinden des zu löschenden Elementes mit der aktuellen Restliste vereinigt die verbleibende Liste bildet.

Beispiel 7–30: Rekursive Liste

```
#include <iostream.h>
#include <stdlib.h>
#include <assert.h>

enum boolean {false, true};
typedef int T;

class List
{
public:
    List() { empty = true; }
    ~List();
    void Insert(const T &toInsert);  // Einfuegen am Ende
    boolean Search(const T &toSearch);
    boolean Delete(const T &toDelete);

    T Head() { assert(!empty); return head; }
    List *Tail() { assert(!empty); return tail; }
    boolean Empty() { return empty; }
```

```
private:
    T head;
    List *tail;
    boolean empty;
}; // List


List::~List()
{
    if (!empty)
        delete tail;
}


void List::Insert(const T &toInsert)
{
    if (empty)
    {
        head = toInsert;
        tail = new List;
        empty = false;
    }
    else
        tail->Insert(toInsert);
}


boolean List::Search(const T &toSearch)
{
    if (empty)
        return false;
    else if (head==toSearch)
        return true;
    else
        return tail->Search(toSearch);
}


void main()
{
    List L;
    for (int i=1; i<=20; i++)
        L.Insert(i);

    List *LP=&L;
```

```
        while (!LP->Empty())
        {
            cout << LP->Head() << ' ';
            LP = LP->Tail();
        }
        cout << endl;
    }
```

□

Die Methoden rufen sich selbst wieder rekursiv auf. Um eine endlose Rekursion zu vermeiden, ist darauf zu achten, daß diese Aufrufkette sicher abbricht.

Einige Aufgaben lassen sich besonders elegant mit rekursiven Methoden lösen.

Beispiel 7–31: Umdrehen einer Liste

Die Reihenfolge der Elemente einer Liste `L` soll umgedreht werden.

1. Falls `L` einelementig ist, so ist **`reverse(L) = L`**
2. Sonst füge den Kopf von `L` hinter den umgedrehten Schwanz an:
   `reverse(L) = insert(first(L),reverse(tail(L)))`

Diese funktionale Schreibweise, die genau der formalen Beschreibung des abstrakten Datentyps entspricht, läßt sich auch objektorientiert formulieren.

```
List Reverse(List *L)
{
    if (L->Empty() || L->Tail()->Empty())
        return *L;
    else
    {
        List R = Reverse(L->Tail());
        R.Insert(L->Head());
        return R;
    }
}
```

```
void main()
{
    List L;
    for (int i=1; i<=20; i++)
        L.Insert(i);

    List R = Reverse(&L);

    List *LP=&R;
    while (!LP->Empty())
    {
        cout << LP->Head() << ' ';
        LP = LP->Tail();
    }
    cout << endl;

}
```

□

Das Sortieren einer Liste in Beispiel 1–3 wurde bereits rekursiv beschrieben, dann allerdings in ein iteratives Programm umgesetzt. Ebenso läßt sich die binäre Suche aus Beispiel 5–16 genauso gut rekursiv formulieren.

Die effiziente Suche in einer linearen Liste setzt die Sortiertheit der Liste und direkten Zugriff auf jedes Element voraus. Wir wollen nun **binäre Suchbäume** einführen, eine dynamische Datenstruktur, bei der die Elemente so angeordnet werden, daß sie schnell wiedergefunden werden können.

Ein **Baum** besteht aus einer **Wurzel**, einem Element, und dem linken und rechten Teilbaum, oder er ist leer. Alle Elemente im linken Teilbaum sind kleiner als die Wurzel, welche selbst kleiner als alle Elemente des rechten Teilbaums ist.

Aus dieser rekursiven Definition ergeben sich unmittelbar die Methoden zum Einfügen und Suchen sowie zum Ausdrucken der Elemente in aufsteigender Reihenfolge.

Exemplarisch erläutern wir das Einfügen eines Elementes `x`, welches noch nicht im Baum enthalten ist.

1. Ist der Baum leer, so erzeuge einen Baum mit `x` als Wurzel und leeren Teilbäumen.

2. Ist **x** kleiner als die Wurzel, so füge **x** im linken Teilbaum ein, sonst im rechten.

Das ist schon alles. Man mache sich klar, daß Elemente immer anstelle eines leeren Teilbaums, d.h. eines **Blattes** eingefügt werden.

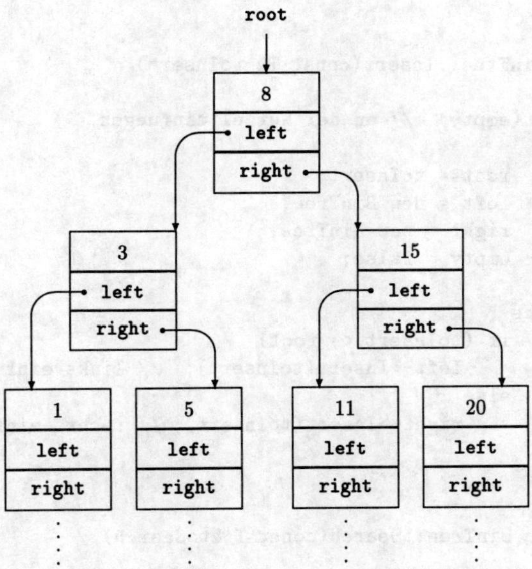

Beispiel 7–32: Binärer Suchbaum

```
#include <iostream.h>
#include <stdlib.h>
#include <assert.h>

enum boolean {false, true};

typedef int T;

class BinTree
{
public:
    BinTree(): empty(true) { }
    void Insert(const T &toInsert);
```

```
    boolean Search(const T &toSearch);
    void Print();
private:
    T root;
    BinTree *left, *right;
    boolean empty;
}; // BinTree


void BinTree::Insert(const T& toInsert)
{
    if (empty)  // an der Wurzel einfuegen
    {
        root = toInsert;
        left = new BinTree;
        right = new BinTree;
        empty = false;
    }
    else
        if (toInsert <= root)
            left->Insert(toInsert);  // links einfuegen
        else
            right->Insert(toInsert); // rechts einfuegen
}


boolean BinTree::Search(const T &toSearch)
{
    if (empty)
        return false;
    else
        if (root == toSearch)
            return true;
        else
            if (root > toSearch)
                return left->Search(toSearch);
            else
                return right->Search(toSearch);
}


void BinTree::Print()
{
    if (empty)
        return;
```

```
        else
        {
            left->Print();
            cout << root << ' ';
            right->Print();
        }
    }


    void main()
    {
        BinTree B;
        for (int i=1; i<=100; i++)
            B.Insert(rand());

        B.Print();
        cout << endl;
    }
```

□

8 Typparametrisierte Datentypen

Bei der Behandlung von Listen haben wir schon darauf hingewiesen, daß die Operationen wie Einfügen oder Suchen vom eigentlichen Listeninhalt unabhägig sind. Auch wenn wir eine allgemeine Klasse `Array` für Felder implementieren wollen, brauchen wir uns um die Komponentenwerte eigentlich nicht zu kümmern. Bisher gaben wir dem Elementtyp einfach den Namen `T` und behielten uns vor, diesen problemangepaßt neu zu definieren und durch Kopie der Listenklasse eine neue Version für einen anderen Elementtyp zu erhalten. Sinnvoller ist es, und `C++` bietet diese Möglichkeit, eine Klasse, also einen Datentyp, mit Hilfe eines anderen zu parametrisieren. Auf diese Weise erhält man typparametrisierte Datentypen.

8.1 Vereinbarung von Schablonen

Durch Parametrisieren von Listen mit ihrem Elementtyp, allgemein von Klassen mit anderen Datentypen lassen sich in `C++` **Datentypschablonen** oder Schemata definieren, die erst durch Angabe von aktuellen Typen zu normalen Klassen ausgeprägt werden.

Diese Möglichkeit nennt man **Generizität**, die Schablonen auch **generische Klassen**.

KlSchab (KlassenSchablone) - aus 1 Einheit:

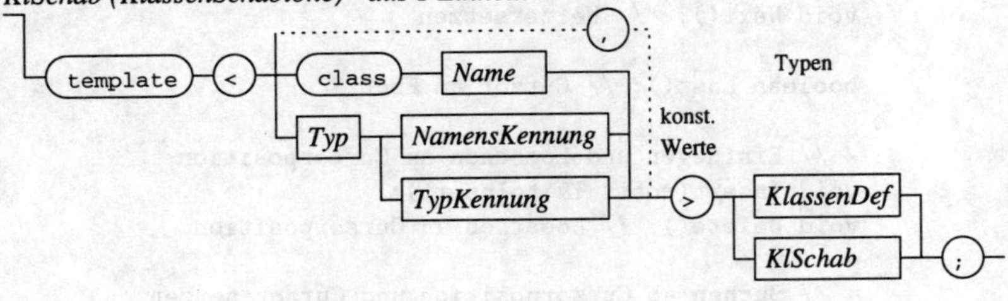

Eine Klassenschablone darf nur auf globaler Programmebene, d.h. nicht innerhalb eines Blockes, vereinbart werden.

Durch `class T` wird `T` eingeführt als Platzhalter für einen bei der Ausprägung anzugebenden Typ. Er wird in der Klassenschablonendefinition als Typname verwendet. Attribute dürfen also diesen Typ besitzen, oder er darf als formales Argument oder Ergebnistyp einer Methode auftreten. Der Schablonenname ist als Typname in Methodendefinitionen mit den Schablonenargumenten zu parametrisieren. Diese werden außerhalb durch aktuelle Schablonenargumente ersetzt, und der so durch Ausprägung entstandene Name ist als vollständiger Klassenname d.h. Typname, verwendbar (siehe nächster Abschnitt). Die Parametrisierung erfolgt in Konstruktor– und Destruktordefinition automatisch und darf nicht explizit angegeben werden.

Für die Definition der ausgelagerten Methoden einer Schablone müssen alle Schablonenargumente wiederholt werden, auch wenn die Methode sie nicht verwendet. Der mit der Argumentliste versehene Name ersetzt hier den Klassennamen.

Beispiel 8–1: Listenschablone

Gegenüber Beispiel 7–22 ist nur die Einführung von `T` als Schablonenargument anstelle einer Typnamendefinition verändert.

```
template <class T>
class List
{
public:
    List(): First(NULL), Cursor(NULL) { }
    ~List();

      // Cursorbewegung
    void Reset() { Cursor = First; }  // An den Anfang
    void Next();  // Weitersetzen

    boolean Last(); // Cursor am Ende ?

      // Einfuegen und Loeschen an Cursorposition
    void Insert(const T& toInsert);
    void Delete(); // Loeschen an Cursorposition

      // Suchen ab Cursorposition und Cursor setzen
    boolean Search(const T& toSearch);
```

```
        // Erstes und Cursor-Element abfragen
        T GetFirst() { assert(!Empty()); return First->value; }
        T GetCursor(){ assert(!Empty()); return Cursor->value;}

        boolean Empty() { return First==NULL ? true : false; }

    private:
        class ListElem
        {
        public:
            ListElem(T val): value(val), next(NULL) { }
            T value;
            ListElem *next;
        };

        ListElem *First, *Cursor;
    }; // List
```

Auch die Rümpfe der ausgelagerten Methoden unterscheiden sich nur durch den jetzt parametrisierten Klassennamen. Wir bringen stellvertretend das Weiterschalten, die Abfrage auf das letzte Element und das Einfügen.

```
template <class T>
void List<T>::Next()
{
    if (!Empty() && Cursor->next)
        Cursor = Cursor->next;
}


template <class T>
boolean List<T>::Last()
{
    if (Empty()) return false;
    return Cursor->next ? false : true;
}


template <class T>
void List<T>::Insert(const T& toInsert)
{
        // neues Element erzeugen
    ListElem<T> *NewElem = new ListElem(toInsert);
```

```
        if (Empty())        // erstes Listenelement
        {
            First = NewElem;
            NewElem->next = NULL;
        }
        else                // nach Cursor einfuegen
        {
            NewElem->next = Cursor->next;
            Cursor->next = NewElem;
        }
        Cursor = NewElem;   // Cursor weitersetzen
    }
```

□

In unserem Beispiel ist die Elementklasse in der Schablonendefinition geschachtelt. Dadurch wird die Parametrisierung automatisch auf sie übertragen. Das ist erwünscht, denn wir wollen ja die geschachtelte Klasse genau so wie die umgebende behandeln. Es wäre auch schon syntaktisch falsch, die Schablonenargumentliste bei geschachtelten Klassen zu wiederholen.

Etwas anders ist die Situation bei befreundeten Klassen oder Operatoren. Hier kann es je nach Aufgabe auch sinnvoll sein, eine Klasse als Freund für alle Ausprägungen zu definieren oder jede Ausprägung einer befreundeten Schablone mit jeder der ersten Schablone zu verbinden. Meistens wird jedoch die oben beschriebene Situation auftreten, daß die Freundschaft sich auf Ausprägungen mit gleichem Typ beschränkt. Das ist für einige Operatoren in der folgenden Mengenschablone der Fall.

Beispiel 8–2: Mengenschablone

```
#include <assert.h>


enum boolean {false, true};

const MAX = 100;
```

```
template <class T>
class Set
{
public:
    Set(): size(0) { }  // leere Menge
    Set(T t) : size(1)
                    {
                        Elem[0] = t;
                    }

      // Hinzufuegen
    void Add(T toAdd);
      // Loeschen
    boolean Delete(T toDelete);
      // Ein Element rausnehmen
    T GetElem() { return Elem[--size]; }
      // Menge loeschen
    void Clear() { size = 0; }

      // Test auf Enthaltensein
   boolean In(T toSearch);

   boolean operator <=(Set<T> S);
    // Vergleich
   boolean operator ==(Set<T> S)
   {
     return *this<=S && S<=*this ? true : false;
   }

   boolean operator !=(Set<T> S)
   {
     return *this==S ? false : true;
   }

    // Inklusion

   boolean operator >=(Set<T> S)
   {
      return S<= *this ? true : false;
   }

     // Maechtigkeit
   int Size() { return size; }
   boolean Empty() { return size==0 ? true : false; }
```

```
      // Vereinigung und Schnitt
   friend Set<T> operator+(Set<T> S1,  Set<T> S2);
   friend Set<T> operator*(Set<T> S1,  Set<T> S2);

private:
   T Elem[MAX];  // Feld, das die Elemente enthaelt
   int size;     // Anzahl der Elemente
}; // Set


template <class T>
void Set<T>::Add(T toAdd)
{
   if (! In(toAdd))
   {
      assert(size<MAX);
      Elem[size++] = toAdd;
   }
}


template <class T>
boolean Set<T>::Delete(T toDelete)
{
   for (int i=0; i<size; i++)
      if (Elem[i] == toDelete)
      {
         for (int j=i; j<size-1; j++)
            Elem[j] = Elem[j+1];
         size--;
         return true;
      }
   return false;
}


template <class T>
boolean Set<T>::In(T toSearch)
{
   for (int i=0; i<size; i++)
      if (Elem[i] == toSearch)
         return true;
   return false;
}
```

```
template <class T>
boolean Set<T>::operator <=(Set<T> S)
{
   for (int i=0; i<size; i++)
     if (!S.In(Elem[i]))
       return false;
   return true;
}


template <class T>
Set<T> operator+(Set<T> S1,  Set<T> S2)
{
   assert(S1.size+S2.size <= MAX);
   Set<T> U;

    // S1 nach U kopieren
   U.size = S1.size;
   for (int i=0; i<S1.size; i++)
     U.Elem[i] = S1.Elem[i];

    // S2 in U einfuegen
   for (i=0; i<S2.size; i++)
     U.Add(S2.Elem[i]);

   return U;
}


template <class T>
Set<T> operator*(Set<T> S1,  Set<T> S2)
{
   Set<T> S;
   for (int i=0; i<=S1.size; i++)
     if (S2.In(S1.Elem[i]))
       S.Add(S1.Elem[i]);
   return S;
}
```

□

Für den Typ, der als Schablonenparameter auftritt, wird hier vorausgesetzt, daß der Vergleichsoperator definiert ist. Das war auch schon bei der Listenschablone der Fall, nur haben wir dort die entsprechenden

Rümpfe nicht gezeigt. Auf diese Problematik gehen wir in Abschnitt 3 näher ein.

In der Tat gibt es nur wenige Schablonen, die so allgemein sind, daß sie von ihrem Typparameter nichts voraussetzen. Eine solche für ein dynamisches Feld beliebiger Größe, welche also die im Standard vorhandenen Felder simuliert und zusätzlich eine Indexüberprüfung beim Elementzugriff vorsieht, zeigt das folgende Beispiel (vergleiche Beispiel 6–25).

Beispiel 8–3: Dynamische Felder

```
#include <assert.h>
#include <iostream.h>

template <class T>
class DynArray
{
public:
    DynArray(int n): dim(n)  // legt n-elementiges Feld an
    {
        if (dim > 0)
            A = new T[dim];
        else
        {
            dim = 0;
            A = NULL;
        }
    }
   // n-elementiges Feld anlegen und initialisieren
   DynArray(int n, const T &init): dim(n)
   {
       if (dim > 0)
       {
          A = new T[dim];
          for (int i=0; i<dim; i++)
             A[i] = init;
       }
       else
       {
          dim = 0;
          A = NULL;
       }
   }
```

```
    DynArray(const DynArray &toCopy)
    : A(NULL), dim(toCopy.dim)
    {
        if (dim > 0)
        {
            A = new T[dim];
            for (int i=0; i<dim; i++)
                A[i] = toCopy.A[i];;
        }
    }

    ~DynArray() { if (A) delete[] A; }

    int Dim() { return dim; }

    DynArray & operator =(const DynArray &toAssign)
    {
        if (A) delete A[];
        A = NULL;
        dim = toAssign.dim;
        if (dim > 0)
        {
            A = new T[dim];
            for (int i=0; i<dim; i++)
                A[i] = toAssign.A[i];;
        }
    }

    // Wir wollen die Standardfelder simulieren,
    // deshalb benutzen wir die Pointerarithmetik
    T & operator [] (int i)
    {
        assert (i>=1 && i<=dim);
        return *(A + i-1);
    }

private:
    int dim;
    T *A;
}; // DynArray
```

□

Im zweiten Konstruktor wird per Referenzaufruf eine Konstante des

Typparameters übergeben, mit der die Elemente initialisiert werden.

In den Konstruktoren und im Destruktor wurden hier die Möglichkeiten für Standardfelder ausgenutzt. Durch Überladung von `new` und `delete` hätte das auch vermieden werden können. Dafür sind jedoch elementare `C` Funktionen erforderlich, die uns nicht interessieren.

Auch die Mengenschablone hätte eigentlich als dynamische Datenstruktur programmiert werden sollen.

In vielen Fällen kann es aber interessant sein, mit Feldern fester Maximallänge zu arbeiten, da dann der Speicherbedarf schon zur Übersetzungszeit feststeht. Allgemein können Schablonenargumente für konstante Größen angegeben werden.

Beispiel 8–4: Schablone für statische Felder

```
#include <assert.h>

template <class T, unsigned maxsize>
class Array
{
public:
    Array(unsigned sz): dim(sz)
    {
        assert(dim<=maxsize);
    }

    T & operator [] (int i)
    {
        assert(dim && i>0 && i<=dim);
        return A[i-1];
    }
private:
    T A[maxsize];
    unsigned dim;
}; // Array
```

□

8.2 Ausprägung von Schablonen

Ein Schablone wird zu einer fertigen Klasse ausgeprägt, indem aktuelle Schablonenargumente eingesetzt werden. Durch Ausprägung entsteht also ein neuer Klassentyp.

17 Ausprägung:

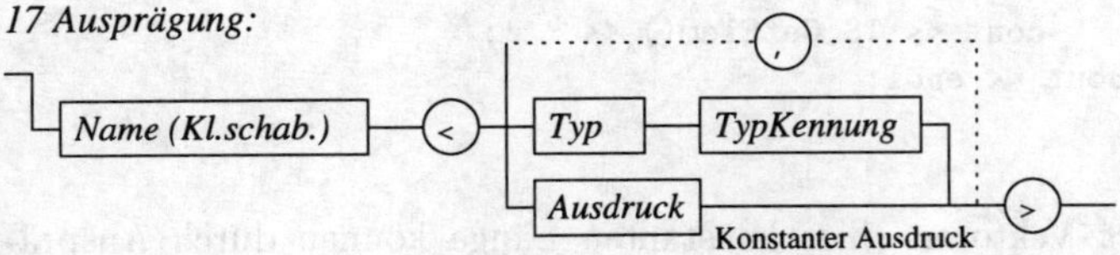

Die ausprägenden Typen müssen keine Klassentypen sein. Für die übrigen Parameter muß ein konstanter Ausdruck des Typs des formalen Argumentes angegeben werden. Das kann auch eine Adresse sein, die zur Übersetzungszeit bestimmt werden kann.

Der Name der ausgeprägten Klasse besteht aus dem Schablonennamen und den Parametern. Er ist immer in dieser Form zu verwenden. Zur Abkürzung kann allerdings mittels `typedef` ein Aliasname eingeführt werden.

Beispiel 8–5: Ausprägungen von `Set` und `Array`

Folgendes Programm nutzt die Mengenschablone, um die Menge von Zeichen zu bestimmen, die in jeder von zwei Dateien vorkommen.

```
#include <fstream.h>
#include "set.hpp"

void main()
{
    typedef Set<char> CharSet;

    CharSet S, M;
    ifstream SetFile("set.cpp");
    ifstream MatrixFile("matrix.cpp");
    char ch;
```

```
    while (SetFile.get(ch))
        S.Add(ch);
    while (MatrixFile.get(ch))
        M.Add(ch);

    CharSet IS = S * M;    //Intersection

    while (!IS.Empty())
        cout << IS.GetElem() << ' ';
    cout << endl;
}
```

float–Vektoren einer konstanten Länge können durch Ausprägung der Array–Klasse definiert werden. Hier wird das Intervall $[0, 2\pi]$ äquidistant unterteilt, für die Stützstellen der Cosinus und der Sinus berechnet und in Vektoren gespeichert.

```
#include <math.h>
#include "array.hpp"

const DIM = 100;

void main()
{
    typedef Array<float,DIM> FloatVector;

    FloatVector X, CosX, SinX;
    float step = 2*M_PI/DIM, x=0;

    for (int i=1; i<=DIM; i++)
    {
        X[i]    = x;
        CosX[i] = cos(x);
        SinX[i] = sin(x);
        x += step;
    }
}
```

□

Eine ausgeprägte Klasse ist in jeder Beziehung eine Klasse und kann also auch als aktuelles Schablonenargument eingesetzt werden.

Beispiel 8–6: Felder von Mengen

```
#include <fstream.h>
#include "set.hpp"
#include "array.hpp"
#include "string.hpp"

const MAXDIM = 3;

void main()
{
    typedef Array<Set<char>, MAXDIM> CharSetArray;
    typedef Array<String, MAXDIM> StringArray;
    typedef Array<ifstream, MAXDIM> ifstreamArray;

    CharSetArray UsedChars;
    StringArray InFileName;
    ifstreamArray InFile;
    char ch;

      // Einlesen
    for (int i=1; i<=MAXDIM; i++)
    {
        cout << "Filename: ";
        InFileName[i].Read(11);
        InFile[i].open(InFileName[i]);
        while (InFile[i].get(ch))
            UsedChars[i].Add(ch);
    }

      // Ausgeben
    for (i=1; i<=MAXDIM; i++)
    {
        cout << "File " << InFileName[i] << ':' << endl;
        while (!UsedChars[i].Empty())
            cout << UsedChars[i].GetElem() << ' ';
        cout << endl;
    }
}
```

□

8.3 Beschränkte Generizität

Ein weiteres Beispiel für die Verwendung von Klassenschablonen ist die Arithmetikdefinition für höhere Datentypen. So können komplexe Zahlen als Paar von zwei Gleitkommazahlen des Typs `float`, `double` oder `long double` vereinbart werden, wobei die Verknüpfungsregeln natürlich in jedem Fall die gleichen sind.

Beispiel 8–7: Komplexe Arithmetik

```
enum boolean {false, true};

template <class T>
class Complex
{
public:
    Complex(T x=0, T y=0): re(x), im(y) { }

    T &Re() { return re; }
    T &Im() { return im; }

    Complex<T> Conj() { return Complex<T>(re, -im); }

    friend Complex<T> operator +(Complex<T> C1,
                                  Complex<T> C2);
    friend Complex<T> operator -(Complex<T> C1,
                                  Complex<T> C2);
    friend Complex<T> operator *(Complex<T> C1,
                                  Complex<T> C2);
    friend Complex<T> operator /(Complex<T> C1,
                                  Complex<T> C2);
private:
    T re, im;
}; // Complex


template <class T>
Complex<T> operator +(Complex<T> C1,
                      Complex<T> C2)
{
    return Complex<T>(C1.re+C2.re, C1.im+C2.im);
}
```

```
template <class T>
Complex<T> operator -(Complex<T> C1,
                      Complex<T> C2)
{
    return Complex<T>(C1.re-C2.re, C1.im-C2.im);
}

template <class T>
Complex<T> operator *(Complex<T> C1,
                      Complex<T> C2)
{
    return Complex<T>(C1.re*C2.re-C1.im*C2.im,
                      C1.re*C2.im+C1.im*C2.re);
}

template <class T>
Complex<T> operator /(Complex<T> C1,
                      Complex<T> C2)
{
    return Complex<T>((C1.re*C2.re+C1.im*C2.im) /
                      (C2.re*C2.re+C2.im*C2.im),
                      (C2.re*C1.im-C1.re*C2.im) /
                      (C2.re*C2.re+C2.im*C2.im));
}


void main()
{
    typedef Complex<double> DComplex;

    DComplex i(0.0,1.0);

    DComplex x(13.4, -0.99), y(-67.5, 78.88), z;
    z = x+y;
    z = x-y;
    z = x*y;
    z = x/y;
}
```

□

Es ist klar, daß eine Ausprägung dieser Schablone nur mit einem solchen Typ sinnvoll geschehen kann, für den die arithmetischen Operatoren vorhanden sind. Diese Einschränkung wird in C++ nicht vom Übersetzer überprüft, sondern erst der Linker meldet einen Fehler, falls er eine angesprochene Routine nicht auffinden kann. Der Benutzer ist selbst dafür verantwortlich, daß die Semantik der mitgelieferten Operationen der in der Schablonendefinition vorgesehenen entspricht.

Falls nun für einen ausprägenden Typ eine besonders genaue oder effiziente komplexe Arithmetik verfügbar ist, so sollte diese natürlich verwendet werden, andererseits soll sich der Typ aber nicht durch einen eigenen Namen von den übrigen komplexen abheben. Deshalb ist es möglich eine Ausprägung von Hand vorzunehmen. Unterscheidet sich diese nur in einigen Methoden, so reicht es diese explizit anzugeben.

Beispiel 8–8: Genaue komplexe Arithmetik

Seien etwa in der Datei `accompl.hpp` Routinen für genaue Multiplikation und Division komplexer Zahlen vorhanden, so lassen sich diese durch explizite Ausprägung ansprechen. Die übrigen Methoden werden normal aus der Schablone `complex` ausgeprägt.

```
#include "complex.hpp"
#include "accompl.hpp"

Complex<double> operator *(Complex<double> C1,
                           Complex<double> C2)
{
    return AccComplMul(C1, C2);
}

Complex<double> operator /(Complex<double> C1,
                           Complex<double> C2)
{
    return AccComplDiv(C1, C2);
}
```

□

Wir verweisen an dieser Stelle auf die in Anhang A.4 beschriebene ausführliche Klassenbibliothek für zuverlässige Rechnerarithmetik.

8.4 Funktionsschablonen

Durch die Parametrisierung der Klassen mit Typen werden natürlich auch ihre Methoden parametrisiert. So tritt etwa in einer Schablone für sortierte Listen eine generische Sortiermethode auf.

Ähnlich wie Klassen sind manche Funktionen bis auf den Typ ihrer Argumente identisch. Sie können ebenfalls als Schablonen formuliert werden.

4 Funktionsschablonendefinition:*

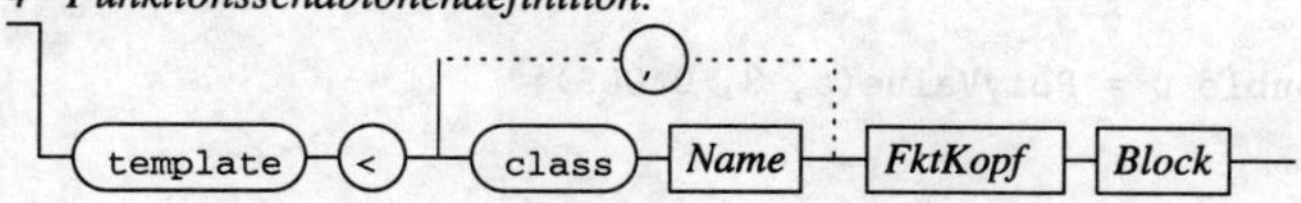

Es sind nur Typen als Schablonenargumente erlaubt, die alle in der eigentlichen Parameterliste der Funktion auftauchen müssen.

Der Aufruf einer Funktionsschablone erfolgt wie der Aufruf einer normalen Funktion und prägt die Schablone durch Angabe der aktuellen Parameter mit deren Typen aus. Diese werden an der ersten Stelle ihres Auftretens in der Parameterliste bestimmt und bleiben dann für den gesamten Funktionsaufruf gleich.

Beispiel 8–9: Hornerschema

Der Wert w eines Polynoms $\sum a_i x^i$, dessen Koeffizienten als Feld a gegeben sind, wird mittels des Hornerschemas berechnet:

$w = a_n$

für $i = n - 1$ bis 0 wiederhole

$w = w * x + a_i$

Diese Vorschrift ist unabhängig vom Datentyp der Koeffizienten und kann deshalb als Schablone vereinbart werden.

```
template <class T>
T PolyValue(T a[], int n, T x)
{
    T w = a[n];
```

```
    for (int i=n-1; i>=0; i--)
        w = w * x + a[i];
    return w;
}

void main()
{
    double a[4];
    a[3] = 0.9;
    a[2] = 7.4;
    a[1] = -23.19;
    a[0] = 4.0;

    double w = PolyValue(a, 3, 0.009);
}
```

□

Besserer Programmierstil ist es allerdings, eine generische Polynomklasse zu definieren, zu deren Methoden auch die Auswertung gehört, die nun als Überladen des Funktionsaufrufs `()` formuliert wird. Die Polynome werden durch ein dynamisches Feld für die Koeffizienten dargestellt. Die Verwendung der Schablone `DynArray` für diesen Zweck wäre ebenso möglich gewesen.

Beispiel 8–10: Polynomklasse

```
#include <assert.h>
#include "complex.cpp"

template <class T>
class Polynom
{
public:
   Polynom(int gr, const T& zero)
   : grad(gr), Tnull(zero)
   {
      a = new T[grad+1];
      // Initialisierung mit entsprechender 0
      for (int i=0 ; i<=grad ; i++)
         a[i] = Tnull;
   }
```

```
    Polynom(const Polynom<T> &P)
    : grad(P.grad), Tnull(P.Tnull)
    {
       a = new T[grad+1];
       for (int i=0 ; i<=grad ; i++)
          a[i] = P.a[i];
    }

    ~Polynom() { delete a[]; }

    Polynom<T> & operator =(const Polynom<T> &P);

    T & operator [](int i) const
    {
       assert(i>=0 && i<=grad);
       return a[i];
    }

    // Auswertung des Polynoms an der Stelle x
    T operator ()(T x) const;

    friend Polynom<T>
    operator +(const Polynom<T> &P1,
               const Polynom<T> &P2);

    friend Polynom<T>
    operator -(const Polynom<T> &P1,
               const Polynom<T> &P2);

    friend Polynom<T>
    operator *(const Polynom<T> &P1,
               const Polynom<T> &P2);
 private:
    T *a;
    unsigned grad;
    const T Tnull;
 }; // Polynom

 template <class T>
 T Polynom<T>::operator ()(T x) const
 {
    T w = a[grad];
    for (int i=grad-1; i>=0; i--)
       w = w * x + a[i];
```

```
    return w;
}

template <class T>
Polynom<T> &
Polynom<T>::operator =(const Polynom<T> &P)
{
    delete a[];
    grad = P.grad;
    a = new T[grad+1];
    for (int i=0 ; i<=grad ; i++)
        a[i] = P.a[i];
    return *this;
}

template <class T>
Polynom<T>
operator +(const Polynom<T> &P1,
           const Polynom<T> &P2)
{
    if ( P1.grad > P2.grad )
    {
        Polynom<T> Sum(P1);
        for (int i=0 ; i<=P2.grad ; i++)
            Sum.a[i] = Sum.a[i] + P2.a[i];
        return Sum;
    }
    else
    {
        Polynom<T> Sum(P2);
        for (int i=0 ; i<=P1.grad ; i++)
            Sum.a[i] = Sum.a[i] + P1.a[i];
        return Sum;
    }
} // +

template <class T>
Polynom<T>
operator -(const Polynom<T> &P1,
           const Polynom<T> &P2)
{
    // ... analog zu operator +
}
```

```
template <class T>
Polynom<T>
operator *(const Polynom<T> &P1,
   const Polynom<T> &P2)
{
   Polynom<T> Prod(P1.grad + P2.grad, P1.Tnull);

   for (int i=0; i<=P1.grad; i++)
      for (int j=0; j<=P2.grad; j++)
         Prod.a[i+j] = Prod.a[i+j]
                     + P1.a[i]*P2.a[j];
   return Prod;
} // *

void main()
{
   const int inull = 0;
   Polynom<int> a(3,inull), b(1,inull), c(1,inull);

   const Complex<double> cnull(0.0,0.0);

   Polynom< Complex<double> > p(2,cnull),
                             q(3,cnull), r(5,cnull);

   // ... einlesen der Koeffizienten

   c = a + b;
   r = q * p;
   Complex<double> z , x(8.6,-2.1);
   z = r(x); // Auwertung von r an der Stelle x

   // ... ausgeben der Ergebnisse
}
```

□

In einer statischen Polynomklasse mit festem Maximalgrad müssen die befreundeten Operatoren komplett innerhalb der Klassenschablone definiert werden, da sie außerhalb als Funktionsschablone keine Argumente für konstante Größen aufweisen dürfen.

Beim Zusammenspiel von **Überladung und Generizität** ist zu beachten, daß durch zu häufiges Überladen Mehrdeutigkeiten auftreten können, und daß es möglich ist, den gleichen Funktionsnamen als Schablone und als direkte Funktion zu verwenden oder auch explizite Ausprägungen zu vereinbaren.

Die Identifikation von überladenen Funktionen sucht zuerst eine exakt passende Funktion, versucht dann eine Ausprägung mit identischen Typen vorzunehmen und konvertiert erst dann die Argumenttypen, um einen Aufruf einer einfachen Funktion zu ermöglichen. Es wird keine Konversion durchgeführt, um dadurch eine Ausprägung möglich zu machen.

9 Weiterverwertbare Datentypen durch Vererbung

Ziel der Programmentwicklung und insbesondere des objektorientierten Ansatzes ist es, allgemeine, wiederverwendbare Bausteine zu schaffen und diese mit wenig Aufwand an neue spezielle Aufgaben anzupassen. In diesem Sinn sollten folgende Programmierregeln anwendbar sein:

- Verwende bereits geschriebenen Programmcode wieder.
- Erweitere ein fertiges Modul um neue Funktionen.
- Passe ein allgemein gehaltenes Programmstück der speziellen Aufgabe an
  - durch Angabe von aktuellen Parametern oder Typen (Aufruf einer Funktion oder Ausprägung einer Schablone).
  - durch Hinzufügen neuer Attribute und Methoden.
  - durch Verfeinern der angegebenen allgemeinen Methoden.
- Klassifiziere die auftretenden Klassen so, daß Gemeinsamkeiten zusammengefaßt werden.
- Formuliere, um die Wiederverwendbarkeit zu erhöhen, gegebenenfalls abstrakte Klassen, von denen keine Objekte existieren.
- Definiere eine neue Klasse als Spezialisierung einer vorhandenen oder als Zusammenfassung mehrerer anderer Klassen.
- Lasse zu, daß ein Objekt während der Laufzeit des Programms verschiedenen (in Beziehung zueinander stehenden) Klassen angehören kann und sich immer entsprechend verhält.

Bei all diesen Tätigkeiten ist es eminent wichtig , daß der bereits existierende Quelltext nicht verändert wird, um die Wartung des Programms zu erleichtern.

Der vorhandene, u.U. von vielen Programmierern benutzte, ursprüngliche Text, der ja eine klar umrissene Aufgabe erfüllt, sollte nur einmal im System vorhanden sein, um zu vermeiden, daß leicht unterschiedliche

Versionen verwendet werden und dadurch der Überblick verloren geht. Handelt es sich um gekaufte Software, so ist deren Quelltext entweder überhaupt nicht verfügbar, oder eine Änderung verbietet sich wegen des übertrieben hohen Aufwandes. Durch Festhalten am ursprünglichen Text und zusammenhängende Angabe der Erweiterung oder Änderung ensteht eine einheitliche, verständliche Beschreibung der Neuerung, die nicht über viele Zeilen überdetaillierten, unbekannten Textes verstreut ist.

Wir haben einige der oben angeführten Entwurfsaspekte schon verwirklicht. Das Klassenkonzept und die Modularisierung schaffen abgeschlossene, wiederverwendbare Einheiten. Durch Überladen von Operatoren und durch Konversionen lassen sich die neuen Klassen nahtlos in die bestehenden Typen eingliedern.

Generische Klassen bieten allgemeine, auch vom eigentlichen Inhalt abstrahierte Schablonen, die in beliebiger Umgebung ausgeprägt werden können. Wie bei Schablonen üblich, ist allerdings die Ausprägung ein starrer, unflexibler Prozeß, der es nicht erlaubt, kleine, dem neuen, ausprägenden Typ angepaßte Änderungen oder Ergänzungen vorzunehmen.

Denken wir an das Beispiel der Listenschablone.

> Für eine Liste von Zahlen kann es interessant sein, die Summe aller Listenelemente zu berechnen.
>
> Das Einfügen in eine sortierte Liste hat die Ordnungsstruktur zu erhalten.

Beide Operationen sind in der Schablone nicht vorgesehen. Für diesen Zweck ist also eine Ausprägung nicht ausreichend, und wir müßten eine neue Klasse oder Schablone schreiben und dabei große Teile des existierenden Schablonenquelltextes wiederholen. Wir werden im Gegensatz dazu die neuen Klassen wie folgt definieren:

> Eine summierbare Liste ist eine Liste. Sie übernimmt (erbt) alle Attribute und Methoden von dieser und besitzt zusätzlich eine Methode `sum`.
>
> Eine sortierte Liste ist eine Liste, bei der das Einfügen so geschieht, daß die Elemente sortiert sind.

Dieses Vorgehen und alle weiteren, oben angeführten Punkte können durch das Konzept der **Vererbung**, die in C++ durch abgeleitete Klassen realisiert wird, erfüllt werden. Vererbung ist das zentrale, die objektorientierte Programmierung von anderen Programmierstilen unterscheidende Sprachkonstrukt. Nur mit ihrer Hilfe lassen sich die Entwurfsmethoden der Spezialisierung und Klassifizierung sauber in eine Programmiersprache umsetzen.

Schon in unserem ersten Beispiel, der Simulation eines Garagenbaus, haben wir diese Vorgehensweise verwendet.

9.1 Spezialisierung

Wir wollen das Handwerkerbeispiel programmieren. Dazu geben wir zuerst eine Minimalversion der Klasse Mensch an:

Beispiel 9–1: Klasse `Mensch`

```
#include "adress.cpp"

class Mensch
{
public:
   Mensch(Adresse A): Adr(A) { }
   void Name() { cout << Adr.Vorname + String(" ") +
                        Adr.Name; }
private:
   Adresse Adr;
}; // Mensch
```

□

Ein Mensch besitzt eine Adresse und eine Methode, die seinen Namen ausdruckt.

Unser Entwurf im ersten Kapitel lautete:

> Ein Handwerker ist ein Mensch, der zusätzlich folgende Eigenschaften und Arbeitsmethoden hat: Angebot schreiben, Auftrag annehmen, Rechnung stellen und Material bestellen. Außerdem soll der Ausbildungsgrad vermerkt werden.

Handwerker sind eine **Teilmenge** der Menschen. Sie **erben**, d.h. verfügen über, alle derer Attribute oder Methoden und werden durch Angabe weiterer Attribute oder Methoden charakterisiert und von anderen Teilmengen unterschieden.

Die Klasse `Handwerker` ist also ein **Untertyp** der Klasse `Mensch`, der aus ihr durch **Erweiterung** hervorgeht.

In `C++` drückt man das durch **Ableiten** der Klasse `Handwerker` von der **Basisklasse** `Mensch` aus. Die Basisklasse wird vor der eigentlichen Komponentenliste, die jetzt nur die neu hinzukommenden Attribute und Methoden enthält, aufgeführt.

Beispiel 9–2: Klasse `Handwerker`

```
#include <iostream.h>
#include "mensch.cpp"

enum Ausbildungsgrad {Lehrling, Geselle, Meister};

class Handwerker: public Mensch
{
public:
    Handwerker(Adresse Adr, Ausbildungsgrad Ag, int Zeit)
    : Mensch(Adr),  // Basisklassenkonstruktor
      Ausb(Ag), ZeitVerfuegbar(Zeit) { }

    boolean AuftragAnnehmen(int ZeitBenoetigt)
    {
        if (ZeitBenoetigt <= ZeitVerfuegbar)
        {
            ZeitVerfuegbar -= ZeitBenoetigt;
            return true;
        }
        return false;
    }
private:
    Ausbildungsgrad Ausb;
    int ZeitVerfuegbar;
}; // Handwerker
```

```
void main()
{
    Adresse A("Pinsel", "Hans",
              "Klecksergasse", 15,
              8700, "Wuerzburg");
    Handwerker H(A, Meister, 20);

    cout << H.Name() << endl;

    if (H.AuftragAnnehmen(3))
        cout << "Nimmt an !" << endl;
    else
        cout << "Hat keine Zeit mehr !" << endl;
}
```

□

Selbstverständlich kann von einer abgeleiteten Klasse wieder geerbt und so ganze Klassenhierarchien aufgebaut werden.

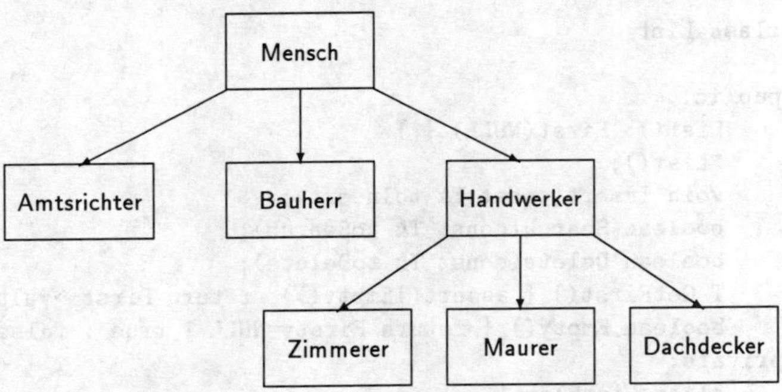

Durch die Spezialisierung können auch die Methoden der Basisklasse verfeinert also verändert werden.

Beispiel 9–3: Verfeinerung des Namens für Handwerker

```
void Handwerker::Name()
{
    Mensch::Name();
    cout << "hat noch " << ZeitVerfuegbar << " Tage Zeit."
}
```

□

Hier ruft die Methode `Name` der abgeleiteten Klasse `Handwerker` diejenige der Basisklasse `Mensch` auf, die dann durch den Bereichsoperator `::` kenntlich gemacht werden muß.

Die neue Methode kann aber auch ganz anders vorgehen als die der Basisklasse.

Beispiel 9–4: Einfügen in sortierte Liste

Wir beerben die Listenklasse aus Beispiel 7–20, um eine sortierte Liste zu erhalten. Hier die Deklaration der Basisklasse:

```
#include <stdlib.h>
#include <assert.h>

enum boolean {false, true};

typedef int T;

class List
{
public:
    List(): First(NULL) { }
    ~List();
    void Insert(const T& toInsert);
    boolean Search(const T& toSearch);
    boolean Delete(const T& toDelete);
    T GetFirst() { assert(!Empty()); return First->value; }
    boolean Empty() { return First==NULL ? true : false; }
private:
    class ListElem {
    public:
        T value;
        ListElem *next;
    };

    ListElem *First;
}; // List
```

Die Klasse SortedList muß die Methode Insert überschreiben:

```
#include "list.hpp"

class SortedList: public List
{
public:
    void Insert(const T& toInsert);  // sortiert Einfuegen
}; // SortedList


void SortedList::Insert(const T& toInsert)
{
      // neues Element erzeugen
    ListElem *NewElem = new ListElem(toInsert);

    if (Empty())  // erstes Element in Liste
        First = NewElem;
    else
    {
          // zukuenftiges Nachfolger und Vorgaenger suchen
        ListElem *behind=NULL;
        for (ListElem *before=First;
             before && before->value < toInsert;
             behind = before, before = before->next)
        ;
        if (!behind)  // an erster Stelle einfuegen
        {
            NewElem->next = First;
            First = NewElem;
        }
        else  // mittendrin einfuegen
        {
            behind->next = NewElem;
            NewElem->next = before;
        }
    }
}
```

□

9.2 Abgeleitete Klassen und Datenkapselung

Wir wollen die Syntax zur Ableitung von Klassen und ihre wichtigsten Semantikregeln vorstellen, bevor wir weitere Anwendungen diskutieren.

13 KlassenDef:*

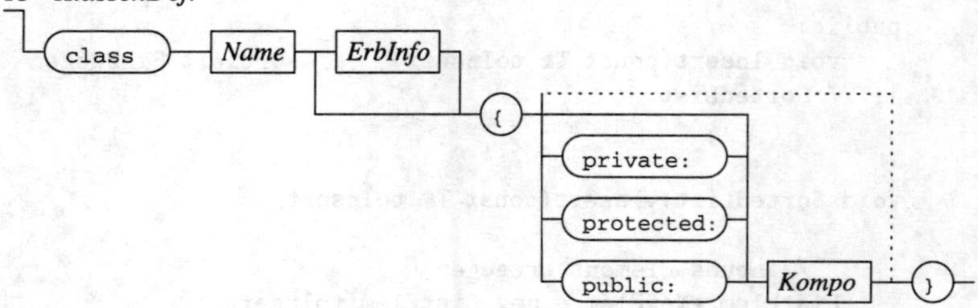

15 ErbInfo (Erbinformation):

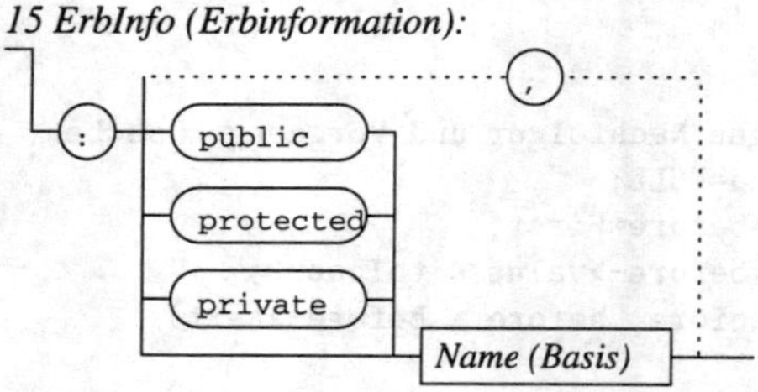

Semantik: Abgeleitete Klassen

Es gibt drei verschiedene Zugriffsregler: `public`, `protected` und `private`. Private Komponenten sind nur in der Klasse sichtbar, zu der sie gehören, aber nicht für abgeleitete Klassen. Diese Komponenten sind also nicht vererbbar. **Geschützte**, d.h. mit `protected` gekennzeichnete Komponenten, sind außerhalb der Klasse nur in abgeleiteten Klassen sichtbar. Geschützte und öffentliche Komponenten sind vererbbar.

Die abgeleitete Klasse besitzt in jedem Fall die vererbbaren Methoden und Attribute ihrer Basisklasse. Diese sind innerhalb der Klassendefinition direkt sichtbar. Entsprechend können Basisklassenkomponenten in abgeleiteten Klassen unverändert aufgerufen werden. Sie können aber auch neu definiert werden. Die eigentlichen Basisklassenkomponenten sind dann über den Bereichsoperator `::` immer noch zugreifbar. Durch

Neudefinition einer Methode werden alle Methoden des gleichen Namens aus der Basisklasse verdeckt.

14 Kompo (Komponente):*

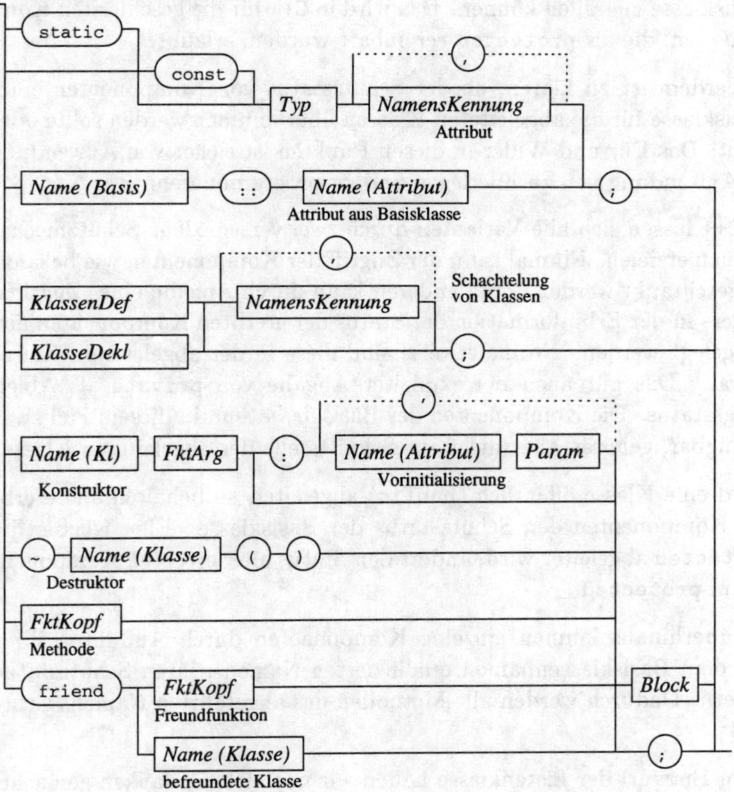

Der Konstruktor der Basisklasse wird nicht vererbt und sollte deshalb in der Vorinitialisierung aufgerufen werden. Er wird vor der Abarbeitung des Rumpfes des Konstruktors der abgeleiteten Klasse ausgeführt. Fehlt der Aufruf, so wird implizit der Standardkonstruktor aufgerufen. Die Argumente des Basisklassenkonstruktors können beim Aufruf des Konstruktors der abgeleiteten Klasse nicht mehr explizit angegeben werden, sondern sie berechnen sich aus Konstruktorargumenten und globalen Daten. In Beispiel 9–2 wurde bereits ein expliziter Basisklassenkonstruktoraufruf programmiert.

Durch den geschützten und öffentlichen Teil der Schnittstelle einer Klasse können wir die Daten nach Belieben kapseln. Bei abgeleiteten Klassen (Erben), die ja eine gewisse Beziehung zur Basisklasse aufweisen, taucht nun die Frage auf, inwieweit Erben auf geschützte Einträge der Basisklasse zugreifen können. Das wird in `C++` für die geschützten Komponenten, die als `protected` vereinbart wurden, erlaubt.

Außerdem ist zu klären, ob der Schutzstatus von Komponenten einer Basisklasse für die abgeleiteten Klassen übernommen werden sollte oder nicht. Das Für und Wider in diesen Punkten ist sicher von Anwendung zu Anwendung neu zu überlegen und zu programmieren.

In `C++` lassen sich alle Varianten durch zwei verschiedene Schutzmechanismen erzielen. Einmal kann der Zugriff der Komponenten wie bekannt eingeschränkt werden. Zum anderen kann durch Angabe eines Zugriffsreglers in der Erbinformation der Status der ererbten Komponenten neu festgelegt werden. Normalerweise sind diese in der abgeleiteten Klasse privat. Das gilt auch bei expliziter Angabe von `private` als Ableitungsstatus. Die Komponenten der Basisklasse sind in diesem Fall zwar verfügbar, gehören aber nicht zur Schnittstelle der abgeleiteten Klasse.

Wird eine Klasse öffentlich (`public`) abgeleitet, so behalten alle ererbten Komponenten den Schutzstatus der Basisklasse. Eine Klasse, die `protected` abgeleitet wird, ändert den Status aller ererbten Komponenten in `protected`.

Darüberhinaus können einzelne Komponenten durch Aufführen ihres mit dem Basisklassennamen qualifizierten Namens, ihren Schutzstatus ändern. Dadurch werden alle Methoden des angeführten Namens sichtbar.

Beim Entwurf der Listenklasse haben wir uns viele Gedanken gemacht, welche Attribute und Methoden intern bleiben und welche in die Schnittstelle aufgenommen werden sollten. Dabei bewirkte die Kapselung von Interna wie etwa der Listenelementklasse stets einen gewissen Zusatzaufwand für die Implementierung. Es kann daher vorteilhaft sein, alle Komponenten erst einmal öffentlich zugänglich zu belassen und für die Weitergabe an den Anwendungsprogrammierer eine private Ableitung vorzunehmen, in der die Komponenten der Schnittstelle explizit bekanntgemacht werden.

Beispiel 9–5: Kapselung durch Vererbung

Wir erben von unserer Listenklasse und schränken die Schnittstelle auf das Einfügen ein.

```
#include "list.hpp"

class InsertList: List
{
public:
    List::Insert;
}; // InsertList
```

□

Diese Vorgehensweise ermöglicht also die Einschränkung der Schnittstelle durch Vererbung. Die gleiche Schnittstelle kann in der Regel durch sorgfältigen bottom-up Entwurf erhalten werden (siehe nächsten Abschnitt).

Ein Objekt einer `public` abgeleiteten Klasse ist an eines der Basisklasse im Sinne einer Untertypeigenschaft zuweisbar. Dabei werden jedoch nur die Werte der Basisklassenattribute zugewiesen. Die Information über die speziellen Untertypattribute geht verloren. Es handelt sich also um eine Projektion. Die entsprechende Zeigerzuweisung ist ebenfalls möglich. Deshalb lassen sich beim Aufruf von Methoden und Funktionen, die Argumente einer Basisklasse haben, auch Werte von deren abgeleiteten Klassen einsetzen.

Die Übergabe eines Objekts einer abgeleiteten Klasse zeigt das folgende Beispiel.

Beispiel 9–6: Abgeleitete Klasse als aktueller Parameter

Wir bilden von unserer in Beispiel 5–6 eingeführten Adreßklasse eine Unterklasse, die noch als zusätzliches Attribut die Telefonnummer enthält. Die Funktion `Drucke (Adresse)` kann nun auch mit einem Objekt des Typs `TelAdresse` aufgerufen werden.

```
#include "adress.hpp"

class TelAdresse: public Adresse
{
public:
    TelAdresse(String N="", String V="",  // Name, Vorname
               String Str="", unsigned HNr=0,// Strasse, Nr
               unsigned P=0, String O="",    // PLZ, Ort
               unsigned T=0)                 // Telefon
      : Adresse(N,V,Str,HNr,P,O), Tel(T) { }
private:
    unsigned Tel;
};


void Drucke(Adresse A)
{
    A.Drucke();
}


void main()
{
    TelAdresse TA(...);
    Drucke(TA);
}
```

Dieser Aufruf entspricht dem Aufruf einer Basisklassenmethode für ein Objekt der abgeleiteten Klasse.

```
void main()
{
    TelAdresse TA(...);
    TA.Drucke();
}
```

□

9.3 Modulerweiterung

Eine einfache Nutzanwendung der Vererbung ist die Wiederverwendung von existierendem Code. Klassen werden als Module aufgefaßt, die Datenstrukturen und darauf definierte Operationen zur Verfügung stellen. Wird nun eine Erweiterung der Funktionalität erwünscht, so läßt sich diese einfach und effizient durch Ableiten der Klasse und Hinzufügen einer oder mehrerer Routinen implementieren. Mit Hilfe der im vorigen Abschnitt beschriebenen privaten Ableitung kann auch eine Einschränkung der Funktionalität erzielt werden.

Auch das reine Benutzen eines Moduls kann durch eine private Ableitung modelliert werden, die ja die ererbten Methoden nicht weitergibt. Als Beispiel sei ein Modul zur Standardfunktionsberechnung angeführt, welches eine Langzahlarithmetik verwendet, die dem Benutzer des Moduls nicht zur Verfügung gestellt werden soll. Benutzung kann allerdings immer ohne Vererbung verwirklicht werden, die Methoden können ja einfach aufgerufen werden. Wir raten deshalb von diesem Gebrauch der Vererbung ab.

Auch beim schrittweisen Erweitern einer Klasse um eine Methode repräsentiert die abgeleitete Klasse nicht eigentlich einen Untertyp, sondern ein neues Modul, welches über eine Funktion mehr verfügt. Durch Anwenden der Vererbung lassen sich so genau abgestufte Versionen eines Datentyps realisieren, die immer mächtiger werden.

Im folgenden Beispiel beschreiben wir eine Simulation einer einfachen Variante des Kartenspiels MauMau. Wir prägen die Listenschablone aus, und leiten davon zwei Klassen mit unterschiedlicher Schnittstelle ab, `Kartenspiel` für die Gesamtheit der Karten und für einen Teil davon die Klasse `Karten`, die als Basisklasse für den Ablegestapel oder das Blatt eines einzelnen Spielers dient. Eine eigene Klasse `MauMauSpiel` wird als Schablone mit der Spieleranzahl parametrisiert. Das Hauptprogramm besteht aus einer Ausprägung dieser Schablone und dem Aufruf der einzigen öffentlichen Methode `Spielen`.

Beispiel 9–7: Maumau

```
#include <iostream.h>
#include <conio.h>
#include "card.hpp"
#include "list.hpp"

typedef List<Karte> Kartenliste;
```

```
class Kartenspiel: Kartenliste
{
public:
    friend Karten;
    Kartenspiel();
    void Mischen() { /* ... */ }
    Karte ObersteWeg();
    boolean Leer() { return Empty(); }
}; // Kartenspiel

Kartenspiel::Kartenspiel()
{
    Karte *K;
    for (FarbTyp F=Karo; F<=Kreuz; F++)
        for (WertTyp W=Bube; W<=As; W++)
        {
            K = new Karte(F,W);
            Insert(*K);
        }
}

Karte Kartenspiel::ObersteWeg()
{
    Karte Oberste = GetFirst();
    Delete(Oberste);
    return Oberste;
}


class Karten: protected Kartenliste
{
public:
    void KartenZurueck(Kartenspiel &Drauf);
}; // Karten

void Karten::KartenZurueck(Kartenspiel &Drauf)
{
    Karte K;
    while (!Empty())
    {
        K = GetFirst();
        Delete(K);
        Drauf.Insert(K);
    }
}
```

```
class Blatt: public Karten
{
public:
   void NimmKarte(Karte &K) { Insert(K); }
   Karte *SuchePassende(Karte &Oberste);
   boolean Fertig() { return Empty(); }

   void KartenZeigen();
}; // Blatt


Karte *Blatt::SuchePassende(Karte &Oberste)
{
   Karte *K=NULL;
   boolean Gefunden=false;
   Reset();
   while (!Last() && !Gefunden)
   {
      if ( GetCursor().Wert()  == Bube ||
           GetCursor().Wert()  == Oberste.Wert() ||
           GetCursor().Farbe() == Oberste.Farbe()  )
      {
         K = new Karte(GetCursor());
         Delete(*K);
         Gefunden = true;
      }
      else
         Next();
   }
   return K;
}


void Blatt::KartenZeigen()
{
   Reset();
   do
   {
      cout << GetCursor() << ' ';
      Next();
   } while (!Last());
   cout << endl;
}
```

```
class Ablegstapel: public Karten
{
public:
    void KarteDrauf(Karte &K) { Insert(K); Oben = K;}
    Karte Oberste() { return Oben; }
    void Umschichten(Kartenspiel &Drauf);
private:
    Karte Oben;
}; // Ablegstapel

void Ablegstapel::Umschichten(Kartenspiel &Drauf)
{
    Karte K = Oberste();
    Delete(K);
    KartenZurueck(Drauf);
    Insert(K);
}

template <unsigned Spielerzahl>
class MauMauSpiel
{
public:
    MauMauSpiel();
    void Spielen();
private:
    Blatt Spieler[Spielerzahl];
    unsigned Geber, KartenProSpieler;

    Kartenspiel  Zieh;
    Ablegstapel Ableg;

    boolean Siebener, Achter;

    void Spielzug(unsigned Spielernummer);
    Karte KarteZiehen();
}; // MauMauSpiel

template <unsigned Spielerzahl>
MauMauSpiel<Spielerzahl>::MauMauSpiel()
{
    assert(Spielerzahl < 7);
    Geber = 0;
    KartenProSpieler = Spielerzahl < 5 ? 6 : 4;
    Siebener = Achter = false;
}
```

```
template <unsigned Spielerzahl>
void MauMauSpiel<Spielerzahl>::Spielen()
{
    // Geben
    unsigned Dran=Geber;
    Zieh.Mischen();
    for (int i=1; i<=KartenProSpieler; i++)
        for (int j=0; j<Spielerzahl; j++)
        {
            Dran = (Dran+1)%Spieleranzahl;
            Spieler[Dran].NimmKarte(Zieh.ObersteWeg());
        }
    // Eine Karte aufdecken
    Ableg.KarteDrauf(Zieh.ObersteWeg());

    // Spielen
    Dran = Geber;
    do
    {
        Dran = (Dran+1)%Spielerzahl;
        Spielzug(Dran);
        getch();  // wartet auf Tastendruck
    }
    while (!Spieler[Dran].Fertig());

    cout << "Es gewinnt Spieler " << Dran << endl;

    // Karten einsammeln
    Ableg.KartenZurueck(Zieh);
    for (i=0; i<Spielerzahl; i++)
        Spieler[i].KartenZurueck(Zieh);

    Geber = (Geber+1)%Spielerzahl;
    Siebener = Achter = false;
}


template <unsigned Spielerzahl>
void MauMauSpiel<Spielerzahl>::Spielzug(unsigned i)
{
    cout << "Spieler " << i+1 << ": ";
    Spieler[i].KartenZeigen();
    cout << "Oben: " << Ableg.Oberste() << endl;
```

```
        if (Achter)
        {
            cout << "Setzt aus !";
            Achter = false;
        }
        else
        {
            if (Siebener)
            {
                cout << "Zieht zwei !" << endl;
                Spieler[i].NimmKarte(KarteZiehen());
                Spieler[i].NimmKarte(KarteZiehen());
                Siebener = false;
            }
            Karte *K=Spieler[i].SuchePassende(Ableg.Oberste());
            if (K)
            {
                Ableg.KarteDrauf(*K);
                cout << "Spielt " << *K;
                int Wert=K->Wert();
                if (Wert==Sieben)
                    Siebener = true;
                if (Wert==Acht)
                    Achter = true;
            }
            else
            {
                cout << "Kann nicht und zieht eine !";
                Spieler[i].NimmKarte(KarteZiehen());
            }
        }
        cout << endl;
}

template <unsigned Spielerzahl>
Karte MauMauSpiel<Spielerzahl>::KarteZiehen()
{
    if (Zieh.Leer())
    {
        Ableg.Umschichten(Zieh);
        Zieh.Mischen();
    }
    return Zieh.ObersteWeg();
}
```

```
void main()
{
    MauMauSpiel<4> M;
    for (int i=1; i<=10; i++)
        M.Spielen();
}
```

□

Hier ist vielleicht noch eine Bemerkung zum (nicht wirklich vorhandenen) Modulkonzept von C++ angebracht. Da stets die gesamte Klassendeklaration bei einer Übersetzung vorhanden sein muß, lassen sich nur die Methodenrümpfe, nicht aber die geschützten Komponenten tatsächlich verbergen. Es kann nicht verhindert werden, daß der Schutzstatus im Nachhinein verändert wird. So ist der Klassenprogrammierer immer auf die sachgemäße, gutwillige Benutzung seiner Klassen angewiesen, kann diese aber letzlich nicht erzwingen.

9.4 Generalisierung

Man kann die Vererbung auch nutzen, um ähnliche Klassen zusammenzufassen und die gemeinsamen Teile zu einer neuen Klasse zu generalisieren.

Wir betrachten als Anwendung die Darstellung von einfachen Eingabemasken und Auswahlfenstern. Eine Maske ist dabei ein an belibieger Bildschirmposition erscheinendes Rechteck, welches ein Aufforderung zum Einlesen eines Strings enthält. Ein Menü ist ein Rechteck, in dem bis zu 9 mögliche Alternativen zur Auswahl angegeben sind.

Beispiel 9–8: Masken und Menüs

Maske:

```
#include <stdio.h>
#include <conio.h>  // Konsolen-Operationen
#include <assert.h>
#include "string.hpp"
```

```
const int lo = 218;
const int ro = 191;
const int ho = 196;
const int ve = 179;
const int lu = 192;
const int ru = 217;

class Maske
{
public:
      // Maske an Position (links,oben) mit Eingabebreite
      // 'breit' und einem Prompt erzeugen
    Maske(int links, int oben, int breit, String Prompt);

      // Maske darstellen und Eingabe erwarten
    String Eingabe();
private:
    int x1, y1;  // linke obere Ecke der Maske
    int x2, y2;  // rechte untere Ecke
    int b;       // Gesamtbreite
    String P;    // Prompt

    void Darstellen();  // Maske ausgeben
}; // Maske


Maske::Maske(int links, int oben, int breit, String Prompt)
: x1(links), y1(oben), P(Prompt)
{
      // Dimensionen berechnen und ueberpruefen
    assert(x1>0 && y1>0);
    b = breit+P.Length()+2;
    x2 = x1+b+1;
    y2 = y1+2;
    assert(x2<81 && y2<26);
}


String Maske::Eingabe()
{
    Darstellen();
      // Eingabe ueber Konsole abfragen
    int Eingabebreite = b-P.Length()-1;
    char *Ein = new char[Eingabebreite+2];
    Ein[0]=Eingabebreite;
```

```
    String S(cgets(Ein));
    window(1,1,80,25);  // Fenster auf Vollgroesse
    return S;
}

void Maske::Darstellen()
{
    window(x1,y1,x2,y2); // Fenster setzen
    clrscr();
      // Rahmen zeichen
    gotoxy(1,1); putchar(lo);
    for (int i=1; i<b; i++)
        putchar(ho);
    putchar(ro);
    gotoxy(1,2);   putchar(ve);
    gotoxy(b+1,2); putchar(ve);
    gotoxy(1,3);   putchar(lu);
    for (i=1; i<b; i++)
        putchar(ho);
    putchar(ru);
      // Prompt ausgeben
    gotoxy(2,2); cputs(P);
}

void main()
{
     Maske M(1,13,10,"Bitte Namen eingeben: ");
     cout << M.Eingabe() << endl;
}
```

Menü:

```
#include <stdlib.h>
#include <stdio.h>
#include <conio.h>
#include <assert.h>
#include "string.hpp"

const int lo = 218;
const int ro = 191;
const int ho = 196;
const int ve = 179;
const int lu = 192;
const int ru = 217;
```

```
class Menue
{
public:
      // Erzeugt Menue mit 'Anzahl' Punkten an der Stelle
      // (links,oben). Menuepunkte in S.
    Menue(int links, int oben, int breit, String S[],
          int Anzahl);

      // Fragt ab, welcher Punkt gewaehlt wird; liefert bei
      // Falscheingabe den Wert -1
    int Auswahl();

private:
    int x1, y1;  // linke obere Ecke des Menues
    int x2, y2;  // rechte untere Ecke
    int b;       // Gesamtbreite
    int Anz;     // Anzahl der Menuepunkte
    String *Menuepunkt;  // Menuepunkte

    void Darstellen();   // Gibt Menue auf Bildschirm aus
}; // Menue

Menue::Menue(int links, int oben, int breit, String S[],
             int Anzahl)
: x1(links), y1(oben), Menuepunkt(S), Anz(Anzahl)
{
    assert(Anz>0 && Anz<10);
    assert(x1>0 && y1>0);
      // Dimensionen berechnen
    b  = breit+3;
    x2 = x1+b;
    y2 = y1+Anz+3;
    assert(x2<81 && y2<26);
}

int Menue::Auswahl()
{
    Darstellen();
    char ch = getche();
    int val = ch-int('0');
    if (val<1 || val>Anz)
        val = -1;
    window(1,1,80,25);
    return val;
}
```

```
void Menue::Darstellen()
{
    window(x1,y1,x2,y2);  // Fenster setzen
    clrscr();
      // Rahmen zeichen
    gotoxy(1,1); putchar(lo);
    for (int i=1; i<b-1; i++)
        putchar(ho);
    putchar(ro);

    for (i=2; i<Anz+4; i++)
    {
        gotoxy(1,i); putchar(ve);
        gotoxy(b,i); putchar(ve);
    }

    gotoxy(1,Anz+4); putchar(lu);
    for (i=1; i<b-1; i++)
        putchar(ho);
    putchar(ru);
      // Menuepunkte ausgeben
    for (i=1; i<=Anz; i++)
    {
        gotoxy(2,i+1); cprintf("%d ", i);
        cputs(Menuepunkt[i-1]);
    }
      // Prompt ausgeben
    gotoxy(2,Anz+3); cputs("Ihre Wahl: ");
}

void main()
{
    String S[5] = {"Laden", "Abspeichern", "Verzeichnis",
                   "Ende", "Shell"};
    Menue M(10,10,12,S,5);
    cout << M.Auswahl() << endl;
}
```

Beide Klassen sind sehr ähnlich, sie enthalten die Koordinaten der Eckpunkte, die Gesamtbreite und eine fast identische Methode zu ihrer Darstellung auf dem Bildschirm. In dieser verwenden wir Funktionen aus der Sammlung `conio.h`, die einen Bildschirmausschnitt definieren (`window`), relativ in diesem positionieren (`gotoxy`), Zeichen einlesen (`getche`) und ausgeben (`putchar`, `puts`), die unter diesen oder ähnlichen Namen in jeder Implementierung verfügbar sein werden.

Um nun die Ähnlichkeit der Klassen auszunutzen, fassen wir die gemeinsamen Komponenten in einer Klasse `Fenster` zusammen, die ihrerseits wieder von der Klasse `BildschirmRechteck` abgeleitet ist. Der Entwurf ist übersichtlicher und besser verwertbar, denn von der Klasse `Fenster` läßt sich leicht eine weitere Klasse `Nachricht` ableiten, ohne daß bestehender Quelltext kopiert oder modifiziert werden müßte.

Graphisch sieht die Hierarchie so aus:

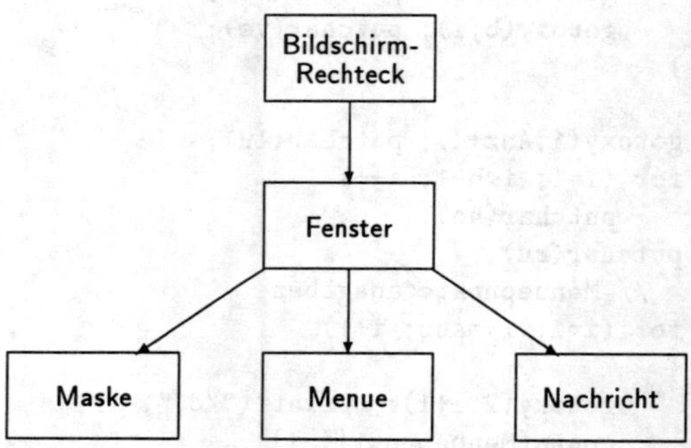


```
#include <stdlib.h>
#include <stdio.h>
#include <conio.h>
#include <assert.h>
#include "string.hpp"

const int lo = 218;
const int ro = 191;
const int ho = 196;
const int ve = 179;
const int lu = 192;
const int ru = 217;

class BildschirmPunkt
{
public:
    BildschirmPunkt(int Spalte, int Zeile)
    : x(Spalte), y(Zeile)
```

```
    {
        assert(x>0 && x<81 && y>0 && y<26);
    }

    int Spalte() { return x; }
    int Zeile() { return y; }
private:
    int x, y;
}; // BildschirmPunkt


class BildschirmRechteck
{
public:
    BildschirmRechteck(BildschirmPunkt LinksOben,
                       BildschirmPunkt RechtsUnten)
    : A(LinksOben), B(RechtsUnten)
    {
        assert(A.Spalte()<=B.Spalte() &&
               A.Zeile() <=B.Zeile()     );
    }
    BildschirmPunkt LinksOben() { return A; }
    BildschirmPunkt RechtsUnten() { return B; }
    int Breite() { return B.Spalte()-A.Spalte()+1; }
    int Hoehe() { return B.Zeile()-A.Zeile()+1; }
private:
    BildschirmPunkt A, B;
}; // BildschirmRechteck


class Fenster: public BildschirmRechteck
{
public:
    Fenster(BildschirmPunkt LinksOben,
            BildschirmPunkt RechtsUnten)
    : BildschirmRechteck(LinksOben, RechtsUnten)
    {
        assert(Hoehe()>2 && Breite()>2);
    }

    void Oeffnen();
    void Schliessen() { window(1,1,80,25); }
private:
    void Rahmen();
}; // Fenster
```

```
void Fenster::Oeffnen()
{
    window(LinksOben().Spalte(), LinksOben().Zeile(),
           RechtsUnten().Spalte(), RechtsUnten().Zeile());
    Rahmen();
    window(LinksOben().Spalte()+1,
           LinksOben().Zeile()+1,
           RechtsUnten().Spalte()-1,
           RechtsUnten().Zeile()-1);
    clrscr();
}

void Fenster::Rahmen()
{
    gotoxy(1,1); putchar(lo);
    for (int i=1; i<Breite()-1; i++)
        putchar(ho);
    putchar(ro);
    for (i=2; i<Hoehe(); i++)
    {
        gotoxy(1,i); putchar(ve);
        gotoxy(Breite(),i); putchar(ve);
    }
    gotoxy(1,Hoehe()); putchar(lu);
    for (i=1; i<Breite()-1; i++)
        putchar(ho);
    putchar(ru);
}

class Maske: Fenster
{
public:
    Maske(int links, int oben, int breit, String Prmpt)
    : Fenster(BildschirmPunkt(links, oben),
              BildschirmPunkt(links+Prmpt.Length()+breit+2,
                              oben+2)),
      P(Prompt), Eingabebreite(breit) { }

      // Maske darstellen und Eingabe erwarten
    String Eingabe();

private:
    String P;
    int Eingabebreite;
}; // Maske
```

```
String Maske::Eingabe()
{
    Oeffnen();
    cputs(P);
    char *Ein = new char[Eingabebreite+2];
    Ein[0]=Eingabebreite+1;
    String S(cgets(Ein));
    Schliessen();
    return S;
}


class Menue: Fenster
{
public:
        // Erzeugt Menue mit 'Anzahl' Punkten an der Stelle
        // (links,oben). Menuepunkte in S.
    Menue(int links, int oben, int breit, String S[],
            int Anzahl)
    : Menuepunkt(S),
      Anz(Anzahl),
      Fenster(BildschirmPunkt(links, oben),
              BildschirmPunkt(links+breit+2,oben+Anzahl+3))
    {
        assert(Anzahl>0 && Anzahl<9);
    }

        // Fragt ab, welcher Punkt gewaehlt wird; liefert bei
        // Falscheingabe den Wert -1
    int Auswahl();
private:
    String *Menuepunkt;
    int Anz;
}; // Menue


int Menue::Auswahl()
{
    Oeffnen();
    for (int i=0; i<Anz; i++)
    {
        gotoxy(1,i+1); cprintf("%d ", i+1);
        cputs(Menuepunkt[i]);
    }
    gotoxy(1,Anz+2); cputs("Ihre Wahl: ");
```

```
    char ch = getche();
    int val = ch-int('0');
    if (val<1 || val>Anz)
        val = -1;

    Schliessen();
    return val;
} // Auswahl

class Nachricht: Fenster
{
public:
    Nachricht(int links, int oben, String S)
    : Fenster(BildschirmPunkt(links, oben),
              BildschirmPunkt(links+S.Length()+2, oben+2)),
      Inhalt(S) { }

    void Zeigen();
private:
    String Inhalt;
}; // Nachricht

void Nachricht::Zeigen()
{
    Oeffnen();
    cputs(Inhalt);
    getch();
    Schliessen();
}

void main()
{
    Maske Ma(1,13,10,"Bitte Namen eingeben: ");
    cout << Ma.Eingabe() << endl;

    String S[5] = {"Laden", "Abspeichern", "Verzeichnis",
                   "Ende", "Shell"};
    Menue Me(10,10,12,S,5);
    cout << Me.Auswahl() << endl;

    Nachricht N(5,5,"Bitte Diskette in Laufwerk A: !");
    N.Zeigen();
}
```

□

9.5 Polymorphie

Ein wesentlicher Aspekt, der durch die Vererbung verwirklicht wird, ist die Möglichkeit, daß Objekte während des Programmablaufs verschiedene Typen annehmen, also **polymorph** auftreten, und ihr Verhalten sich immer nach dem aktuellen Typ richtet, der erst zur Laufzeit festgelegt wird.

Im Beispiel 9–6 wurde eine Methode der Basisklasse für ein Objekt der abgeleiteten Klasse aufgerufen. Was passiert nun, wenn diese Methode in der abgeleiteten Klasse redefiniert wurde?

Wir untersuchen diese Frage anhand der Handwerkerklasse aus Beispiel 9–2.

Beispiel 9–9: Frühe Bindung

```
void DruckeName(Mensch M)
{
    cout << M.Name();
}

void main()
{
    Adresse A("Pinsel", "Hans",
        "Klecksergasse", 15,
             8700, "Wuerzburg");
    Handwerker H(A, Meister);

    DruckeName(H);
}
```

□

Weil der Zugriff über ein Objekt der Klasse `Mensch` erfolgt, wird hier `Mensch::Name()` ausgeführt und daher die verfügbare Zeit nicht ausgedruckt. Auch bei Verwendung eines Zeigers ändert sich daran nichts.

Kennzeichnet man dagegen die zu verfeinernde Methode in der Basisklasse als **virtuell**, so wird bei Zeigerzugriff zur Laufzeit die aktuell gültige Version ausgesucht und ausgeführt.

Beispiel 9–10: Späte Bindung

```
#include "adress.cpp"

class Mensch
{
public:
    Mensch(Adresse A): Adr(A) { }
    virtual void Name() { cout << Adr.Vorname +
                                  String(" ") + Adr.Name; }
private:
    Adresse Adr;
}; // Mensch
```

□

Virtuelle Methoden lassen sich genau wie andere Methoden aufrufen. Darüberhinaus erlauben sie die **späte Bindung**, d.h. die genaue Festlegung, welche Methode aufgerufen wird, geschieht erst zur Laufzeit. Hat man nämlich einem Zeiger auf ein Basisklassenobjekt einen Verweis auf ein Objekt einer abgeleiteten Klasse `K` zugewiesen, so wird bei später Bindung die Methode von `K` aufgerufen. Im Gegensatz dazu steht die bisher ausschließlich vorkommende **frühe Bindung** einer Methode, die sich immer nach dem zur Übersetzungszeit ermittelten Typ richtet.

Der Status virtuell bleibt erhalten, wenn virtuelle Methoden in abgeleiteten Klassen redefiniert werden. Eine neue Definition einer Methode gleichen Namens, aber mit anderen Parametern verdeckt jedoch die virtuelle Methode, ohne sie zu überlagern.

Virtuelle Methoden dienen dazu, allgemeine Tätigkeiten durchzuführen und gewisse Ausführungsdetails einer später zu entwerfenden Verfeinerung zu delegieren.

Beispiel 9–11: Programmieren durch Delegation

So können wir die Methode `Zeichnen`, welche beim Öffnen eines Fensters aufgerufen wird, virtuell erklären und für ungerahmte Fenster leer lassen. Für Fenster mit Rahmen und Textfenster wird entsprechend mehr ausgegeben.

```
class Fenster: public BildschirmRechteck
{
public:
    Fenster(BildschirmPunkt LinksOben,
            BildschirmPunkt RechtsUnten)
    : BildschirmRechteck(LinksOben, RechtsUnten) { }

    void Oeffnen();
    void Schliessen() { window(1,1,80,25); }
private:
    virtual void Zeichnen() { };
}; // Fenster

void Fenster::Oeffnen()
{
    window(LinksOben().Spalte(), LinksOben().Zeile(),
           RechtsUnten().Spalte(), RechtsUnten().Zeile());
    clrscr();
    Zeichnen();
}


class GerahmtesFenster: public Fenster
{
public:
    GerahmtesFenster(BildschirmPunkt LinksOben,
                     BildschirmPunkt RechtsUnten)
    : Fenster(LinksOben, RechtsUnten)
    {
        assert(Hoehe()>2 && Breite()>2);
    }
protected:
    void Zeichnen();
private:
    void Rahmen();
}; // GerahmtesFenster

void GerahmtesFenster::Zeichnen()
{
    Rahmen();
    window(LinksOben().Spalte()+1,
           LinksOben().Zeile()+1,
           RechtsUnten().Spalte()-1,
           RechtsUnten().Zeile()-1);
}
```

```
void GerahmtesFenster::Rahmen()
{
    gotoxy(1,1); putchar(lo);
    for (int i=1; i<Breite()-1; i++)
        putchar(ho);
    putchar(ro);
    for (i=2; i<Hoehe(); i++)
    {
        gotoxy(1,i); putchar(ve);
        gotoxy(Breite(),i); putchar(ve);
    }
    gotoxy(1,Hoehe()); putchar(lu);
    for (i=1; i<Breite()-1; i++)
        putchar(ho);
    putchar(ru);
}

class Nachricht: public GerahmtesFenster
{
public:
    Nachricht(int links, int oben, String S)
    : GerahmtesFenster(BildschirmPunkt(links, oben),
                       BildschirmPunkt(links+S.Length()+2,
                       oben+2)),
      Inhalt(S) { }
private:
    String Inhalt;

    void Zeichnen();
}; // Nachricht

void Nachricht::Zeichnen()
{
    GerahmtesFenster::Zeichnen();
    cputs(Inhalt);
}

void main()
{
    Nachricht N(5,5,"Bitte Diskette in Laufwerk A: !");
    N.Oeffnen();
}
```

□

Das Besondere dieser Art, des Programmierens durch Delegation, liegt darin, daß Aufgaben für unbekannte, noch nicht geplante Klassen vorgesehen werden können. Objekte verschiedener Klassen innerhalb einer Vererbungshierarchie können über einen Zeiger auf die gemeinsame Basisklasse angesprochen werden, verhalten sich aber immer so, wie es ihrem eigentlichen Typ entspricht.

9.6 Abstrakte Klassen

Durch Verwendung von virtuellen Methoden lassen sich Klassen definieren, die Routinen zusammenfassen, die eigentlich erst später in abgeleiteten Klassen wirklich eingesetzt werden sollen. Eine Klasse geometrisches Objekt kann z.B. als gemeinsame Oberklasse von Rechtecken, Punkten und Kreisen aufgefaßt werden. Alle diese Klassen besitzen die Methoden `Zeichne` und `Entferne`, die natürlich von der speziellen Figur abhängen, und die Methode `Bewege`, die das Objekt an der augenblicklichen Stelle entfernt und an der neuen Position wieder zeichnet. Diese Methode ist von der eigentlichen Figur unabhängig und kann daher in der Basisklasse `GeomObj` erklärt werden. Sie greift jedoch auf die Methoden `Zeichne` und `Entferne` zu, die für eine allgemeine geometrische Figur schwerlich angegeben werden können. Für eine sinnvolle Ausführung liegt nicht genügend Information vor, die Klasse besitzt ja nur das Attribut `sichtbar` ; also kann höchstens irgendeine Fehlerausgabe erfolgen, die besagt, daß für Objekte dieses Typs diese Methode nicht aufgerufen werden sollte. Besser ist es, die Methode als nicht aufrufbar zu kennzeichnen, das geschieht durch folgende Definition.

Virtuelle Methoden - aus 14 Komponente:

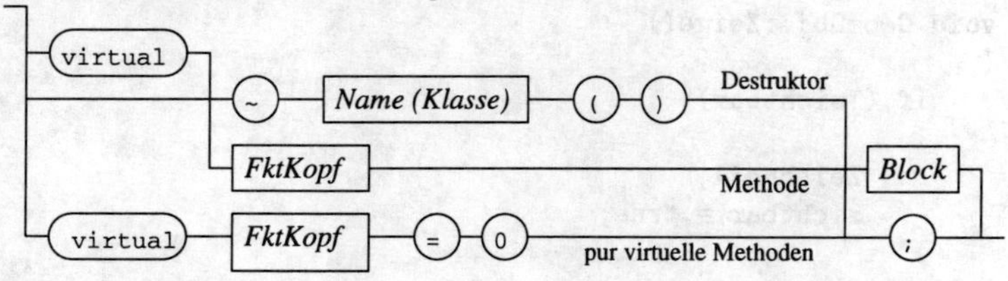

Solche Methoden nennt man **pur virtuell** oder leer virtuell. Eine Klasse heißt **abstrakt**, falls sie mindestens eine pur virtuelle Methode enthält.

Von ihr können keine Objekte angelegt werden. Sie darf nicht als Wertargumenttyp oder Ergebnistyp auftreten und nicht Ziel einer Konvertierung sein. Sie dient lediglich als Basis für die Ableitung weiterer Klassen, in denen die pur virtuellen Methoden neu definiert werden müssen. Zeiger und Referenzen auf abstrakte Klassen sind möglich.

Beispiel 9–12: Geometrische Objekte

```
#include <graphics.h>

enum boolean {false, true};

class GeomObj
{
public:
    GeomObj(float init_x, float init_y)
    : x(init_x), y(init_y), sichtbar(false) { }

    float X() { return x; }
    float Y() { return y; }
    boolean IstSichtbar() { return sichtbar; }

    void Zeige();
    void Verstecke();
    void Bewege(float dx, float dy);
protected:
    virtual void Zeichne()=0;
    virtual void Entferne()=0;
private:
    float x, y;
    boolean sichtbar;
}; // GeomObj

void GeomObj::Zeige()
{
    if (!sichtbar)
    {
        Zeichne();
        sichtbar = true;
    }
}
```

```
void GeomObj::Verstecke()
{
    if(sichtbar)
    {
        Entferne();
        sichtbar = false;
    }
}

void GeomObj::Bewege(float dx, float dy)
{
    boolean war_sichtbar = sichtbar;
    Verstecke();
    x += dx;
    y += dy;
    if (war_sichtbar) Zeige();
}

class Punkt: public GeomObj
{
public:
    Punkt(float x, float y): GeomObj(x, y) { }
protected:
    void Zeichne();
    void Entferne();
}; // Punkt

void Punkt::Zeichne()
{
      // mit Standardfarbe zeichnen
    putpixel(X(), Y(), getcolor());
}

void Punkt::Entferne()
{
      // mit Hintergrundfarbe zeichnen
    putpixel(X(), Y(), getbkcolor());
}

class Kreis: public GeomObj
{
public:
    Kreis(float x, float y, float Radius)
    : GeomObj(x, y), Rad(Radius) { }
```

```
    float Radius() { return Rad; }
protected:
    void Zeichne();
    void Entferne();
private:
    float Rad;
}; // Kreis

void Kreis::Zeichne()
{
    circle(X(), Y(), Rad);
}

void Kreis::Entferne()
{
    unsigned AlteFarbe = getcolor();
    setcolor(getbkcolor());
    circle(X(), Y(), Rad);
    setcolor(AlteFarbe);
}


class Quadrat: public GeomObj
{
public:
    Quadrat(float x, float y, float Seitenlaenge)
    : GeomObj(x, y), Laenge(Seitenlaenge) { }

    float Seitenlaenge() { return Laenge; }
protected:
    void Zeichne();
    void Entferne();
private:
    float Laenge;
}; // Quadrat

void Quadrat::Zeichne()
{
    float L2 = Laenge/2;
    rectangle(X()-L2, Y()-L2, X()+L2, Y()+L2);
}

void Quadrat::Entferne()
{
    float L2 = Laenge/2;
```

```
        unsigned AlteFarbe = getcolor();
        setcolor(getbkcolor());
        rectangle(X()-L2, Y()-L2, X()+L2, Y()+L2);
        setcolor(AlteFarbe);
    }


    void main()
    {
        int gdriv=DETECT, gmode;
        initgraph(&gdriv, &gmode, "\\borlandc\\bgi");
        Punkt P1(100.0,100.0);
        P1.Zeige();
        P1.Bewege(10,10);
        Kreis K(150,150,50);
        K.Zeige();
        for (int i=1; i<=100; i++)
            K.Bewege(1,1);
        Quadrat Q(200,200,100);
        Q.Zeige();
        closegraph();
    }
```

□

Auf diese Weise lassen sich **heterogene Listen** definieren, deren Elemente verschiedenen, allerdings von dem gleichen Basistyp abgeleiteten Datentypen angehören. Auf die Listenelemente sind dann alle Methoden, die für den Basistyp vereinbart wurden, aufrufbar, und zwar wird für virtuelle Methoden immer die aktuelle, später neu definierte, dem abgeleiteten Typ angepaßte Version ausgewählt.

Beispiel 9–13: Liste geometrischer Objekte

```
#include "list.hpp"
#include "geomobj.hpp"

class GeomObjList: public List<GeomObj *>
{
public:
    void ZeigeAlle();
}; // GeomObjList
```

```
void GeomObjList::ZeigeAlle()
{
    Reset();
    while (!Last())
    {
        GetCursor()->Zeige();
        Next();
    }
    GetCursor()->Zeige();
}


void main()
{
    int gdriv=DETECT, gmode;
    initgraph(&gdriv, &gmode, "\\borlandc\\bgi");
    Punkt P(100.0,100.0);
    Kreis K(150,150,50);
    Quadrat Q(200,200,100);
    GeomObjList L;
    L.Insert(&P);
    L.Insert(&K);
    L.Insert(&Q);
    L.ZeigeAlle();
    closegraph();
}
```

□

Die Polymorphie eines Bezugsobjektes bezieht sich nur auf den angepaßten Methodenaufruf. Selbstverständlich sind zusätzliche Attribute und Methoden des abgeleiteten Typs nicht zugreifbar. Schon vom Entwurf her handelt es sich um eine Liste von Objekten des Basistyps, in unserem Beispiel geometrische Objekte, und mögliche Ableitungen sind unbekannt. Nur solche Eigenschaften, die über virtuelle Methoden beschrieben werden, also deren Schnittstelle schon in der Basisklasse bekannt ist, können in der gemeinsamen Liste verwendet werden.

Virtuelle Methoden und späte Bindung sind ein wesentliches Merkmal objektorientierter Programmierung, nur sie werden deshalb im ursprünglichen Sprachgebrauch Methoden genannt. Normale Methoden in unserem Sinn heißen dann Elementfunktionen oder Operationen.

Abstrakte Klassen werden oft zur Formulierung des allgemeinsten Typs verwendet, mit dem eine Schablone ausgeprägt werden darf.

Beispiel 9–14: Abstrakte Datentypen

```
enum boolean {false, true};

class Comparable
{
public:
    virtual boolean Gleich(const Comparable &C) const=0;
    virtual boolean Kleiner(const Comparable &C) const=0;
}; // Comparable

boolean operator ==(const Comparable &C1,
                    const Comparable &C2)
{
    return C1.Gleich(C2);
}

boolean operator <(const Comparable &C1,
                   const Comparable &C2)
{
    return C1.Kleiner(C2);
}

boolean operator <=(const Comparable &C1,
                    const Comparable &C2)
{
    return (C1.Gleich(C2) || C1.Kleiner(C2));
}
```

□

Eine sortierte Liste sollte nur mit Erben von `Comparable` ausgeprägt werden, die ja sicher die Methoden `Gleich` und `Kleiner` implementieren und deshalb über die benötigten Vergleichsoperatoren verfügen.

9.7 Mehrfache Vererbung

Wichtig beim objektorientierten Entwurf von Programmen ist die Unterscheidung zwischen Vererbung, Besitz und Beziehung.

Ein Auto **ist** z.B. ein Fahrzeug, d.h. erbt dessen Eigenschaften und Methoden, **besitzt** einen Motor und 4 Räder (als Komponenten) und **steht in Beziehung** zu einem Fahrer, durch einen Verweis darauf. Hier wäre es sicher irreführend, zu sagen, ein Auto sei ein Motor mit vier Rädern und einem Fahrer, oder gar ein Auto sei ein Motor und vier Räder und ein Fahrer.

Beispiel 9–15: Autoklasse

```
class Auto: public Fahrzeug
{
    Motor M;
    Rad R[4];
    Fahrer *F;
}; // Auto
```

□

In einigen Fällen wird jedoch eine Ist-ein Beziehung zu mehreren Basisklassen vorkommen.

> Ein Formular ist eine speziell ausgefüllte Bildschirmseite und auch ein druckbares Dokument, beide Basisklassen haben hier möglicherweise lange aber disjunkte Vorfahrenketten.
>
> Ein Objekt einer beliebigen Klasse kann persistent gemacht werden, indem es von einer weiteren Klasse erbt, die über Methoden verfügt, ihre Objekte über die Laufzeit des Programmes hinaus dauerhaft zu speichern.
>
> In unserem Garagenbeispiel ist ein Bauunternehmer sowohl ein Handwerker als auch ein Bauherr, die beide der Klasse Mensch angehören.
>
> Ein Student, der seinen Lebensunterhalt teilweise selbst verdient ist sowohl Student, als auch Arbeiter und Sozialhilfe- d.h. BaFöG–Empfänger.

Dieser Aspekt, die **mehrfache Vererbung** läßt sich in C++ einfach durch Hinschreiben der Basisklassenliste realisieren. In den ersten beiden Fällen haben die verschiedenen Basisklassen keine Beziehungen zueinander, und die abgeleitete Klasse vereint einfach alle Attribute und Methoden.

Beispiel 9–16: Sortierte Handwerkerliste

Wollen wir eine Liste von Handwerkern alphabetisch oder nach der Anzahl verfügbarer Tage sortieren, so können wir das erreichen, indem wir eine Klasse `SortHandwerker` entwerfen, die von `Handwerker` und `Comparable` erbt, und mit dieser die Schablone `SortedList` ausprägen, die analog zu Beispiel 9–4 definiert werden kann.

```
#include "comparab.hpp"
#include "handwerker.hpp"
#include "slist.hpp"

class SortHandwerker: private Comparable, public Handwerker
{
public:
   SortHandwerker(Adresse Adr, Ausbildungsgrad Ag,
                  int Zeit)
   : Handwerker(Adr, Ag, Zeit) { }

   boolean GleicheZeit(const SortHandwerker &SH) const
   {
      return ZeitVerfuegbar == SH.ZeitVerfuegbar;
   }

   boolean WenigerZeit(const SortHandwerker &SH) const
   {
      return ZeitVerfuegbar < SH.ZeitVerfuegbar;
   }
private:
   boolean Gleich(const Comparable &C) const
   {
      return GleicheZeit((SortHandwerker &)C);
   }

   boolean Kleiner(const Comparable &C) const
   {
      return WenigerZeit((SortHandwerker &)C);
   }
};

typedef SortedList<SortHandwerker> HandwerkerListe;
```

□

Die Methoden `Gleich` und `Kleiner` in der von `Comparable` abgeleiteten Klasse `SortHandwerker` müssen die gleiche Schnittstelle wie die pur virtuellen Methoden in der Basisklasse besitzen, also einen Parameter vom Typ `Comparable`. Über diesen kann natürlich nicht auf die Attribute der abgeleiteten Klasse zugegriffen werden. Deshalb werden eigene Vergleichsmethoden `GleicheZeit` und `WenigerZeit` definiert und von den neu definierten virtuellen Methoden aufgerufen. Da ein Benutzer der Klasse `SortHandwerker` die Klasse `Comparable` nicht zu sehen braucht, wird sie privat beerbt und die virtuellen Methoden als private Methoden redefiniert.

Haben zwei Basisklassen einer mehrfach erbenden Klasse gleichnamige Attribute oder Methoden, so können Mehrdeutigkeiten auftreten. Diese können aufgelöst werden durch

- Festlegen einer Reihenfolge, d.h. einer Ordnung für die Vorfahren.
- Qualifikation mit dem Klassennamen.
- Abbruch, falls keine Entscheidung möglich ist.

Die Vererbungsreihenfolge kann durchaus ein wichtiges Entwurfshilfsmittel sein, so ist unser arbeitender Student in erster Linie Student und erst dann Arbeiter.

In C++ ist sie jedoch irrelevant, wodurch die Qualifikation an Bedeutung gewinnt. Die direkten Basisklassen werden in der Erbinformation angegeben. Sind sie disjunkt, so bildet die erbende Klasse die Vereinigung aller Komponenten. Diese Vereinigung wird durch einfache Kopie gebildet, also bleiben verschiedene Komponenten, die jedoch den gleichen Namen tragen, erhalten. Namenskonflikte werden durch Qualifikation, d.h. Voranstellen des Basisklassennamens mit dem Bereichsoperator `::` gelöst. Eine Methode kann gleichzeitig mehrere virtuelle Methoden gleichen Namens aus verschiedenen Basisklassen präzisieren. Die Reihenfolge der Initialisierung der Basisklassen wird durch die Angabe in der Erbinformation bestimmt. Üblicherweise werden die Konstruktoren aller direkter Vorfahren in der Vorinitialisierung aufgerufen.

Haben die Basisklassen dagegen einen nichtleeren Durchschnitt, etwa indem sie von einer gemeinsamen Oberklasse abstammen, wie im Studentenbeispiel, so werden durch die Kopie die Komponenten der gemeinsamen Oberklasse mehrfach angelegt. In der Regel ist das nicht erwünscht.

Unser Student hat nur einen Namen. Die mehrfache Kopie läßt sich dadurch vermeiden, daß die gemeinsame Oberklasse in ihren direkten Nachfahren als **virtuelle Basisklasse** gekennzeichnet wird. Wird eine Klasse virtuell vererbt, so sind die entsprechenden Attribute nur einmal vorhanden. **Virtuelles Erben** ist also für Klassen zu verwenden, die innerhalb der Hierarchie als Vorfahr einer Klasse über mehrere verschiedene Erbfolgen auftreten.

Virtuelle Basisklassen werden vor allen anderen Basisklassen initialisiert. Deshalb gilt, daß Konstruktoren von virtuellen Basisklassen auf unterster Stufe der Vererbungshierarchie und nicht vom direkten Erben aufgerufen werden.

Beispiel 9–17: Student

```
#include "mensch.hpp"

class Student: virtual public Mensch
{
public:
    Student(Adresse A, int Matrikelnummer,
            int Semesterzahl)
    : Mensch(A), Matrikel(Matrikelnummer),
      Semester(Semesterzahl) { }
protected:
    int Matrikel, Semester;
}; // Student

class Arbeiter: virtual public Mensch
{
public:
    Arbeiter(Adresse A, Adresse Arbeitgeber, float Gehalt)
    : Mensch(A), Chef(Arbeitgeber), Einkommen(Gehalt) { }
protected:
    Adresse Chef;
    float Einkommen;
}; // Arbeiter

class BaFoeG_Empfaenger: virtual public Mensch
{
public:
    BaFoeG_Empfaenger(Adresse A, float Betrag)
    : Mensch(A), BaFoeG(Betrag) { }
```

```
protected:
    float BaFoeG;
}; // BaFoeG_Empfaenger

class Job_BaFoeG_Student: public Student, Arbeiter,
                                 BaFoeG_Empfaenger
{
public:
    Job_BaFoeG_Student(Adresse A, int Matrikelnummer,
                       int Semesterzahl,
                       Adresse Arbeitgeber, float Gehalt,
                       float BaFoeG)
      : Mensch(A), Student(A, Matrikelnummer, Semesterzahl),
        Arbeiter(A, Arbeitgeber, Gehalt),
        BaFoeG_Empfaenger(A, BaFoeG) { }

    float WievielGeld() { return Einkommen + BaFoeG; }
}; // Job_BaFoeG_Student
```

□

Man beachte, daß die Entscheidung, ob virtuell geerbt wird oder nicht, oft schon zu einem Zeitpunkt gefällt werden muß, in dem noch nicht klar ist, ob eine Zusammenführung der Erben in einer später abgeleiteten Klasse stattfinden wird.

Bisher gab es innerhalb der Klassenhierarchie immer nur einen Weg von einem Vorfahren zu einem Erben. Durch die virtuelle Vererbung wird das anders. Da dieser Weg beschreibt, wie die virtuellen Funktionen der Basisklasse ersetzt werden, ist es wichtig ihn zu kennen. Er wird so festgelegt, daß auf ihm nie eine mögliche Basisklasse vor ihrem Erben steht.

Ein Problem bei der Modellierung mit Vererbung kann sein, daß sich die möglichen Zustände eines Objekts beim Übergang in eine abgeleitete Klasse stark ändern. Ist z.B. ein Mofa nach der Hinzunahme eines Motors noch ein Fahrrad oder hat es bereits zu viele Eigenschaften verloren?

In solchen Situationen kann man nur sehr selten eindeutige Entscheidungen treffen, sie fordern in gewisser Weise die Intuition des Entwerfers.

Wir möchten als ein solches Beispiel zum Abschluß dieses Abschnitts eine etwas umfangreichere Charakterisierung einer Ente vornehmen. Dabei möchten wir verschiedene Aspekte zusammenführen.

- Vom ornithologischen Standpunkt aus gesehen beschreiben wir eine Stockente aus der Familie der Enten, der Ordnung der Gänsevögel, also Klasse der Vögel.
- Die Ente fällt für den Jäger, der das gute Stück erlegt, in die Kategorie Flugwild, für die er spezielle Regeln zu beachten hat.
- Die Zubereitungsart der Ente verwendet selbstverständlich Methoden für Geflügelgerichte.

Unsere Ente wird hier also durch drei verschiedene Klassifikationen beschrieben. Sie übernimmt(erbt) von den Basisklassen Schwimmvogel, Flugwild und Geflügel.

Ganz so einfach ist dieser Fall jedoch nicht, denn unsere Ente verliert ja sicher, wenn sie gebraten wird, die Fähigkeit zu fliegen. Die verschiedenen Betrachtungsweisen schließen sich also teilweise aus. Mit etwas gutem Willen läßt sich aber auch dieser Fall entsprechend modellieren.

Beispiel 9–18: Ente

```
#include <iostream.h>

enum boolean{false, true};

class Lebewesen
{
public:
   Lebewesen(): lebt(true) { }
protected:
   boolean lebt;
}; // Lebewesen

class Essbar
{
public:
   friend Gast;
   Essbar(): gegessen(false) { }
protected:
   boolean gegessen;
}; // Essbar
```

```
class Gefluegel: virtual public Lebewesen,
                 virtual public Essbar
{
public:
    friend Gast;
    friend Koch;
    Gefluegel(): zubereitet(false) { }
protected:
    boolean zubereitet;
}; // Gefluegel

class Vogel: virtual public Lebewesen
{
public:
   virtual void Flieg()
   {
       if (lebt)
            cout << "Vogel: flap-flap !" << endl;
       else
            cout << "Vogel: tot !" << endl;
   }
}; // Vogel

class Flugwild: virtual public Vogel
{
    friend Jaeger;
}; // Flugwild

class Schwimmvogel: virtual public Vogel
{
public:
    virtual void Schwimm()
    {
        if (lebt)
            cout << "Schwimmvogel: plitsch-platsch !";
            cout << endl;
        else
            cout << "Schwimmvogel: tot !" << endl;
    }
}; // Schwimmvogel

class Ente: public Gefluegel, Flugwild, Schwimmvogel
{
}; // Ente
```

```
class Koch
{
public:
    void Toete(Gefluegel *G) { G->lebt = false; }
    void Brate(Gefluegel *G)
    {
        if (G->lebt)
        {
            cout << "Koch: Gefluegel lebt noch !" << endl;
            Toete(G);
        }
        G->zubereitet = true;
    }
}; // Koch

class Jaeger
{
public:
    void Toete(Flugwild *F) { F->lebt = false; }
}; // Jaeger

class Gast
{
public:
    void Iss(Gefluegel *G)
    {
        if (G->gegessen)
            cout << "Gast: Baeh, Gefluegelreste !" << endl;
        else
            if (G->zubereitet)
            {
                cout << "Gast: Mampf !" << endl;
                G->gegessen = true;
            }
            else
                cout << "Gast: Gefluegel roh !" << endl;
    }
}; // Gast

void main()
{
    Ente *E = new Ente;
    Koch K;
    Jaeger J;
    Gast G;
```

```
        E->Flieg();
        E->Schwimm();
        G.Iss(E);
        K.Brate(E);
        E->Flieg();
        E->Schwimm();
        G.Iss(E);
        G.Iss(E);
        E = new Ente;
        J.Toete(E);
        E->Flieg();
        E->Schwimm();
        G.Iss(E);
}
```

Hier die vom Programm erzeugte Ausgabe:

```
Vogel: flap-flap !
Schwimmvogel: plitsch-platsch !
Gast: Gefluegel roh !
Koch: Gefluegel lebt noch !
Vogel: tot !
Schwimmvogel: tot !
Gast: Mampf !
Gast: Baeh, Gefluegelreste !
Vogel: tot !
Schwimmvogel: tot !
Gast: Gefluegel roh !
```

□

9.8 Zusammenfassung: abgeleitete Klassen

Vererbung ermöglicht die **Weiterverwertbarkeit**, d.h. die Wiederverwendung mit gleichzeitiger geringer Modifikation von existierenden, abgeschlossenen Klassen, ohne diese zu verändern. Die Regeln für die Vereinbarung abgeleiteter Klassen in C++ fassen wir in diesem Abschnitt noch einmal zusammen.

13 KlassenDef:*

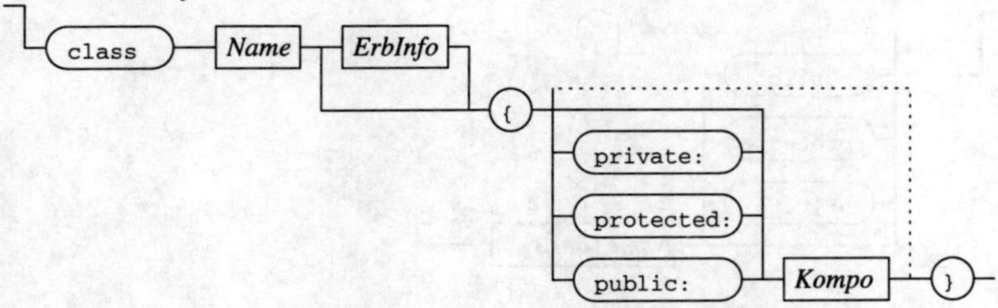

14 Kompo (Komponente):*

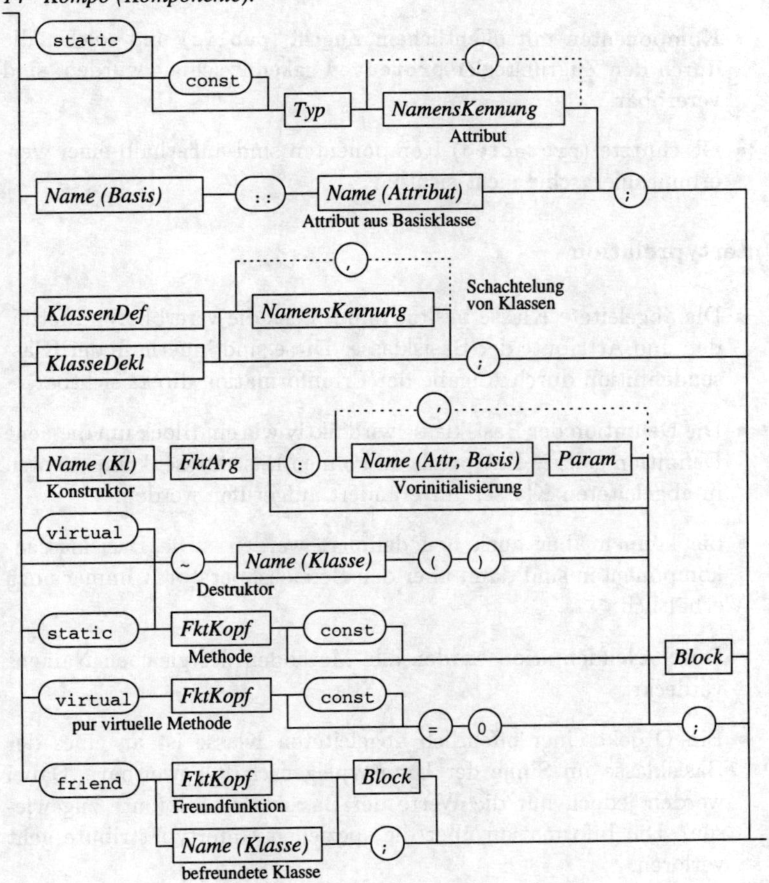

15 ErbInfo (Erbinformation):

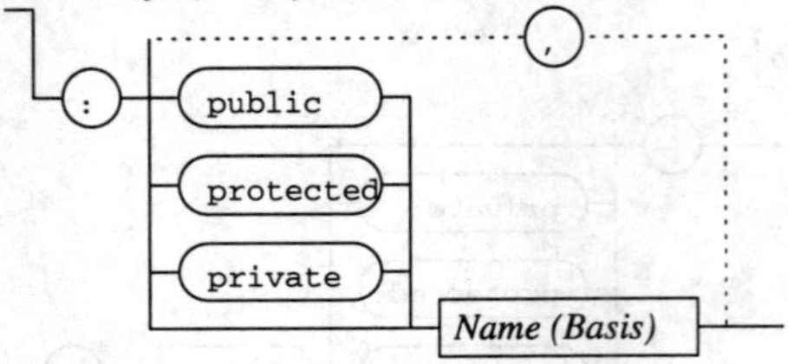

Semantik:

- Die Basisklasse muß vereinbart sein.
- Komponenten mit öffentlichem Zugriff (`public`) und solche, die durch den Zugriffsregler `protected` gekennzeichnet wurden, sind vererbbar.
- Geschützte (`protected`) Komponenten sind außerhalb einer Vererbungshierarchie nicht sichtbar.

Untertyprelation

- Die abgeleitete Klasse besitzt mindestens die vererbbaren Methoden und Attribute der Basisklasse. Diese sind innerhalb der Klassendefinition durch Angabe der Erbinformation direkt sichtbar.
- Die Definition der Basisklasse wird fiktiv wie ein Block um die neue Definition gelegt. Entsprechend können Basisklassenkomponenten in abgeleiteten Klassen unverändert aufgerufen werden.
- Sie können aber auch neu definiert werden. Die Basisklassenkomponenten sind dann über den Bereichsoperator :: immer noch erhältlich.
- Durch Neudefinition werden alle Methoden des gleichen Namens verdeckt.
- Ein Objekt einer öffentlich abgeleiteten Klasse ist an eines der Basisklasse im Sinne der Untertypeigenschaft zuweisbar. Dabei werden jedoch nur die Werte der Basisklassenattribute zugewiesen. Die Information über die speziellen Untertypattribute geht verloren.

- Die entsprechende Zeigerzuweisung ist ebenfalls möglich.

- Deshalb lassen sich beim Aufruf von Methoden und Funktionen, die Argumente einer Basisklasse haben, auch Werte von deren abgeleiteten Klassen einsetzen.

Initialisierung

- Der Konstruktor der Basisklasse wird nicht vererbt, aber durch den Konstruktor der abgeleiteten Klasse aufgerufen und vor der Abarbeitung dessen Rumpfes ausgeführt.

- Besitzt die Basisklasse mehrere Konstruktoren, dann ist der gewünschte in der Vorinitialisierung anzugeben.

- Dessen Argumente können beim Aufruf des Konstruktors der abgeleiteten Klasse nicht mehr explizit angegeben werden, sondern sie berechnen sich aus Konstruktorargumenten und globalen Daten.

- Die Komponenten der abgeleiteten Klasse, die sich ja aus Komponenten verschiedener Basisklassen zusammensetzen werden fortschreitend nach der Verbungshierarchie angelegt und initialisiert, zuerst die der allgemeinsten Basisklasse, dann die der ersten Ableitung usw. , zuletzt die der aktuell definierten Klasse.

Datenkapselung

- `private` vereinbarte Komponenten sind nur in der Klasse, in der sie vereinbart wurden sichtbar, aber nicht für abgeleitete Klassen. D.h diese Komponenten sind nicht vererbbar.

- `protected` vereinbarte Komponenten sind in der Klasse und allen direkten Ableitungen sichtbar, aber vor Zugriff von außerhalb geschützt.

- `public` vereinbarte Komponenten sind überall sichtbar.

- Eine Klasse, die öffentlich (`public`) abgeleitet wird, behält für alle ererbten Komponenten den Schutzstatus der Basisklasse. Diese Form ist für `struct/union` Standard.

- Eine Klasse die `protected` abgeleitet wird, ändert den Status aller ererbten Komponenten in `protected`.
- Eine Klasse die `private` (in diesem Fall: schützend) abgeleitet wird, ändert den Status aller ererbten Komponenten in `private` (Standardmodus für `class`).
- Darüberhinaus können einzelne Komponenten durch Aufführen ihres mit der Basisklasse qualifizierten Namens ihren Schutzstatus ändern.

Polymorphie

- In der Basisklasse virtuell definierte Methoden können in der abgeleiteten Klasse mit gleicher Schnittstelle umdefiniert werden. Zur Unterscheidung der Schnittstellen wird auch die Kennung `const` herangezogen.
- Die Neudefinition verbirgt auch alle in der Basisklasse überladenen Methoden gleichen Namens.
- Die verdeckten Methoden bleiben durch Qualifikation aufrufbar.
- Eine virtuelle Methode bleibt virtuell.
- Sie kann keine Klassenmethode sein.
- Eine in der Basisklasse pur virtuell definierte Funktion muß in der abgeleiteten Klasse umdefiniert werden.
- Ein Zeiger vom Basisklassentyp, der auf ein Objekt der Unterklasse verweist, findet für eine virtuelle Methode immer die der aktuellen Unterklasse (späte Bindung).
- für nicht virtuelle Methoden hingegen immer die der Basisklasse, weil hier die Umgebung zur Übersetzungszeit genommen wird (frühe Bindung).
- In diesem Sinne agieren Objekte, die über einen Zeiger auf die Basisklasse angesprochen werden, so, als ob sie von der entsprechenden Unterklasse wären. Sie können im Verlauf eines Programms mehrere verschiedene Typen annehmen (Polymorphie).

Mehrfachvererbung

- Eine Klasse kann von mehreren Basisklassen erben, diese stehen alle in der Vorfahrenliste.
- Die Reihenfolge der Basisklassen ist für die Komponenten nicht relevant, mögliche Namenskonflikte werden durch Qualifikation gelöst.
- Die Initialisierung der Basisklassen erfolgt jedoch nach der Reihenfolge.
- Eine Funktion kann gleichzeitig mehrere virtuelle Funktionen aus verschiedenen Basisklassen präzisieren.
- Die Komponenten aller Basisklassen werden vereinigt.
- Indirekte Vorfahren, das sind solche, die sich über mehrere Stufen vererben, können dabei doppelt vorkommen. Es werden dann zwei Kopien ihrer Komponenten angefertigt.
- Ist jedoch eine Klasse bei ihren direkten Nachfolgern als virtueller Vorfahre eingetragen, so wird, auch falls sie über mehrere Wege in einer Klasse beerbt wird, nur eine Kopie ihrer Komponenten angelegt.
- Die Konstruktoren aller direkten Basisklassen sind aufzurufen.
- Virtuelle Basisklassen werden jedoch vor allen anderen Basisklassen angelegt, entsprechend sind ihre Konstruktoren auf unterster Stufe der Vererbungshierarchie aufzurufen.
- Ein Konstruktor für eine virtuelle Basisklasse wird jedoch nur einmal aufgerufen, auch wenn er in der Vorinitialisierung mehrerer Basisklassen auftritt.

10 Ausnahmen

Ist in einem Programm die Bedingung in einer Zusicherung verletzt, so führt dies genau wie andere Laufzeitfehler, z.B. arithmetischer Überlauf oder Speicherknappheit zum sofortigen Abbruch des Programms.

Bedingt durch den bottom-up Entwurf von objektorientierten Programmen wird es oft vorkommen, daß die Stelle, an der auf den Fehler reagiert werden soll weit entfernt, d.h. durch mehrere Aufrufe getrennt, von der Stelle liegt, an der er entdeckt wird. Natürlich ist es möglich, daß jeder Methodenaufruf einen Statusparameter übergibt, der dann vom Aufrufer kontrolliert werden kann. Wir haben dies etwa beim Schaffen von dynamischen Objekten in Kapitel 6 verwendet. Die aufrufenden Programme müssen alle Ausnahmesituationen kennen und Reaktionen darauf vorsehen. Durch das Abfragen der Statusparameter wird nicht nur der Methodencode, sondern auch der Aufruf komplizierter. Vor allem wird die Behandlung von selten auftretenden Sonderfällen in den normalen Programmlauf eingebaut und beeinflußt sowohl Lesbarkeit als auch Effizienz.

Es gibt nun in C++ Sprachmittel, die Fehler– oder Ausnahmebehandlung, gezielt und separat durchzuführen.

Wird das Auftreten einer Ausnahme im Rumpf einer Methode erkannt, so wird diese Ausnahme durch eine `throw`–Anweisung ausgelöst. Damit wird die Kontrolle des Programms von der Methode an den aufrufenden Block übergeben.

Besitzt der aufrufende Block einen Ausnahmebehandlungsteil so wird in diesem die passende Ausnahme ermittelt und der entsprechende Code ausgeführt. Ansonsten wird die Ausnahme in den übergeordneten Block weitergereicht.

2 FktDekl:*

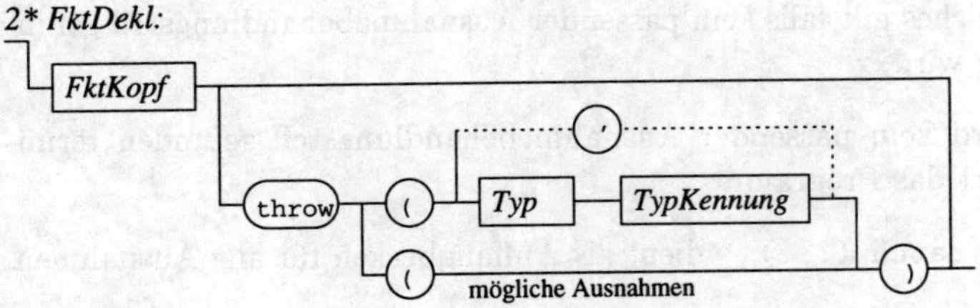

12 AusnahmeAnweisung:*

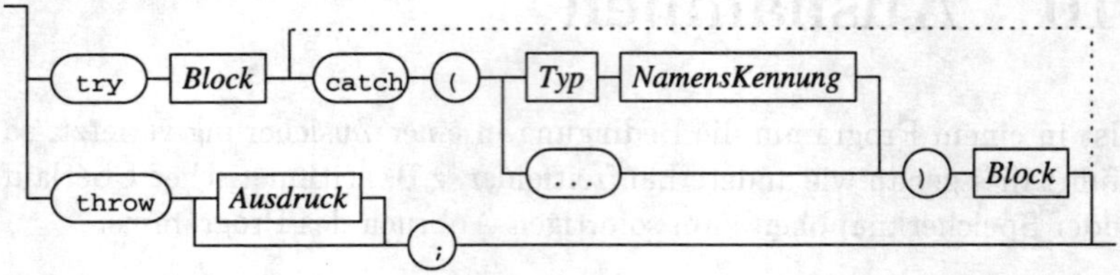

- Eine `throw`–Anweisung löst eine Ausnahme aus und übergibt den Wert des Ausdrucks (wie bei einer `return`–Anweisung) an den im Sinne der Blockstruktur nächsten Ausnahmebehandlungsteil. Es liegt also ein kontrollierter Rücksprung vor.
- Ein Block der Ausnahmen behandeln kann, wird durch `try` eingeleitet. Der Ausnahmebehandlungsteil folgt auf den eigentlichen Block.
- Ausnahmen werden durch Argumenttypen charakterisiert.
- Das Argument einer `catch`–Klausel entscheidet ähnlich wie bei einer überladenen Funktion darüber, welcher Ausnahmebehandler aufgerufen wird.
- Dabei dient der von `throw` übergebene Ausdruck als aktuelles Argument. Die einzelnen Behandler werden der Reihenfolge nach abgelaufen, und der erste, auf den der Typ dieses Ausdrucks exakt paßt oder abgeleitet vom formalen ist oder durch eine Standardzeigerkonversion in den formalen überführt werden kann wird ausgewählt und die Programmausführung wird in dem entsprechenden Block fortgesetzt.
- Ein `throw` ohne Rückgabeausdruck ist nur im Ausnahmebehandlungsteil möglich und ruft die behandelte Ausnahem im übergeordneten Ausnahmebehandlungsblock noch einmal auf.
- Gleiches gilt falls kein passender Ausnahmebehandlungsteil gefunden wird.
- Wird kein passender Ausnahmebehandlungsteil gefunden terminiert das Programm.
- Ein `catch (...)` dient als Auffangbecken für alle Ausnahmen.

In Beispiel 5–7 wurde eine Kellerimplementierung mit Überlauftest vorgestellt. Dieses wird jetzt umformuliert, so daß im Falle des unerlaubten Kellerzugriffs eine Ausnahme ausgelöst wird. Wir verwenden hier die für Kelleroperationen typischen Namen.

Beispiel 10–1: Keller mit Ausnahmebehandlung

```
#include <iostream.h>

template<class T,int size>
class Stack
{
public:
    Stack() : nmbr(0) {}

    void Push(T t)
    {
        if (nmbr==size) throw 1;
        A[nmbr++] = t;
    }

    T Pop()
    {
        if (!nmbr) throw 0;
        return A[--nmbr]; }
    }

private:
    T A[size];
    int nmbr;
};

void main()
{
    Stack<int,5> s;

    try
    {
        // ...
    }
```

```
    catch (int i)
    {
        cerr << "Stack<T>: Stack "
             << (i ? "full" : "empty") << endl;
    }
}
```

□

Ein weiteres Beispiel behandelt Elementzugriff und Inversion einer 2×2-Matrix.

Beispiel 10–2: 2×2 **Matrixinversion**

```
#include <math.h>

class Pair
{
public:
Pair(int i, int j) : row(i), col(j) {}
int row, col;
};

class Matrix2x2
{
public:
    Matrix2x2(a=0, b=0, c=0, d=0)
    {
        A[0][0] = a; A[0][1] = b;
        A[1][0] = c; A[1][1] = d;
    }

    double & operator ()(int row, int col) const
    {
        if (row<0 || row>1 || col<0 || col>1)
            throw Pair(row,col);
        return A[row][col];
    }
```

```
    double det()
    {
        return A[0][0]*A[1][1] - A[0][1]*A[1][0];
    }

    Matrix2x2 Invert(double eps)
    {
        double d = det();
        if (abs(d)<eps) throw d;
        return Matrix2x2( A[1][1]/d, -A[0][1]/d,
                         -A[1][0]/d,  A[0][0]/d);
    }
private:
    double A[2][2];
};

void main()
{
    try
    {
        // ...
    }
    catch (Pair P)
    {
        cerr << "Indexfehler ("
             << P.row << "," << P.col << ")" << endl;
    }
    catch (double d)
    {
        cerr << "Matrix singulaer (det = "
             << d << " )" << endl;
    }
}
```

□

Es ist nicht möglich vom Ausnahmebehandlungsteil zurück an die Auslösestelle der Ausnahme zu springen. Jedoch lassen sich datenabhängige Ausnahmen so einpacken, daß in einer Schleife ohne Abbruch zum nächsten Datensatz übergegangen wird.

Der entscheidende Unterschied zur Verwendung der `continue`– oder `break`–Anweisung ist, daß der Auslösepunkt und die Behandlungsstelle der Ausnahmme entkoppelt werden und damit übersichtlicher und kürzerer Code vorliegt.

Auf die Argumentliste einer Funktionsdeklaration kann eine Liste von Ausnahmen folgen, die durch ihre Argumenttypen gekennzeichnet werden. Diese Liste enthält alle Ausnahmen, die die Funktion auslösen kann.

Eine leere Liste deutet an, daß keine Ausnahme erzeugt wird. Falls dennoch eine unvorhergesehene Ausnahme ausgelöst wird, so wird die Standardfunktion `unexpected()` aufgerufen.

Die Matrixklasse verwenden wir in einer Funktion, die das Urbild eines Punktes in der Ebene durch Multiplikation mit der inversen Abbildungsmatrix berechnet.

Beispiel 10–3: Urbildberechnung

```
#include <iostream.h>
#include "matrix2x2.hpp"

class Point
{
public:
    double x, y;
};

Point Urbild(const Matrix2x2 &M, const Point &P)
      throw (double);

Point Urbild(const Matrix2x2 &M, const Point &P)
{
    Matrix2x2 IM = M.Invert(1e-5);
    Point Q;
    Q.x = IM(0,0)*P.x + IM(0,1)*P.y;
    Q.y = IM(1,0)*P.x + IM(1,1)*P.y;
    return Q;
}
```

```
void main()
{
    Point P, Q;
    Matrix2x2 M;

    try
    {
        // ...
        Q = Urbild(M,P);
        // ...
    }
    catch (double d)
    {
        cerr << "Urbildberechnung gescheitert."
             << endl;
    }
}
```

□

Das Einbinden von Standardlaufzeitfehlern in den Ausnahmemechanismus ist zur Zeit noch in der Diskussion. Wir verzichten deshalb auf weitere Einzelheiten.

Anhang

A.1 Syntaxdiagramme

Wir haben im Buch Syntaxdiagramme verwendet, um neu eingeführte Sprachkonstrukte übersichtlich darzustellen. Diese Diagramme eignen sich auch für den fortgeschrittenen Programmierer zum Nachschlagen von Details. Wir bringen deshalb hier eine Darstellung der kompletten Syntax von `C++` . Wir verzichten dabei bewußt auf einige nur aus Kompatibilität zu alten `C`-Versionen mögliche Konstrukte und alle Präprozessoranweisungen oder Makros außer der `#include`-Direktive und der `assert` Anweisung.

Um die Darstellung möglichst kurz zu gestalten, verwenden wir in diesem Abschnitt auch parametrisierte Diagramme und Diagramme mit optionalen Figuren, die beim Durchlauf eingesetzt werden können oder nicht.

Wir stellen nochmals alle Regeln für den Gebrauch der Diagramme zusammen.

- Jedes Diagramm besitzt einen oder mehrere (grammatikalische) Bezeichner, die links über das betreffende Diagramm in Kursivschrift gesetzt sind. Die Bezeichner benennen das durch das Diagramm dargestellte Sprachelement.
- Bezeichner von Diagrammen sind *kursiv* geschrieben, terminale Zeichenfolgen dagegen im `Teletype`–Stil.
- Ein Symbol des Alphabets ist in einen Kreis, Folgen von Symbolen – also z.B. vordefinierte Namen – sind in ein Oval, Bezeichner von anderen Diagrammen sind in Rechtecke eingeschlossen.
- Die einschließenden Figuren sind mit durchgezogenen oder gestrichelten Linien gezeichnet.
- Die Verbindung von Bezeichnern und Symbolen bzw. Symbolfolgen des Alphabets geschieht durch durchgezogene Linien, die von links nach rechts und von oben nach unten zu durchlaufen sind und gepunktete Linien, die entgegengesetzt zu durchlaufen sind.

- Einige Diagramme sind durch eine in spitzen Klammern angegebene Liste von Abkürzungen parametrisiert. Sie beschreiben mehrere Konstrukte mit ähnlicher Syntax, deren voller Name sich aus Parameternamen und Diagrammnamen zusammensetzt. Innerhalb des Diagramms sind einzelne Zweige durch in spitze Klammern eingeschlossene Parameternamen gesperrt. Diese Zweige dürfen nur bei der Produktion des Sprachkonstrukts, für das dieser Parameter gilt, durchlaufen werden.
- Beim Einsetzen von parametrisierten Diagrammen in andere wird der aktuelle Parameter in spitzen Klammern vor den Diagrammnamen gesetzt.
- Im `C++` -Programm bezeichnen Namen Größen unterschiedlicher Kategorien, z.B. Klassen und Funktionen. Alle Namen werden durch ein– und dasselbe Diagramm *Name* beschrieben. Am Definitionspunkt eines Namens steht in den Diagrammen nur *Name*, sonst wird in der Regel die bezeichnete Kategorie in Klammern hintenangestellt (z.B. *Name (Klasse)*).
- Die Diagramme sind mit erläuternden Kommentaren versehen. Sie sollen das Erfassen der Semantik des betreffenden Sprachelements erleichtern.

Die Bezeichner von Syntaxdiagrammen nennen wir auch *Syntaxvariable*, weil sie, wie wir nachfolgend sehen werden, wie Variable zur Programmkonstruktion verwendet werden:

- Der Durchlauf durch ein Diagramm beginnt am linken oberen Eingang.
- Die Durchlaufrichtung wird durch die Art der Linien angegeben.
- Der Durchlauf durch ein Diagramm ist beendet, wenn das Diagramm am rechten unteren Ende verlassen wird.
- Treten bei Durchlaufen eines Diagramms Symbole des Alphabets auf, so werden diese zum Zeitpunkt des Auftretens notiert und der Durchlauf fortgesetzt.
- Tritt beim Durchlaufen eines Diagramms U eine Syntaxvariable W auf (wobei W gleich U zulässig ist), so ist an dieser Stelle das

Durchlaufen von U zu unterbrechen, das mit W bezeichnete Diagramm zu durchlaufen und danach der Durchlauf durch das Diagramm U an der Stelle fortzusetzen, an der er unterbrochen wurde.

- Das Notieren der Terminalsymbole bzw. das Einsetzen eines Diagramms erfolgt bei in gestrichelten Figuren eingeschlossenen Elementen optional.

- Beim Durchlaufen einer Linie können ein oder mehrere Trennzeichen notiert werden. Trennzeichen sind Leerzeichen, Zeilenwechsel oder Kommentare, d.h. in /* und */ bzw. // und Zeilenwechsel eingeschlossene Zeichenfolgen.

- Beim Durchlauf **fett** gezeichneter Linien darf kein Trennzeichen eingefügt werden.

Allgemeine Hinweise:

- Die Diagramme sind so angeordnet, daß umfassendere Sprachelemente wie Übersetzungseinheit, Deklaration, Klasse am Anfang und von diesen aufgerufene Konstrukte wie Initialisierung, Ausdruck, Name später stehen.

- Eine Querverweisliste erleichtert das Auffinden der Diagramme.

- Die Begriffe Argument und Parameter werden synonym verwendet.

1 Einheit (Übersetzungseinheit):

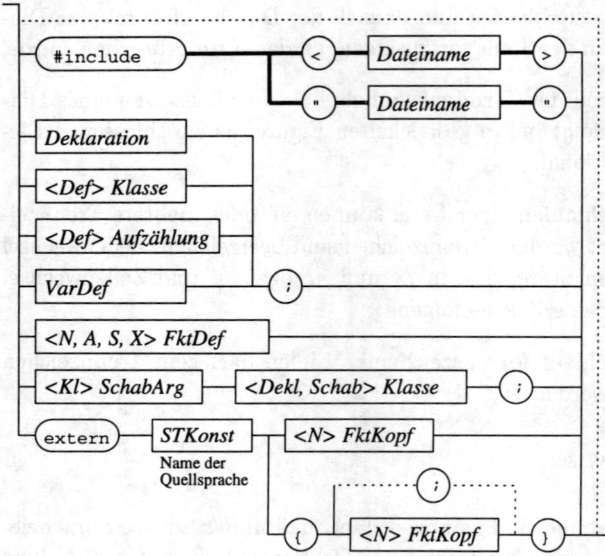

Das Diagramm beschreibt die auf äußerster Ebene möglichen Vereinbarungen. Ein Programm besteht aus mehreren Übersetzungseinheiten. Eine spezielle Funktion mit dem Namen `main` bezeichnet das Hauptprogramm, welches in jedem Programm genau einmal auftreten muß (vgl. letztes Diagramm). Durch die Präprozessoranweisung **`#include`** werden die Dateien mit den angegebenen Namen an der entsprechenden Stelle expandiert. Der Dateiname ist eine betriebssystemabhängige Zeichenfolge und tritt deshalb nicht als Diagramm auf. Die **`#include`**-Direktive darf auch überall auftreten, wo ein Kommentar stehen kann, jedoch nur am Zeilenanfang.

2 Deklaration:

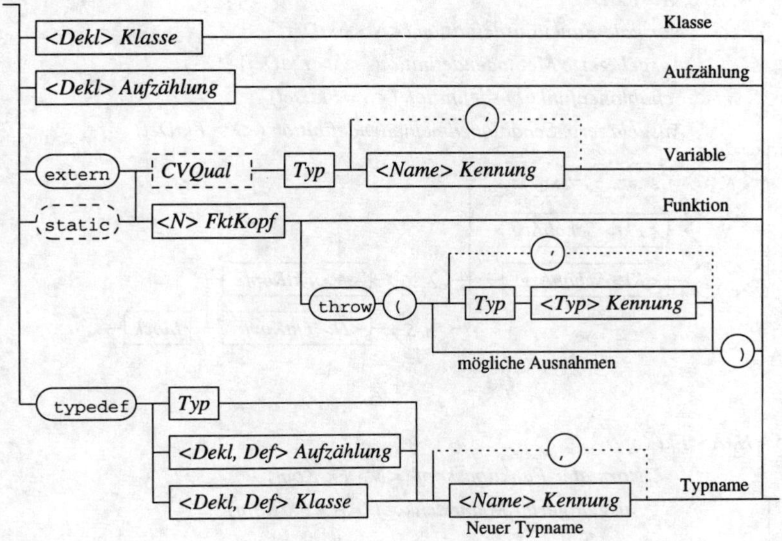

Wir unterscheiden in C++ zwischen Definitionen und Deklarationen. Eine Deklaration dient zur Einführung eines Namens und kann beliebig wiederholt werden. Jede verwendete Größe muß genau einmal definiert werden.

Die Deklarationen einer Einheit werden oft in einer eigenen Datei zusammengefaßt, die dann von Benutzern der Einheit inkludiert wird.

3 VarDef (Variablendefinition):

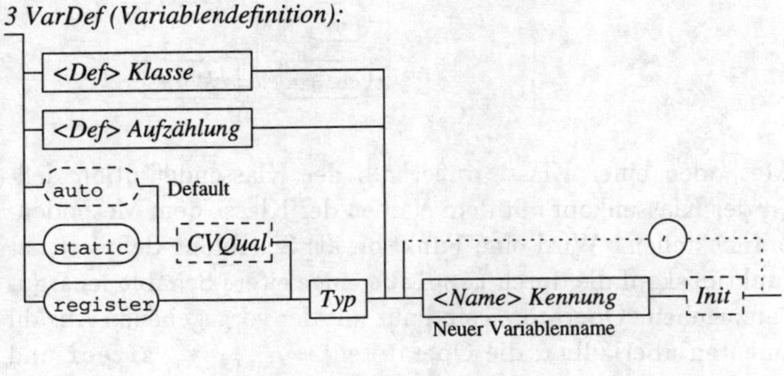

Die Schlüsselwörter `auto` und `register` sind nur innerhalb von Blöcken erlaubt.

4 <N, A, S, X> FktDef:

Normale Funktionsdefinition (<N> FktDef)
Ausgelagerte Methodendefinition (<A> FktDef)
Schablonenfunktionsdefinition (<S> FktDef)
Ausgelagerte Schablonenmethodendefinition (<X> FktDef)

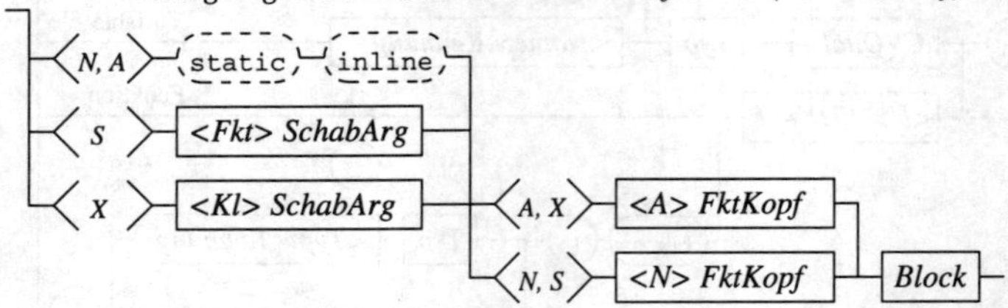

5 <N, A> FktKopf:

Normaler Funktionskopf (<N> FktKopf)
Ausgelagerter Methodenkopf (<A> FktKopf)

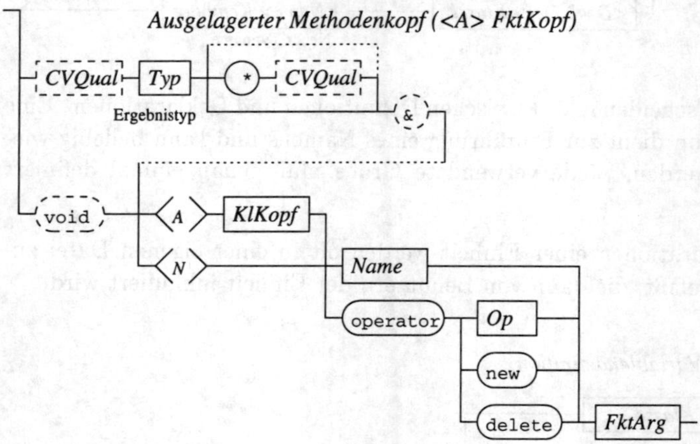

Werden Methoden einer Klasse außerhalb der Klassendefinition definiert, so ist der Klassenkopf mit dem Namen der Klasse dem Methodennamen voranzustellen. Wird eine Funktion als Schablone definiert, ist vor den Funktionskopf die durch `template` eingeleitete Schablonenargumentliste anzugeben. Operatoren sind nur mit der vorgegebenen Anzahl von Argumenten überladbar; die Operatoren `::`, `.`, `.*`, `sizeof` und der Fragezeichenoperator `?:` sind nicht überladbar.

Beim Überladen von Konversions-Operatoren darf kein Ergebnistyp angegeben werden, da er durch den Konversions-Operator eindeutig bestimmt ist. Wird der Ergebnistyp in anderen Fällen nicht angegeben, so bedeutet das den Ergebnistyp `int`; Funktionen mit „Ergebnistyp" `void` sind quasi Prozeduren.

6 FktArg (formale Funktionsargumente):

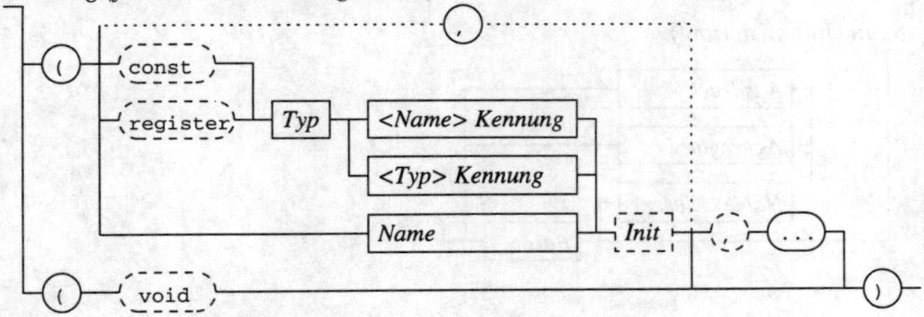

Normalerweise werden Parameter mit kompletten Typangaben und Argumentnamen spezifiziert. Ist eine Funktion/Methode bereits deklariert, so genügt es bei der Definition nur die Namen der Argumente aufzuführen; bei einer reinen Deklaration genannte Namen sind bedeutungslos und können deshalb entfallen. Argumente am Schluß der Liste können mit Standardwerten vorbesetzt werden.

Die Auslassung `...` erlaubt den Aufruf mit beliebig vielen weiteren Parametern. Es ist zwar theoretisch möglich, eine Funktion nur mit der Auslassung als Parameter zu vereinbaren, der Zugriff auf die Parameter ist dann jedoch implementierungsabhängig.

7 <Kl, Fkt> SchabArg:

Klassenschablonenargumente (<Kl> SchabArg)
Funktionsschablonenargumente (<Fkt> SchabArg)

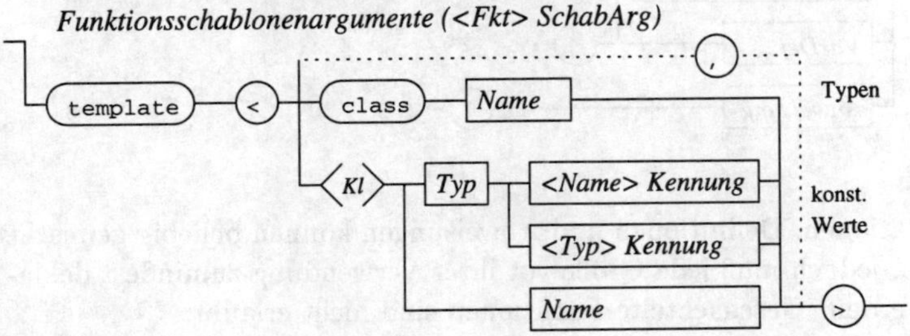

Wie bei Funktionsargumenten gilt für die Parameter für konstante Werte: Bei Deklarationen kann der Name entfallen, bei Definitionen genügt der Name, falls vorher eine Deklaration erfolgte. Die Namen der Typparameter müssen jedoch immer stehen; als aktuelle Argumente sind auch normale Typen wie z.B. `int` und `char *` zulässig.

8 Init (Initialisierung):

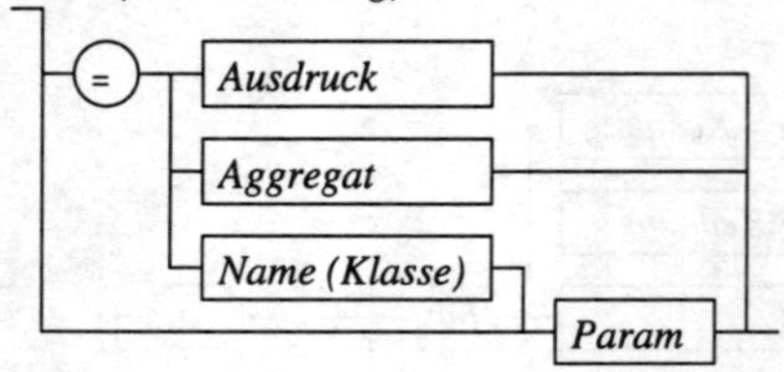

9 Aggregat:

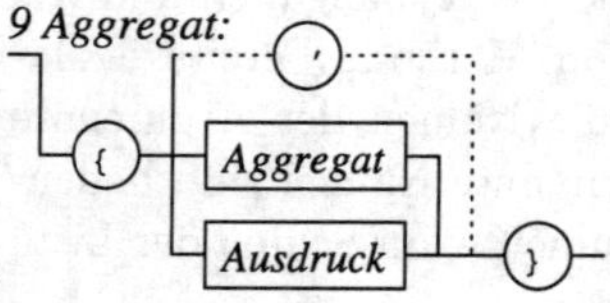

10 Param (Parameterliste):

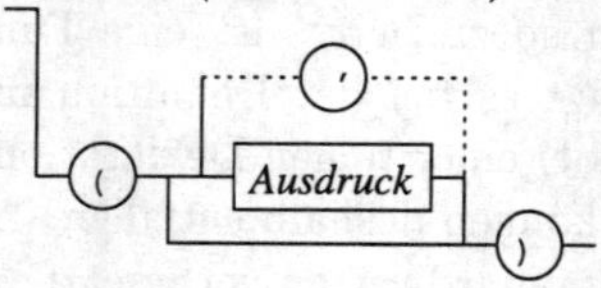

11 Block:

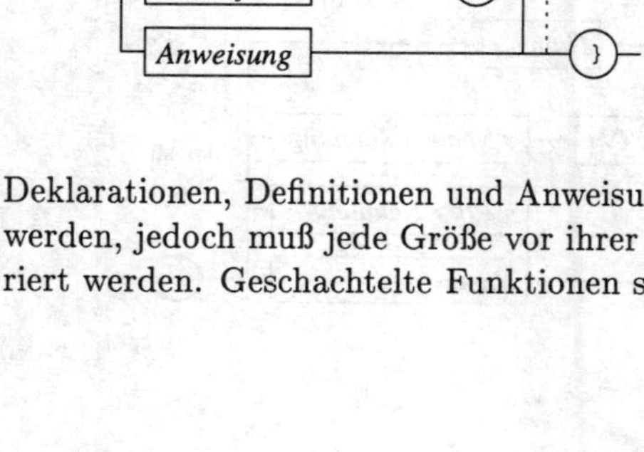

Deklarationen, Definitionen und Anweisungen können beliebig gemischt werden, jedoch muß jede Größe vor ihrer Verwendung zumindest deklariert werden. Geschachtelte Funktionen sind nicht erlaubt.

12 Anweisung:

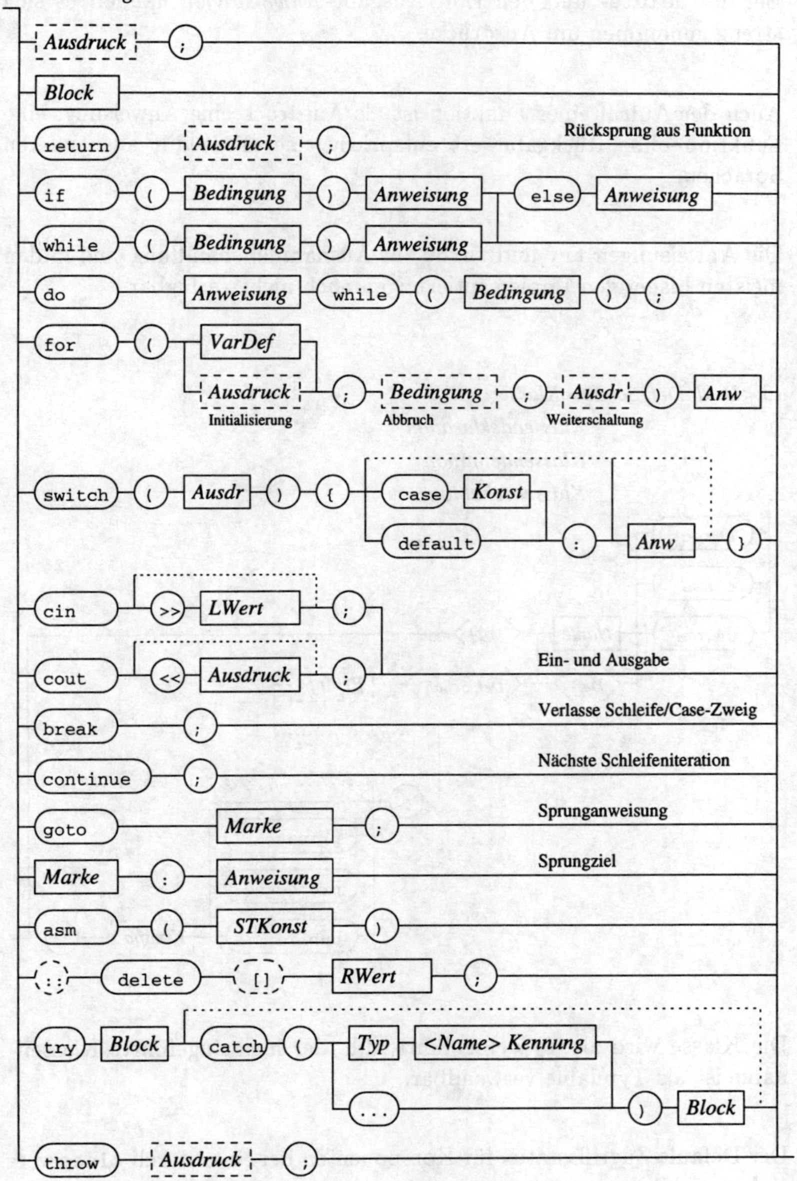

Bei der `delete`- und den Ein-/Ausgabe-*Anweisungen* handelt es sich streng genommen um Ausdrücke.

Auch der Aufruf einer Funktion ist als Ausdruck eine Anweisung; eine Funktion ohne Rückgabewert entspricht einer Prozedur aus anderen Sprachen.

Die Anweisungen `try` und `throw` zur Ausnahmebehandlung sind in den meisten bisherigen Implementierungen noch nicht verfügbar.

13 <Dekl, Def, Schab> Klasse:
Klassendeklaration
Klassendefinition
Klassenschablone

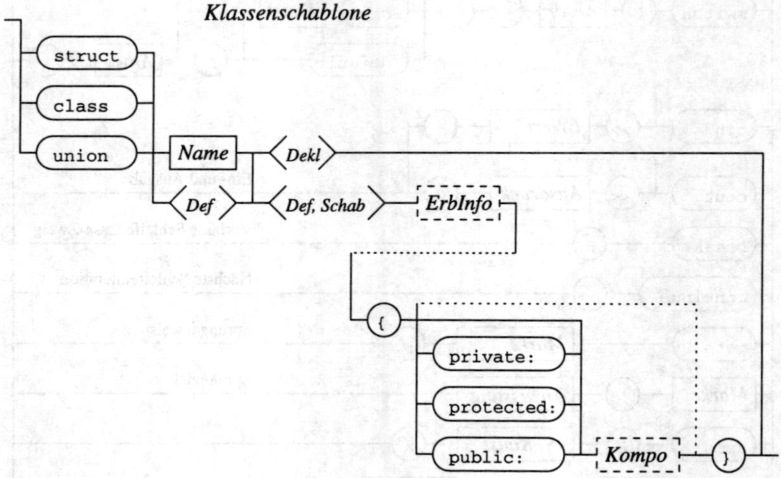

Die Klasse wird als Typ eingeführt, d.h. der hier eingeführte Klassenname ist als Typname verwendbar.

Der Default-Zugriffsstatus für Komponenten bei einer durch `class` vereinbarten Klasse ist `private`, bei einer `struct` oder `union`-Vereinbarung `public`, ansonsten gilt der zuletzt eingeführte Zugriffsstatus.

14 Kompo (Komponente):

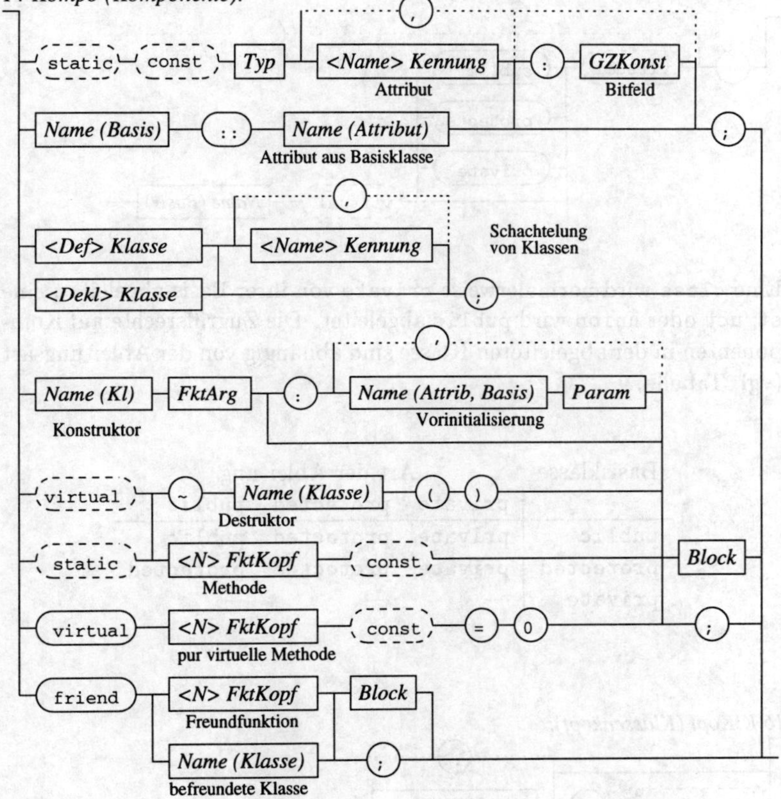

Bei Konstruktor- und Destruktorvereinbarungen steht der Name der eingeführten Klasse selbst. In der Vorinitialisierung können explizit Konstruktoren von Basisklassen aufgerufen bzw. Attribute initialisiert werden. Die dabei verwendeten Ausdrücke müssen sich aus Größen der Konstruktorargumentliste und/oder globalen Daten zusammensetzen.

Durch Angabe einer Bitfeldkonstante kann bei ganzzahligen Typen der benötigte Speicherplatz in Bits angegeben werden.

15 ErbInfo (Erbinformation):

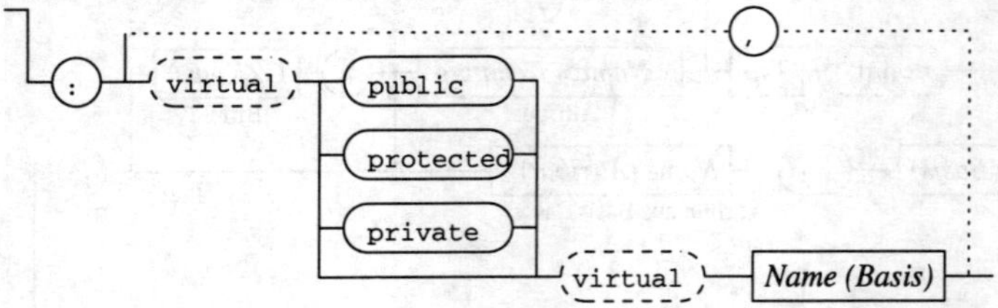

Eine `class` wird normalerweise `private` von ihrer Basis abgeleitet, eine `struct` oder `union` wird `public` abgeleitet. Die Zugriffsrechte auf Komponenten in der abgeleiteten Klasse sind abhängig von der Ableitungsart (vgl. Tabelle).

Basisklasse	Art der Ableitung		
	private	**protected**	**public**
public	**private**	**protected**	**public**
protected	**private**	**protected**	**protected**
private	—	—	—

16 KlKopf (Klassenkopf):

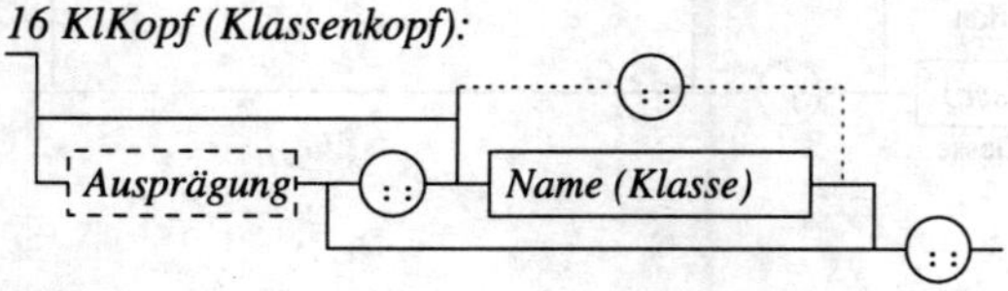

Ermöglicht den Zugriff von außen in den Sichtbarkeitsbereich einer (geschachtelten) Klasse.

17 Ausprägung:

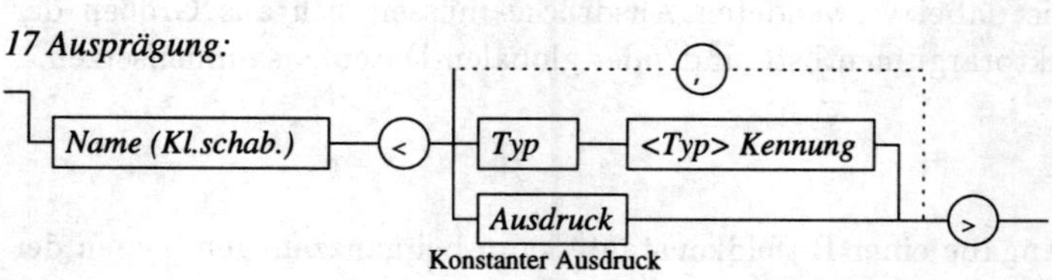

18 <Dekl, Def> Aufzählung:
Aufzählungsdeklaration
Aufzählungsdefinition

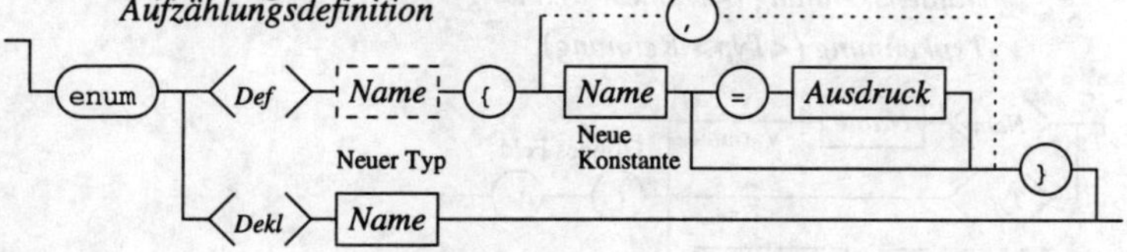

Der Ausdruck darf keine Zuweisung oder Sequenz sein.

19 Typ:

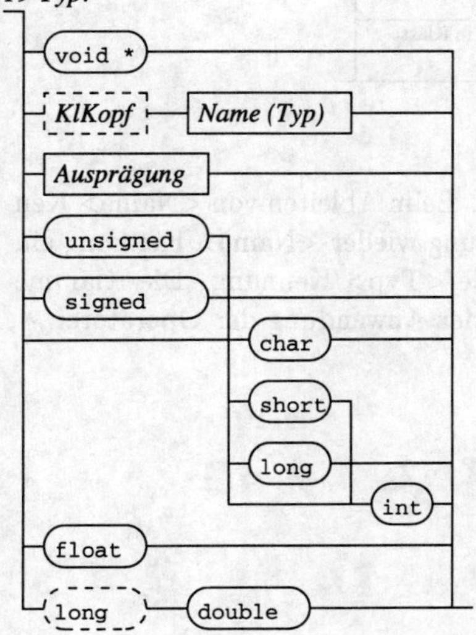

Die komplette Beschreibung eines Typs besteht aus dem Grundtyp (Diagramm Typ) und der Kennung, welche bei Objekten am Objektnamen angebracht und deshalb als <Name>-Kennung bezeichnet wird. `void` ist kein Typ, `void *` als allgemeiner Zeigertyp und alle daraus erzeugten Typen werden dagegen als normaler Typ betrachtet.

Typnamen werden durch Klassen- bzw. Aufzählungsdeklarationen und -definitionen sowie durch `typedef` eingeführt. Die Standardtypnamen wie z.B. `int` und `double` fallen deshalb nicht unter den Begriff *Name (Typ)*. `int`-Typen werden ohne Zusatz als `signed` betrachtet.

20 <Name, Typ> Kennung:
Namenskennung (<Name> Kennung)
Typkennung (<Typ> Kennung)

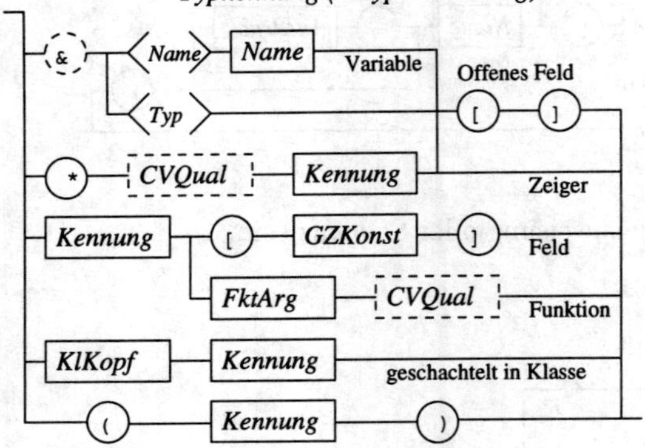

Das Diagramm Kennung ist rekursiv. Beim Ableiten von <Name> Kennung ist bei jedem Aufruf von Kennung wieder <Name> Kennung einzusetzen. Entsprechendes gilt für die <Typ> Kennung. Die Klammerung dient zur genauen Festlegung der Anwendung der Operatoren `*`, `[ ]`,`::`,`&`,`()`.

21 CVQual (const/volatile-Qualifizierer):

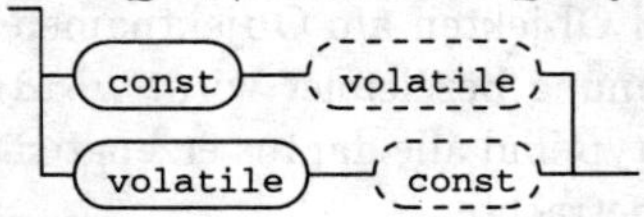

`volatile` kennzeichnet ein Objekt mit flüchtiger Speicherung, welches etwa als Eingabepuffer für einen externen Dateneingang dient und deshalb seinen Wert ohne Zutun des Programms ändern kann.

22 Ausdruck:

22 Bedingung:

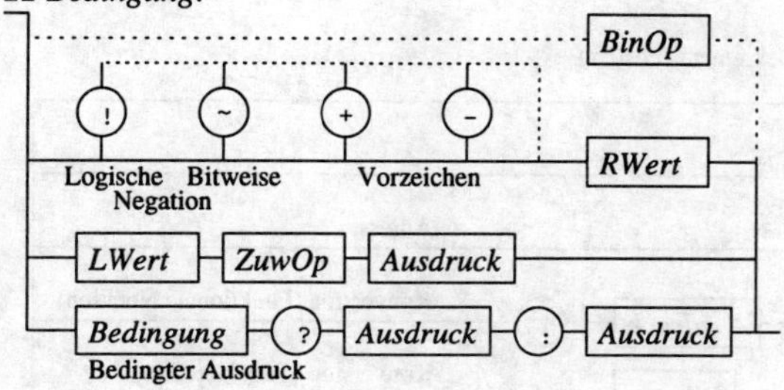

Bedingungen sind Ausdrücke, die nur auf Null oder ungleich Null ausgewertet werden. Der Ausdruck wird gemäß der Priorität der Operatoren ausgewertet; diese ist aus den Operator-Diagrammen zu ersehen. Ein geringerer Wert bedeutet dabei ein stärkere Bindung. Der ?: Operator hat die Priorität 15. Bei der Auswertung eines Ausdrucks muß eine Verträglichkeit von Operandentypen und Operatordeklaration vorliegen oder durch implizite Typkonversion erreicht werden. Die Standardbedeutung der Operatoren ist als Kommentar angegeben. Die unären und die Zuweisungsoperatoren sowie der Fragezeichenoperator sind rechtsassoziativ, alle anderen Operatoren sind linksassoziativ.

Man beachte die direkte und indirekte Rekursion der Diagramme *Ausdruck, RWert, LWert* und *FktAufruf.*

L-Werte können auch links von einem Zuweisungsoperator stehen; R-Werte nur rechts. Ein Ausdruck wie z.B. $a + b$ kann nur dann als LWert betrachtet werden, wenn es sich um einen Referenz-Ausdruck handelt, d.h. der zuletzt angewendete Operator muß überladen sein und eine Referenz zurückgeben.

Durch Angabe eines Klassenkopfes können Klassenattribute und -methoden angesprochen werden.

23 *RWert:*

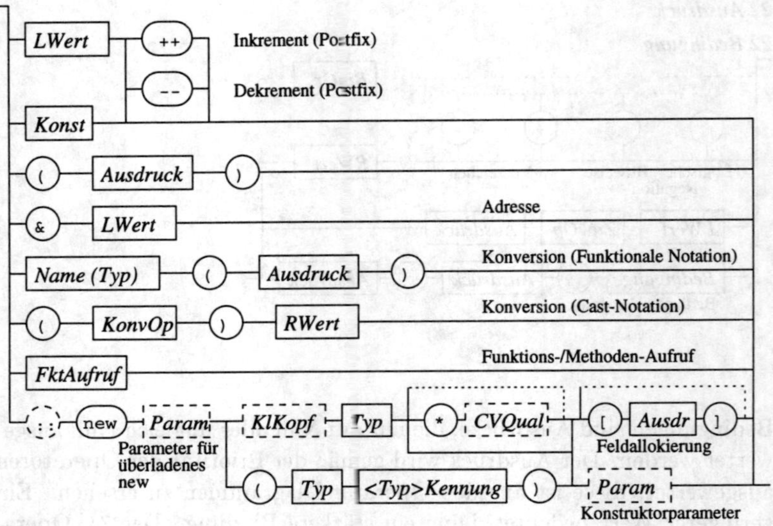

24 *LWert:*

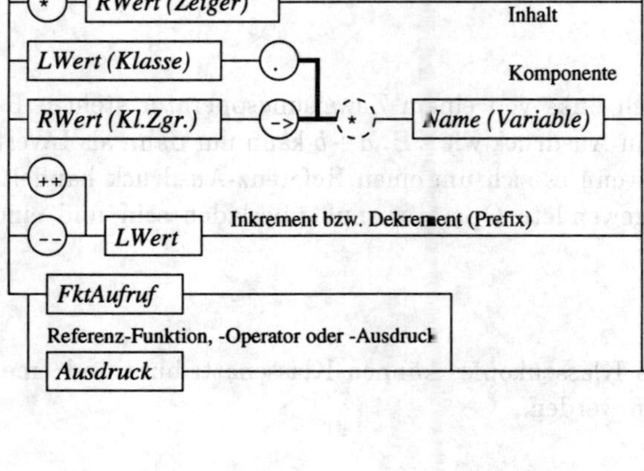

25 FktAufruf (Funktions-/Methodenaufruf):

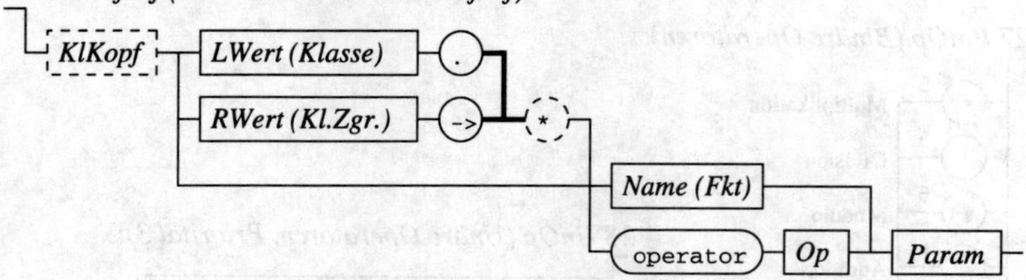

Beim Funktions bzw. Methodenaufruf muß ebenfalls eine Verträglichkeit von aktuellen Parametertypen und den Parametertypen der Deklaration vorliegen oder durch implizite Typkonversion erreicht werden.

26 Op (Operator):

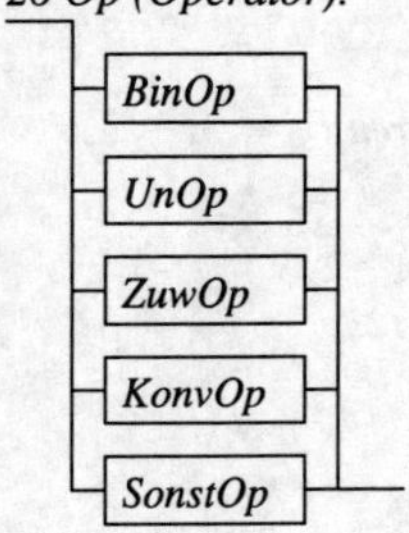

Diese Diagramme beschreiben nur die überladbaren Operatoren außer `new` und `delete` (Priorität 3). Die Prioritäten der nichtüberladbaren Operatoren sind wie folgt definiert:

Operator	Priorität
`::`	1
`.`	2
`sizeof`	3
`.*`	4
`?:`	15

27 BinOp (Binäre Operatoren):

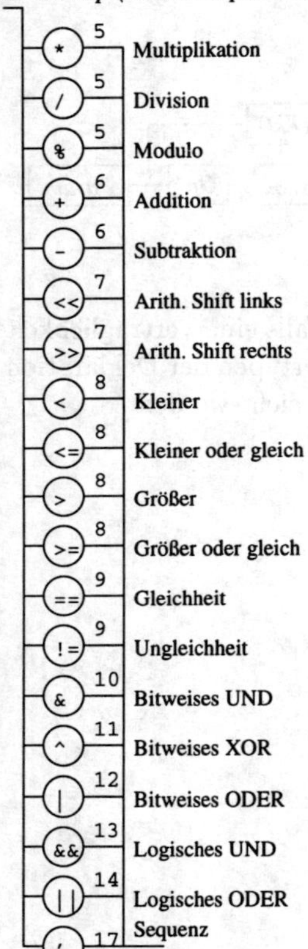

28 UnOp (Unäre Operatoren, Priorität 3):

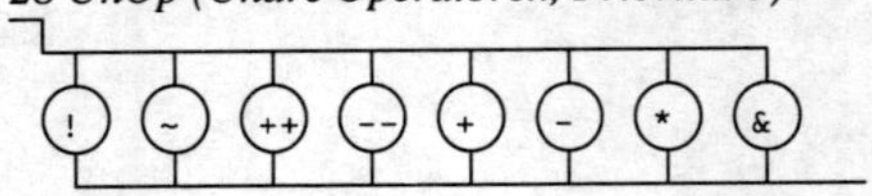

29 KonvOp (Konversion): (Cast, Priorität 3)

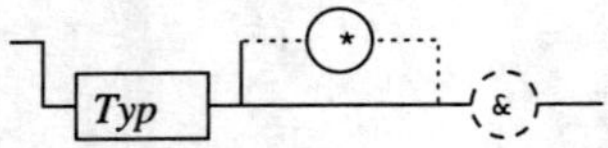

30 SonstOp (Sonstige Operatoren):

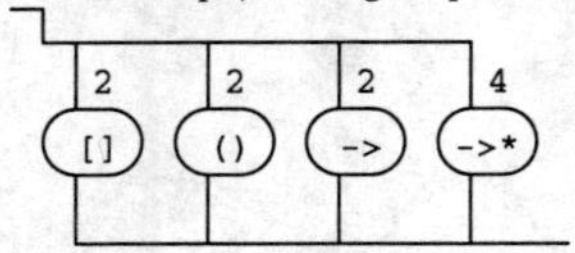

31 ZuwOp (Zuweisungsoperatoren, Priorität 16):

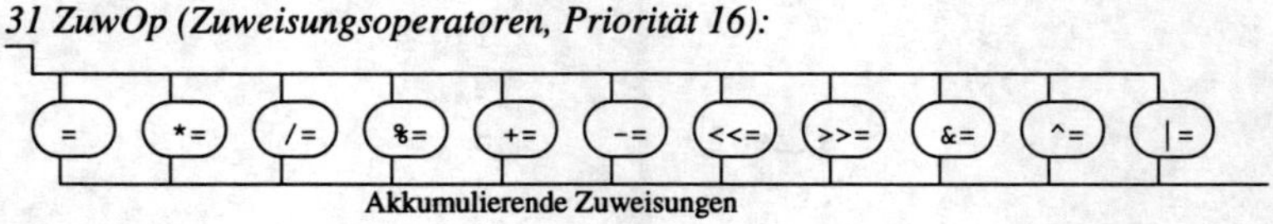

32 Konst (Konstante):

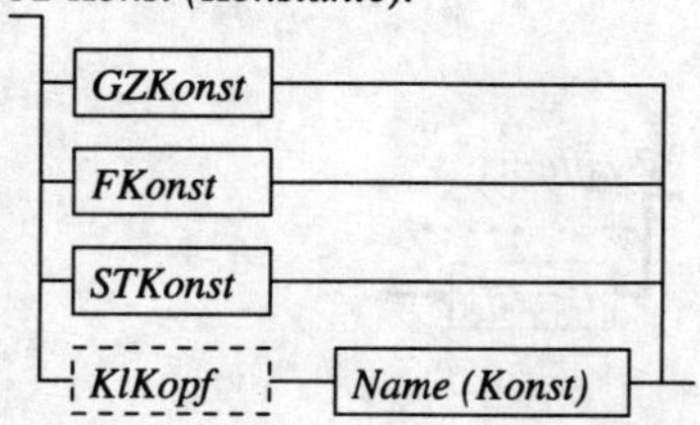

33 STKonst (String-Konstante):

34 FKonst (Fliesskommakonstante):

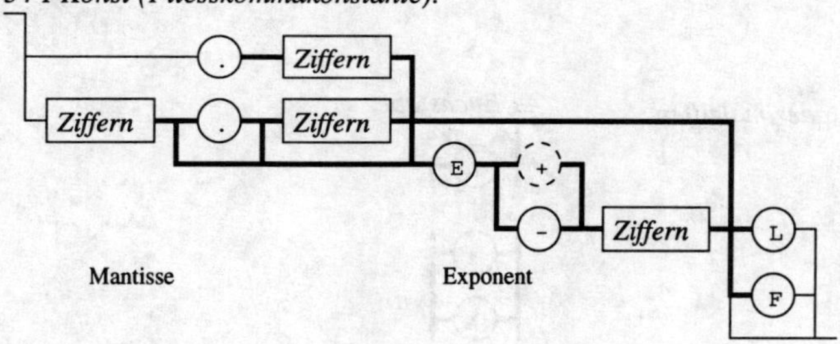

35 GZKonst (Ganzzahlige Konstante):

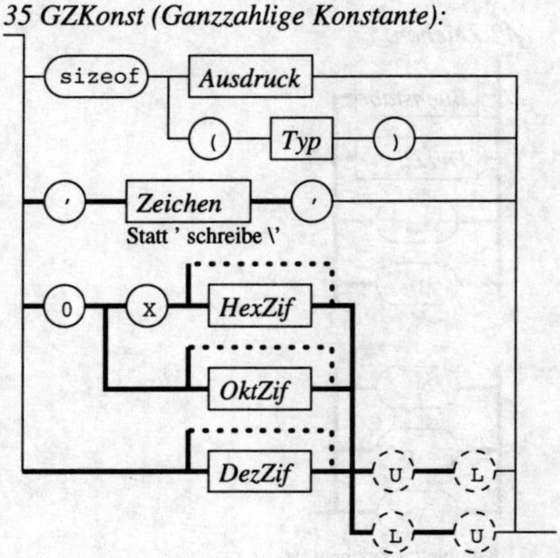

Bei Ganzzahl- und Gleitommakonstanten sind die Kennbuchstaben `E`, `F`, `U`, `L`, `X` auch als Kleinbuchstaben zugelassen.

36 Name:

36 Marke:

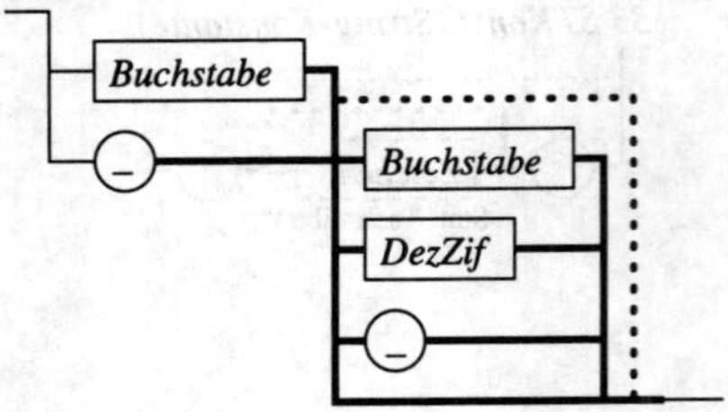

37 Ziffern:

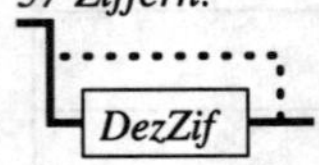

38 HexZif (Hexadezimalziffer):

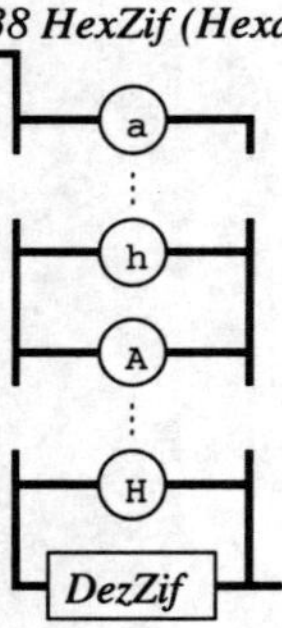

39 DezZif (Dezimalziffer):

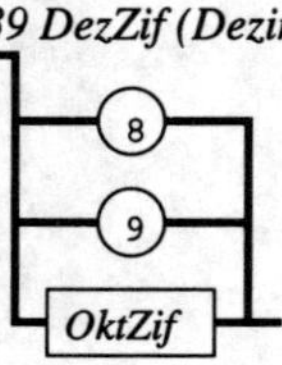

40 OktZif (Oktalziffer):

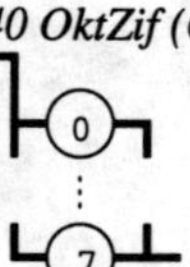

41 Buchstabe:

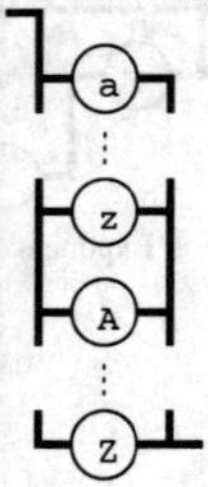

42 Zeichen:

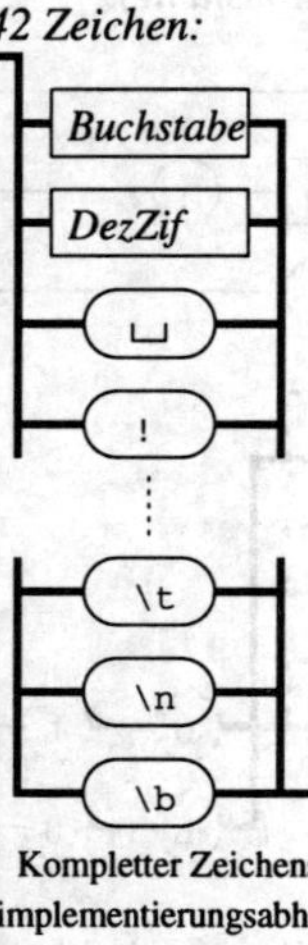

Kompletter Zeichensatz
(implementierungsabhängig)

43 HptPrg (Hauptprogramm):

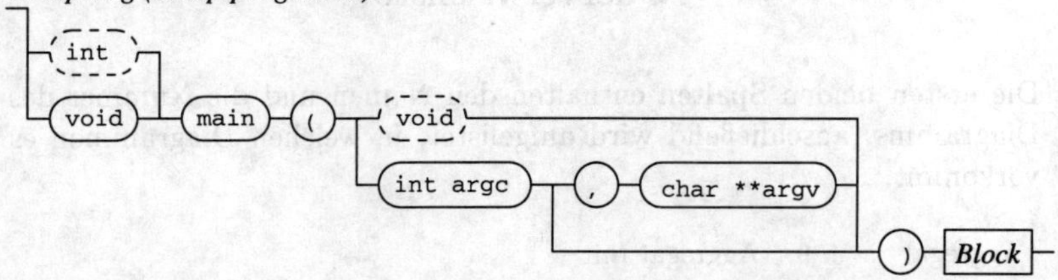

Der erste Parameter repräsentiert die Anzahl der Kommandozeilenparameter, der zweite ist eine Liste von Zeichenketten und stellt die Kommandozeilenparameter dar. Es sind weitere, implementierungsabhängige Parameter denkbar (z.B. `char **envp` als Zeiger auf eine Liste der Umgebungsvariablen). Die Namen der Parameter sind nur Vorschläge, sie sind frei wählbar. Der Rückgabewert von `main` kann von beliebigem Typ (vgl. Diagramm FktKopf) sein. `main` ist jedoch keine normale Funktion und darf innerhalb eines Programmes nicht aufgerufen werden.

Querverweisliste

Die ersten beiden Spalten enthalten den Namen und die Nummer des Diagramms, anschließend wird aufgelistet, in welchen Diagrammen es vorkommt.

Aggregat	9	Aggregat Init
Anweisung	12	Anweisung Block
Aufzählung	18	Block Deklaration Einheit VarDef
Ausdruck	22	Aggregat Anweisung Aufzählung Ausdruck Ausprägung Bedingung GZKonst Init LWert Param RWert
Ausprägung	17	KlKopf Typ
Bedingung	22	Anweisung Ausdruck Bedingung
BinOp	27	Ausdruck Bedingung Op
Block	11	Anweisung FktDef HptPrg Kompo
Buchstabe	41	Marke Name Zeichen
CVQual	21	Deklaration FktKopf Kennung RWert VarDef
Deklaration	2	Block Einheit
DezZif	39	GZKonst HexZif Marke Name Zeichen Ziffern
Einheit	1	
ErbInfo	15	Klasse
FKonst	34	Konst
FktArg	6	FktKopf Kennung Kompo
FktAufruf	25	LWert RWert
FktDef	4	Einheit
FktKopf	5	Deklaration Einheit FktDef Kompo
GZKonst	35	Kennung Kompo Konst
HexZif	38	GZKonst
HptPrg	43	
Init	8	FktArg VarDef
Kennung	20	Anweisung Ausprägung Deklaration FktArg Kennung Kompo RWert SchabArg VarDef
KlKopf	16	FktAufruf FktKopf Kennung Konst LWert RWert Typ
Klasse	13	Block Deklaration Einheit Kennung Kompo VarDef

Kompo	14	Klasse
Konst	32	Anweisung RWert
KonvOp	29	Op RWert
LWert	24	Anweisung Ausdruck Bedingung FktAufruf LWert RWert
Marke	36	Anweisung
Name	36	Aufzählung Ausprägung Einheit ErbInfo FktArg FktAufruf FktKopf Init Kennung KlKopf Klasse Kompo Konst LWert RWert SchabArg Typ
OktZif	40	DezZif GZKonst
Op	26	FktAufruf FktKopf
Param	10	FktAufruf Init Kompo RWert
RWert	23	Anweisung Ausdruck Bedingung FktAufruf LWert RWert
STKonst	33	Anweisung Einheit Konst
SchabArg	7	Einheit FktDef
SonstOp	30	Op
Typ	19	Aufzählung
UnOp	28	Op
VarDef	3	Anweisung Block Einheit
Zeichen	42	GZKonst STKonst
Ziffern	37	FKonst
ZuwOp	31	Ausdruck Bedingung Op

A.2 Operatortabelle

In der folgenden Operatortabelle beschreiben wir die Standardbedeutungen aller `C++` –Operatoren. Die Operatoren sind nach fallender Priorität geordnet, ein waagrechter Strich deutet den Wechsel der Priorität an.

Als Definitions– bzw. Wertebereich verwenden wir folgende Mengen, wobei die großgeschriebenen Typnamen den Wertebereich des entsprechenden Typs bezeichnen:

Menge	Bedeutung	Werte
$\mathcal{B}$	Boolean	$\{0,1\} \subseteq$ `INT`
$\mathcal{Z}$	Ganze Zahl	`CHAR` $\cup$ `SHORT` $\cup$ `INT` $\cup \cdots \cup$ `UNSIGNED LONG`
$\mathcal{R}$	Zahl	Z $\cup$ `FLOAT` $\cup$ `DOUBLE` $\cup$ `LONG DOUBLE`
$\mathcal{K}$	Klasse	Wertebereich aller möglichen Klassen
$\mathcal{U}$	Universum	$\mathcal{R} \cup \mathcal{K}$
$\mathcal{S}$	Stream	Ein– und Ausgabeströme

Auf diese Mengen können gemäß unserer Beschreibungssprache folgende Postfixoperatoren angewendet werden:

Operator	Bedeutung
$\mathcal{X}$`Name`	Namen für Typ $\mathcal{X}$
$\mathcal{X}$`Ptr`	Zeiger auf Element von Typ $\mathcal{X}$
$\mathcal{X}$`Array`	Feld vom Typ $\mathcal{X}$
$\mathcal{X}$`LWert`	L-Wert vom Typ $\mathcal{X}$
$\mathcal{X}$`RWert`	R-Wert vom Typ $\mathcal{X}$
$\mathcal{X}$`Komp`	Komponente der Klasse $\mathcal{X}$
$\mathcal{X}$`Fkt`	Funktion mit Ergebnistyp $\mathcal{X}$

Die Einsetzung von Typen ist so vorzunehmen, daß in jeder Zeile für jedes Mengensymbol der gleiche Typ eingesetzt wird oder die Operandentypen auf einen gemeinsamen Zieltyp konvertiert werden können, der dann als Ergebnistyp fungiert.

Unäre Operatoren gleicher Priorität binden von rechts nach links, binäre von links nach rechts.

Operator	**Linker Operand**	**Rechter Operand**	**Ergebnis**	**Bedeutung**
`::`	$\mathcal{K}$`Name`	$\mathcal{K}$`Komp` (lokal)	$\mathcal{K}$`Komp` (global)	Bereichsauflösung[1]
`::`	———	$\mathcal{U}$`Name` (global)	$\mathcal{U}$`Name` (lokal)	Global[1]
`.`	$\mathcal{K}$`LWert`	$\mathcal{K}$`Komp` (lokal)	$\mathcal{K}$`Komp` (global)	Komp.auswahl
`->`	$\mathcal{K}$`Ptr`	$\mathcal{K}$`Komp` (lokal)	$\mathcal{K}$`Komp` (global)	Komp.auswahl
`[]`	$\mathcal{X}$`Array`	$\mathcal{Z}$	$\mathcal{X}$	Feldzugriff[2]
`()`	$\mathcal{U}_1$`FktName`	$\mathcal{U}_2{}^n$	$\mathcal{U}_1$	Funktionsaufruf[2]
`()`	$\mathcal{U}_1$`Name`	$\mathcal{U}_2{}^n$	$\mathcal{U}_1$	Konstruktoraufruf[2]
`sizeof`	———	$\mathcal{U}$	`UNSIGNED INT`	Objekt/Typgröße
`++`	$\mathcal{R}$`LWert`	———	$\mathcal{R}$	Postinkrement
`++`	$\mathcal{U}$`Ptr`	———	$\mathcal{U}$`PtrRWert`	Postinkrement
`++`	———	$\mathcal{R}$`LWert`	$\mathcal{R}$`LWert`	Präinkrement
`++`	———	$\mathcal{U}$`Ptr`	$\mathcal{U}$`Ptr`	Präinkrement
`--`	$\mathcal{R}$`LWert`	———	$\mathcal{R}$	Postdekrement
`--`	$\mathcal{U}$`Ptr`	———	$\mathcal{U}$`PtrRWert`	Postdekrement
`--`	———	$\mathcal{R}$`LWert`	$\mathcal{R}$`LWert`	Prädekrement
`--`	———	$\mathcal{U}$`Ptr`	$\mathcal{U}$`Ptr`	Prädekrement
`~`	———	$\mathcal{Z}$	$\mathcal{Z}$	Komplement
`!`	———	$\mathcal{Z}$	$\mathcal{Z}$	`NOT`
`+`	———	$\mathcal{R}$	$\mathcal{R}$	Unäres Plus
`-`	———	$\mathcal{R}$	$\mathcal{R}$	Unäres Minus
`&`	———	$\mathcal{U}$`LWert`	$\mathcal{U}$`Ptr`	Adresse
`*`	———	$\mathcal{U}$`Ptr`	$\mathcal{U}$`LWert`	Inhalt
`new`	———	$\mathcal{U}$`Name`	$\mathcal{U}$`Ptr`	Erzeugung
`delete`	———	$\mathcal{U}$`Ptr`	$\emptyset$	Zerstörung
`delete[]`	———	$\mathcal{U}$`Array`	$\emptyset$	Feldzerstörung
`delete[]`	———	$\mathcal{U}$`Ptr`	$\emptyset$	Feldzerstörung
`()`	$\mathcal{U}_1$`Name`	$\mathcal{U}_2$	$\mathcal{U}_1$	Konversion
`.*`	$\mathcal{K}$	$\mathcal{K}$`KompPtr`	$\mathcal{K}$`Komp`	Komp.auswahl
`->*`	$\mathcal{K}$`Ptr`	$\mathcal{K}$`KompPtr`	$\mathcal{K}$`Komp`	Komp.auswahl
`*`	$\mathcal{R}$	$\mathcal{R}$	$\mathcal{R}$	Multiplikation
`/`	$\mathcal{R}$	$\mathcal{R}$	$\mathcal{R}$	Division
`%`	$\mathcal{Z}$	$\mathcal{Z}$	$\mathcal{Z}$	Modulo
`+`	$\mathcal{R}$	$\mathcal{R}$	$\mathcal{R}$	Addition
`+`	$\mathcal{U}$`Ptr`	$\mathcal{Z}$	$\mathcal{U}$`Ptr`	Zeigeraddition
`+`	$\mathcal{Z}$	$\mathcal{U}$`Ptr`	$\mathcal{U}$`Ptr`	Zeigeraddition
`-`	$\mathcal{R}$	$\mathcal{R}$	$\mathcal{R}$	Subtraktion
`-`	$\mathcal{U}$`Ptr`	$\mathcal{Z}$	$\mathcal{U}$`Ptr`	Zeigersubtraktion
`-`	$\mathcal{U}$`Ptr`	$\mathcal{U}$`Ptr`	$\mathcal{Z}$	Objektanzahl zwischen 2 Zeigern

Operator	**Linker Operand**	**Rechter Operand**	**Ergebnis**	**Bedeutung**
`<<`	$\mathcal{Z}$	$\mathcal{Z}$	$\mathcal{Z}$	Links–Shift
`<<`	$\mathcal{S}$	$\mathcal{R}$	$\mathcal{S}$	Ausgabe
`<<`	$\mathcal{S}$	`CHAR Array`	$\mathcal{S}$	Ausgabe
`>>`	$\mathcal{Z}$	$\mathcal{Z}$	$\mathcal{Z}$	Rechts–Shift
`>>`	$\mathcal{S}$	$\mathcal{R}$	$\mathcal{S}$	Eingabe
`>>`	$\mathcal{S}$	`CHAR Array`	$\mathcal{S}$	Eingabe
`<`	$\mathcal{R}$	$\mathcal{R}$	$\mathcal{B}$	Kleiner
`<`	$\{0\} \cup \mathcal{U}$`Ptr`	$\{0\} \cup \mathcal{U}$`Ptr`	$\mathcal{B}$	Kleiner
`<=`	$\mathcal{R}$	$\mathcal{R}$	$\mathcal{B}$	Kleiner gleich
`<=`	$\{0\} \cup \mathcal{U}$`Ptr`	$\{0\} \cup \mathcal{U}$`Ptr`	$\mathcal{B}$	Kleiner gleich
`>`	$\mathcal{R}$	$\mathcal{R}$	$\mathcal{B}$	Größer
`>`	$\{0\} \cup \mathcal{U}$`Ptr`	$\{0\} \cup \mathcal{U}$`Ptr`	$\mathcal{B}$	Größer
`>=`	$\mathcal{R}$	$\mathcal{R}$	$\mathcal{B}$	Größer gleich
`>=`	$\{0\} \cup \mathcal{U}$`Ptr`	$\{0\} \cup \mathcal{U}$`Ptr`	$\mathcal{B}$	Größer gleich
`==`	$\mathcal{R}$	$\mathcal{R}$	$\mathcal{B}$	Gleich
`==`	$\{0\} \cup \mathcal{U}$`Ptr`	$\{0\} \cup \mathcal{U}$`Ptr`	$\mathcal{B}$	Gleich
`!=`	$\mathcal{R}$	$\mathcal{R}$	$\mathcal{B}$	Ungleich
`!=`	$\{0\} \cup \mathcal{U}$`Ptr`	$\{0\} \cup \mathcal{U}$`Ptr`	$\mathcal{B}$	Ungleich
`&`	$\mathcal{Z}$	$\mathcal{Z}$	$\mathcal{Z}$	Bitweises AND
`^`	$\mathcal{Z}$	$\mathcal{Z}$	$\mathcal{Z}$	Bitweises XOR
`|`	$\mathcal{Z}$	$\mathcal{Z}$	$\mathcal{Z}$	Bitweises OR
`&&`	$\mathcal{B}$	$\mathcal{B}$	$\mathcal{B}$	Logisches AND
`||`	$\mathcal{B}$	$\mathcal{B}$	$\mathcal{B}$	Logisches OR
`? :`	$\mathcal{B} \times \mathcal{U} \times \mathcal{U} \longrightarrow \mathcal{U}$ (ternär)—			Bedingter Ausdruck
`=`	$\mathcal{U}$`LWert`	$\mathcal{U}$	$\mathcal{U}$`LWert`	Zuweisung
`*=`	$\mathcal{U}$`LWert`	$\mathcal{U}$	$\mathcal{U}$`LWert`	Zuw./Multiplikation
`/=`	$\mathcal{U}$`LWert`	$\mathcal{U}$	$\mathcal{U}$`LWert`	Zuw./Division
`% =`	$\mathcal{U}$`LWert`	$\mathcal{U}$	$\mathcal{U}$`LWert`	Zuw./Modulo
`+=`	$\mathcal{U}$`LWert`	$\mathcal{U}$	$\mathcal{U}$`LWert`	Zuw./Addition
`-=`	$\mathcal{U}$`LWert`	$\mathcal{U}$	$\mathcal{U}$`LWert`	Zuw./Subtraktion
`<<=`	$\mathcal{U}$`LWert`	$\mathcal{U}$	$\mathcal{U}$`LWert`	Zuw./Links-Shift
`>>=`	$\mathcal{U}$`LWert`	$\mathcal{U}$	$\mathcal{U}$`LWert`	Zuw./Rechts-Shift
`& =`	$\mathcal{U}$`LWert`	$\mathcal{U}$	$\mathcal{U}$`LWert`	Zuw./AND
`|=`	$\mathcal{U}$`LWert`	$\mathcal{U}$	$\mathcal{U}$`LWert`	Zuw./OR
`^=`	$\mathcal{U}$`LWert`	$\mathcal{U}$	$\mathcal{U}$`LWert`	Zuw./XOR
`,`	$\mathcal{U}_1$	$\mathcal{U}_2$	$\mathcal{U}_2$	Sequenz

Bemerkungen:

1. Der Operator `::` dient dazu, den Sichtbarkeitsbereich einer Größe zu erweitern. Als binärer Operator ist der erste Operand ein Klassenname, aus deren Gültigkeitsbereich der zweite Operand, eine Komponente, nach außen sichtbar gemacht wird. Klassenattribute oder –methoden, die nicht über ein Objekt angesprochen werden

können, sind von außen nur so zu erreichen. Als unärer Operator erlaubt `::` den Zugriff auf globale Größen, die ansonsten durch lokale Namen verdeckt sind.

2. Der zweite Operand steht zwischen den Klammern.

A.3 Reservierte Wörter

Die folgende Aufstellung faßt die Schlüsselwörter und vordefinierten Standardnamen von C++ zusammen. Durch Inkludieren von Standard-Header-Dateien kommen weitere Namen hinzu.

asm	auto	break	case	catch	char
class	const	continue	default	delete	do
double	else	enum	extern	float	for
friend	goto	if	inline	int	long
new	operator	private	protected	public	register
return	short	signed	sizeof	static	struct
switch	template	this	throw	try	typedef
union	unsigned	virtual	void	volatile	while

A.4 C–XSC, eine Klassenbibliothek für zuverlässiges wissenschaftliches Rechnen

Überblick

Der folgende Abschnitt beschreibt eine in Karlsruhe entwickelte `C++` Bibliothek für zuverlässiges, wissenschaftliches Rechnen, genannt `C-XSC`, welche folgende Merkmale aufweist:

- Arithmetik mit mathematisch definierten Eigenschaften für die Datentypen **`real`**, **`complex`**, **`interval`** und **`cinterval`** (komplexes Intervall) sowie für dynamische Vektoren und Matrizen.
- Teilfelder von Vektoren und Matrizen.
- **`dotprecision`** Datentypen.
- Vordefinierte arithmetische Operatoren höchster Genauigkeit, d.h. bis auf eine Einheit in der letzten Stelle (1 ulp).
- 25 mathematische Standardfunktionen hoher Genauigkeit, in der Regel 1 ulp, höchstens 2 ulp.
- Intervallstandardfunktionen liefern scharfe Einschließungen des Wertebereichs.
- Dynamische Langzahlarithmetik und Standardfunktionen.
- Rundungssteuerung für Ein–/Ausgabe.
- Fehlerbehandlung.
- Bibliothek von Problemlöserroutinen.

Vordefinierte arithmetische Operatoren

<table>
<tr><th>rechter Operand / linker Operand</th><th>integer
real
complex</th><th>interval
cinterval</th><th>rvector
cvector</th><th>ivector
civector</th><th>rmatrix
cmatrix</th><th>imatrix
cimatrix</th></tr>
<tr><td>monadisch</td><td>−</td><td>−</td><td>−</td><td>−</td><td>−</td><td>−</td></tr>
<tr><td>integer
real
complex</td><td>+, −, *, /,
|</td><td>+, −, *, /,
|</td><td>*</td><td>*</td><td>*</td><td>*</td></tr>
<tr><td>interval
cinterval</td><td>+, −, *, /,
|</td><td>+, −, *, /,
|, &</td><td>*</td><td>*</td><td>*</td><td>*</td></tr>
<tr><td>rvector
cvector</td><td>*, /</td><td>*, /</td><td>+, −, *†,
|</td><td>+, −, *†,
|</td><td></td><td></td></tr>
<tr><td>ivector
civector</td><td>*, /</td><td>*, /</td><td>+, −, *†,
|</td><td>+, −, *†,
|, &</td><td></td><td></td></tr>
<tr><td>rmatrix
cmatrix</td><td>*, /</td><td>*, /</td><td>*†</td><td>*†</td><td>+, −, *†,
|</td><td>+, −, *†,
|</td></tr>
<tr><td>imatrix
cimatrix</td><td>*, /</td><td>*, /</td><td>*†</td><td>*†</td><td>+, −, *†,
|</td><td>+, −, *†,
|, &</td></tr>
</table>

|: konvexe Hülle &: Durchschnitt †: Skalarprodukt mit maximaler Genauigkeit

Behandlung von Vektoren und Matrizen

Die Konstruktoren für Vektoren und Matrizen können die Anzahl der Elemente für jeden Indexbereich als Parameter erhalten. Außerdem ist der Zuweisungsoperator so überladen, daß die linke Seite einer Zuweisung in der Größe der rechten angepaßt wird.

Beispiel:

```
...
int n, m;
cout << "Enter the dimensions n, m:";
cin  >> n >> m;

imatrix B, C, A(n,m);      /* A[1][1] ... A[n][m] */
Resize (B,m,n);            /* B[1][1] ... B[m][n] */
...
C = A * B;                 /* C[1][1] ... C[n][n] */
```

Der Elementzugriff bei Matrizen erfolgt durch zweimaliges Anwenden des `[]`–Operators. Einmalige Anwendung liefert eine Matrixzeile, die Funktion `Col(int)` eine Matrixspalte. Zugriff auf rechteckige Teilfelder von Matrizen und Vektoren ist durch Überladung des `()`–Operators möglich.

So läßt sich die LU–Faktorisierung einer $n \times n$ Matrix `A` wie folgt schreiben:

```
for (j=1; j<=n-1; j++) {
  for (k=j+1; k<=n; k++) {
    A[k][j]       = A[k][j] / A[j][j];
    A[k](j+1,n)   = A[k](j+1,n) - A[k][j] * A[j](j+1,n);
  }
}
```

Durch die Teilfeldzugriffe wurde eine Schleife eingespart, außerdem gilt dieses Programmfragment für Matrizen der Grundtypen `real`, `complex`, `interval` und `cinterval`, da alle Operatoren im mathematischen Sinn vordefiniert sind.

Auswertung von Ausdrücken mit hoher Genauigkeit

Beim Auswerten arithmetischer Ausdrücke spielt die Genauigkeit in vielen numerischen Algorithmen eine entscheidende Rolle. Selbst wenn alle arithmetischen Operatoren und Standardfunktionen von maximaler Genauigkeit sind, kann das Ergebnis in zusammengesetzten Ausdrücken ungenau sein. Deshalb wurden Verfahren zur genauen Ausdrucksauswertung entwickelt.

Skalarproduktausdrücke, das sind Summen von einfachen Produkten spielen eine entscheidende Rolle in der numerischen Analysis. Zum Beispiel beruhen die Verfahren zur Defektkorrektur oder iterativen Verbesserung für lineare oder nichtlineare Probleme auf Skalarproduktausdrücken. Eine maximal genaue Auswertung solcher Ausdrücke vermeidet die gefürchtete Auslöschung.

In `C-XSC` erlauben die Datentypen `dotprecision`, `cdotprecision`, `idotprecision` und `cidotprecision` das Abspeichern von Zwischenergebnissen von Skalarproduktberechnungen ohne Rundungsfehler. Mit ihrer Hilfe können Skalarproduktausdrücke für alle zur Verfügung gestellten numerischen Datentypen mit 1 ulp Genauigkeit implementiert werden. Das folgende Beispiel berechnet eine optimale Einschließung des Defekts $b - Ax$ eines linearen Gleichungssystems $Ax = b$.

```
ivector Defect (rvector b, rmatrix A, rvector x)
{
   idotprecision accu;
   ivector INCL (Lb(x),Ub(x));

   for (int i=Lb(x); i<=Ub(x); i++) {
      accu = b[i];
      accumulate (accu, -A[i], x);
      INCL[i] = rnd(accu);
   }
   return INCL;
}
```

Die Funktion `accumulate()` berechnet die Summe:

$$\sum_{j=1}^{n} -A_{ij} \cdot x_j$$

und addiert das Ergebnis ohne Rundungsfehler zum Akkumulator `accu`. Dessen Inhalt wird auf das kleinste einschliessende Intervall gerundet, dessen Grenzen zwei benachbarte oder identische Gleitkommazahlen sind.

Für alle `dotprecision` Datentypen steht ein begrenzter Satz von Operatoren zur fehlerfreien Berechnung zur Verfügung. Die Funktionen `rnd()` und `accumulate()` sind für alle sinnvollen Typkombinationen überladen.

Dynamische Langzahlarithmetik

Alle arithmetischen und Vergleichsoperatoren sowie alle Standardfunktionen sind auch für die dynamischen Langzahltypen `l_real` und `l_interval` und entsprechende Vektoren und Matrizen definiert. Diese liefern ein wirkungsvolles Werkzeug zur numerischen Fehleranalyse und ermöglichen Programme zu schreiben, die abhängig von den erzielten

Ergebnissen die Berechnungsgenauigkeit (Stellenzahl) verändern, um so das Endergebnis mit der vom Benutzer angegebenen Stellnzahl zu erhalten.

Zur Laufzeit regelt die globale, vordefinierte Ganzzahlvariable `stagprec` die Berechnungsgenauigkeit in Schritten von 64 bit. Die Berechnungsgenauigkeit ist dabei als die Anzahl der Gleitkommazahlen definiert, die verwendet werden, um eine Langzahl zu speichern. Objekte des Typs `l_real` und `l_interval` können ihre Genauigkeit zur Laufzeit ändern und Elemente von Langzahlvektoren oder –matrizen können verschiedener Genauigkeit sein.

Eingabe und Ausgabe

Die Ein–/Ausgabeoperatoren wurden für die neuen Datentypen überladen, außerdem wurden neue Manipulatoren definiert, die die Rundung beim Einlesen steuern.

Problemlöseroutinen

Zusätzlich zu der Grundarithmetik bietet `C-XSC` eine Reihe von Funktionen an, die Standardprobleme der numerischen Analysis bearbeiten und garantierte Resultate hoher Genauigkeit liefern. Im Einzelnen sind dies:

- Auswertung und Nullstellen von Polynomen
- Matrixinversion, lineare Gleichungssysteme
- Eigenwerte, Eigenvektoren
- Schnelle Fourier–Transformation
- Nullstellen einer nichtlinearen Funktion
- Nichtlineare Gleichungssysteme
- Anfangswertaufgaben mit gewöhnlichen Differentialgleichungen

`C-XSC` bietet dem erfahrenen Benutzer einen Baukasten von genauen Arithmetikbausteinen mit deren Hilfe verläßliche Resultate erzielt werden können, die unabhängig vom verwendeten Rechner und `C++` Übersetzer sind.

A.5 Beispielverzeichnis

A.6 Literatur

1. Budd T.: Object-Oriented Programming, Addison-Wesley, 1991
2. Dewhurst S., Stark K.: Programmieren in C++ , Hanser, 1990
3. Ellis M.A., Stroustrup B.: The Annotated C++ Reference Manual, Addison-Wesley, 1990
4. Goldberg A., Robson D.: Smalltalk-80, The Language and its Implementation, Addison-Wesley, 1983
5. Hitz M.: C++ Grundlagen und Programmierung, Springer, 1992
6. Journal of Object-Oriented Programming, Focus on Analysis and Design, Sonderausgabe, 1991
7. Klatte R., Kulisch U., Lawo C., Rauch M., Wiethoff A.: C-XSC A C++ Class Library for Extended Scientific Computation, Springer, 1993
8. Lehrmann Madsen O., Møller-Pedersen B.: What Object-Oriented Programming May Be — and What It Does Not Have to Be, in Gjessing S., Nygaard K. (eds) ECOOP '88 European Conference on Object-Oriented Programming, Lecture Notes in Computer Science 322, Springer 1988
9. Lippman S.: C++ Einführung und Leitfaden, Addison-Wesley, 1992
10. Menzel B., Wolff v. Gudenberg J.: Kommentierte Syntaxdiagramme für C++ , Institut für Informatik, Universität Würzburg, 1992
11. Meyer B.: Objektorientierte Softwareentwicklung, Hanser, 1990
12. Rohlfing H.: SIMULA Eine Einführung, BI, 1973
13. Stroustrup B.: Die C++ Programmiersprache, Addison-Wesley, 1992
14. Wiethoff A.: C-XSC A C++ Class Library for Extended Scientific Computation, Institut für Angewandte Mathematik, Universität Karlsruhe, 1992

Index